济南大学高等教育研究中心·青龙书系

教育与人生：
人生哲学视域下的健康人生教育

陈 荣 著

中国海洋大学出版社
·青岛·

图书在版编目(CIP)数据

教育与人生：人生哲学视域下的健康人生教育 / 陈荣著. —青岛：中国海洋大学出版社，2013.6
（济南大学高等教育研究中心青龙书系）
ISBN 978-7-5670-0353-8

Ⅰ.①教… Ⅱ.①陈… Ⅲ.①人生观—思想政治教育—研究 Ⅳ.①G412

中国版本图书馆 CIP 数据核字（2013）第 132154 号

出版发行	中国海洋大学出版社			
社　　址	青岛市香港东路23号	邮政编码	266071	
出版人	杨立敏			
网　　址	http://www.ouc-press.com			
电子信箱	cbsebs@ouc.edu.cn			
订购电话	0532—82032573（传真）			
责任编辑	滕俊平	电　　话	0532—85902342	
印　　制	日照报业印刷有限公司			
版　　次	2013年8月第1版			
印　　次	2013年8月第1次印刷			
成品尺寸	170 mm×230 mm			
印　　张	12.75			
字　　数	220千			
定　　价	28.00元			

序

《教育与人生：人生哲学视域下的健康人生教育》是陈荣在其博士论文的基础上进一步修改完善而成的。她的第一本专著即将面世，作为导师，我感到非常欣慰，并愿意写下几句话作为祝贺。

《教育与人生：人生哲学视域下的健康人生教育》是陈荣博士针对当下教育的弊端及学生的人生危机这两大无法回避的问题长期思考的产物。近些年来，整个社会对教育的质疑、指责日渐激烈，社会对于教育的反思乃至教育本身的改革，都深受自由开放市场的商业思想或时髦价值观念的影响，功利主义盛行，商业气息浓厚，相当多的人应时而变，越来越重视教育的功利价值，而轻视教育中人的价值，学生本该拥有一个个具体、健康而鲜活的人生，并以之实现社会的健康与和谐，然而，在今天，教育中一届届学生的人生现状何如，我们可以轻松地求证，甚至在您的周围就存在着一个或几个令人无比感伤心碎的具体实例。

经济不能不改革，不改革国家就无法强大；社会不能不改革，不改革社会就无法进步；教育不能不重视个体的人生，不重视学习者的人生，一切强大和进步都只是表象，最终沦为泡影。因为个人就如同社会的细胞，是社会最基本的结构与功能单位。教育应该是人有、人治、人享的精神乐土，所有教育的原旨都在于引导健康的人生，并力求使个体实现自己的人生价值，进而谋求更大的社会价值。

"富与贵，是人之所欲也；不以其道得之，不处也。贫与贱，是人之所恶也；不以其道得之，不去也。"（《论语·里仁》）教育所有的崇高目标都来自于对具体人生充满尊重的平实实践，尊重人的"所欲所恶"，引导人"以其道得之"，这是教育绝不能轻易边缘化的基本理念和根本价值。因此，教育既要肯定学生人生中合乎情理的"人欲"，也要鼓励其通过合乎"道"的方法去追求，更要使其直面际遇无常的人生，深化自己作为"人"的独特价值，形成自立自强的强大精神修养，实现人生价值的升华，使每一个具体的人实现其精神王国和实际生活的健康结合。而这些，正是当前"物化"社会背景下教育迫切需要正视并科学解决的问题。

陈荣所专注的"教育与健康人生"这一教育哲学命题，正是对以上问题的热切关注和对解决问题的积极尝试,这一命题切中教育之时弊、反映时代之所需,具有较大的理论及实践价值。

全书以人生哲学为视角,探寻教育的人生哲学立场,并在此基础上完成对"健康人生教育的建构"。作者表现出了极大的理论勇气,并为此付出了艰辛的努力,这就是做学问所需要的精神。因为,剖析教育现象、解决教育问题,必须首先站在哲学的高度对其进行深入思考、刨根问底,而不是头痛医头、脚痛医脚。当时代使教育从"精英教育"转变为"大众教育"时,民众对于教育的信仰就取决于教育本身的立场。陈荣可贵而敏感地发现了当前教育转型中这一关键前提,提出了"健康人生教育"这一教育理念,为教育困境的化解提供了基本的方法论。

当然,"始生之物,其形必丑",瑕疵也是显而易见的。如果作者在有关人生哲学和价值哲学的理论修养上更丰富些,对教育的现实批判更深入些,相信其说服力就更大更强。希望陈荣在以后的研究中能把"健康人生教育"这一教育哲学课题继续研究下去,使之更加具体化、实践化、系统化与大众化,使之根植于中华民族的核心教育价值观之中。勉之,勉之!

王坤庆
2012 年 5 月 7 日于桂子山

目 录

引言 …………………………………………………………（1）
  一、"教育与人生"作为教育哲学命题的现实迫切性 …………（1）
  二、当代中国对"教育与人生"这一教育哲学命题研究的特征与局限
    ………………………………………………………………（1）
  三、本书对"健康人生教育"的逻辑建构 ……………………（9）

第一章　教育、人生、人生哲学的互动 ……………………（10）
  一、教育之于人生 ………………………………………………（10）
  二、人生之于教育 ………………………………………………（27）
  三、教育与人生的循环互动 ……………………………………（39）

第二章　历史考察：人生哲学视野下的教育 ……………（43）
  一、中国人生哲学对教育的影响 ………………………………（43）
  二、西方人生哲学对教育的影响 ………………………………（59）

第三章　教育的人生哲学立场：马克思的人生哲学启示 …（72）
  一、历史的遗憾 …………………………………………………（72）
  二、理论自觉的缺失 ……………………………………………（83）
  三、马克思主义人生哲学的启示 ………………………………（89）
  四、合理的选择 …………………………………………………（107）

第四章　教育的困境：人生危机 …………………………（110）
  一、教育中学生人生危机的凸显 ………………………………（110）
  二、学生人生危机的社会根源 …………………………………（118）
  三、学生人生危机的教育缘由 …………………………………（123）

第五章　困境的超越：观照人生 …………………………………（141）
　一、教育引领健康人生 ……………………………………………（141）
　二、教育对人生的三重关怀 ………………………………………（156）
　三、改革学校生活 …………………………………………………（180）

结语 ……………………………………………………………………（187）

参考文献 ………………………………………………………………（188）

后记 ……………………………………………………………………（195）

引 言

一、"教育与人生"作为教育哲学命题的现实迫切性

这一命题缘于当今教育与人生之间的恶性循环。现代人生存境遇的危机状况,致使人们对教育饱含期待。现代人不仅面临着生存环境的危机,更面临着精神世界的危机。生存环境日益恶化,人们希望教育能弘扬和谐生态观、科学发展观;比生存环境的恶化更为紧急的是人们精神世界的危机。与过去相比,当今社会人们物质生活非常丰富,生活水平有了极大提高,然而,人却感觉精神空虚。在多元文化的冲突中,人们在面对树立人生目标、做出人生选择、实现人生价值、追求人生意义等人生问题时倍感无助,希望教育能指导人们树立正确的人生观、世界观。总之,危机中的人们将厚望寄托于教育。然而,白沙在涅,与之俱黑。教育自身也满目疮痍,学生中单向度人格的出现、因学业而起的自杀、校园暴力等问题,已经不再是让人太过惊奇诧异的现象,教育在一定程度上造成了人生的危机。教育与人生之间已难以形成良性互动,教育若不随波逐流,就必须有自己的立场,否则将会遭到人们的质疑与谴责,甚至失去自身存在的根基。在这种情况下,笔者试图以教育与人生为题做些尝试。

二、当代中国对"教育与人生"这一教育哲学命题研究的特征与局限

自有人生,便有教育!教育是一种人类特有的价值建构系统,是指导人生的桥梁。教育、人生是伴随人类始终的两大主题。从广义上讲,可以说有了人类就有了人们对人生的思考、对教育的探索。因而,这两大主题既亘古绵久,又常论常新,中西莫不如此。

教育与人生之间存在着联系,这是一个不证自明的命题。每一种教育都会对人生产生影响,所不同的是,教育究竟是为人本身还是为人以外的东西而存在,是以整体的人还是以片面的人为目的,是将人作为手段还是作为目的。这在古今中外的教育思想遗产中也得到了印证,关于古今中外教育对人生的影响这一问题在本书中辟有专门章节进行详尽的分析比较,就不赘述。在此主要是对当代我国教育研究中关乎"教育与人生"的问题进行梳

理、比较、评析。

新中国成立后很长一段时期，人道主义和人性论始终是批判的对象，这导致人们思想中只有阶级观念，缺乏保障每个人的人权和基本自由、缺乏尊重一切人的人格和平等待人等人道主义精神和人权意识。直到20世纪70年代末80年代初，实行拨乱反正、改革开放，中国思想界掀起了一场声势浩大的关于人性、人道主义问题的大讨论，争论的焦点是要用人道主义代替阶级斗争，用平等的共同人性代替不平等的阶级性人性，用生物属性与非生物属性相统一的人性论代替否定、践踏人的最起码的生物属性的人性论，消除对人、人性、人的起码生存权利和思想权利的异化；强调人是感性与理性、个体性与社会性、自然属性与文化属性的统一，强调人的主体性，即精神自主性、能动性，反对把人变成工具、奴隶；关于人的问题的讨论开始兴起，人学成为了中国的显学。1996年5月，中国人学学会成立，"人学"作为一门正式的人文科学宣告诞生。在这样的背景下，各领域开始反思其理论研究及实践过程中的"无人"现象，掀开了研究"人"的新篇章。教育也自然关注在教育过程中如何看待人、关注人，如何促进学生的发展、为学生的人生奠基等问题，并表现出了以下研究特点及局限。

1. 针对具体问题的尝试

国内诸多学者针对教育中存在的种种弊端，开始关注教育中"人"的存在，热情地投身于教育探索，从不同的角度提出了自己的教育主张。比如人生观教育、情感教育、挫折教育、人格塑造、死亡教育等，从不同纬度来关注人，已经认识到人的丰富性、多样性，认识到教育对人生的重要性，教育究竟应该给予学生什么已经成了人们思考的核心问题。简单举几例来做说明。

程达先生在其《人生教育论》中提出了人生教育。他认为人生教育的一般过程就是教育主体按照一定社会历史条件下的目的要求，通过已被认识、利用、改造的人生因素作为教育中介去引导教育对象，使教育对象的人生自觉发展、人生能力得以形成，达到一定社会历史条件下人生目的和人生规律的高度统一。他认为从祝福新生命的出生命名，到了却身后事的临终遗嘱；从学前施教的托幼制度，到退休互学的老年组织；从学习自立的学校生活，到鼓励创作的成人工作；从0岁到临终前，几乎没有任何一个人生环节不存在人生教育现象。因而，他分别论述了学前—依赖期、学校—独立期、成年—创造期、老年延续期以及特殊形态的人生教育。虽然他也认为教育实质上是引导人生自觉发展的社会活动，但他讨论的人生教育是与关于自然的教育、关于社会的教育即与自然学科、社会学科相并列的人生学科的教育,试图另外建立一门人生科学。笔者认为,程先生将自然、社会的教育与人生割裂开来,而不是论述教育本身如何实现对一个人整体人生(自然、社会、精神)的观照。如他所说,"人生教育是关于人生的教育。它和关于自然的教育、关于社会的教育合在一起,构成关于整个世界的完整的教育体系。在整个教育体系中,人生教育是不可或缺的一个重要组成部分。同时,它跟关于自然、关于社会的教育相比较,更具有明显的、特殊的意义"[①]。程先生虽然论述了人一生中各个阶段的教育,但在笔者看来,他所关注的主要还是学生的人生观、思想修养这一层面,而关于教育为整个人生奠基这一点,却论述不多。

在情感教育方面,有鱼霞的《情感教育》(教育科学出版社,1999),刘晓伟的《情感教育——塑造更完整的人生》(华东师范大学出版社,2007)。前者主要是理论上的论证;后者则走进教育的田野,关注普通的教育事件,关注教育活动中人的心态和情感,用教育故事诠释教育理想,希望教育活动真正有助于人格塑造、精神培育、专业成长和生命发展。[②]人生逆境十之八九,没有一个人能完全顺利地实现其动机和抱负,因此,总会有挫折感。学生在学习、生活中如何应对挫折、维持心理平衡,抗挫折能力的培养是人生重要的一课,也是教育不能忽视的方面。陈选华的《挫折教育引论》(中国科学技术大学出版社,2006),李海洲、边和平的《挫折教育论》(江苏教育出版社,1995),都针对这一问题进行了探讨。还有学者认为,教育的关键在于人格的塑造。"我们许多父母对孩子说,只要把学习搞好了,别的什么都不用你管。这是'教育荒废'的宣言,也是教育失败的悲剧之源,人类的发展得出一个沉甸甸的结论:教育的核心不是传授知识,而是培养健康人格。"[③]死亡教育则旨在帮助个体认清死亡的现象及本质,积极地预防和应对各种死亡事件,从而更加珍惜生命,用坚强的品质延长生命的长度,用积极进取的精神拓宽生命的宽度。[④]另有学者研究美的生存状态问题,即什么样的生存状态才是美的,高楠从美学的角度提出合于人性的或人应该如此的生存状态就是美的生存状态;探讨生存的审美形态论、审美创作论、审美接受论以及审美的生存功能等,[⑤]构筑了独具一格的生存论美学。

---

① 程达《人生教育论》,辽宁教育出版社1989年版,第3页。
② 刘晓伟《情感教育——塑造更完整的人生》,华东师范大学出版社2007年版,封面语。
③ 孙云晓《教育的核心是培养健康人格》,江苏教育出版社2007年版,封面语。
④ 邹宇华《死亡教育论》,广东人民出版社2008年版。
⑤ 高楠《生存论美学》,辽宁大学出版社2001年版,第12页。

1999年全国第三次教育工作会议通过《关于深化教育改革全面推进素质教育的决定》之后,在素质教育指导思想和策略的影响下,各种素质教育的实践模式也被推举出来,如成功教育、自主教育、愉快教育、和谐教育、主体教育、人文教育、创新教育等都对探索教育与人的发展、人生的完善做了有益的探讨,这里就不一一赘述。

以上研究就教育的某一缺失进行了具体的、有针对性的探讨,在批判反思传统教育的同时,提出了建设性的主张,其贡献是不容忽视的。这使我们对传统教育的弊端有了更深刻的认识,并有了一定的应对策略。但教育要做的不仅仅是关注人的某一方面、某一层次,这样很有可能导致教育者沉浸于自己所关注的那个方面,并以此为解决问题的唯一出路,而忽视学生的其他方面、层次的发展,进而使人的发展从一种片面走向另一种片面;更重要的是,如果思维方式不转换,即使提出再多的观点、思想、理论,都可能只是面对强势应试教育的摇旗呐喊,在实施过程中无法收到较好的效果。

2. 基于人性的教育思考

鉴于以上弊端,教育必须转换传统本体论的思维方式,改变对人之本质的规定、预设,改变以物的方式看待人的模式。教育者毫不懈怠,继续前行,逐渐从实践生成的视角,以人的方式对待人。于是,在此基础上,有了比上述更进一层的研究,研究者站到更高处来做教育的统筹。

很多学者从人性、人的本质的角度出发,寻找教育安身立命的根基,主要有夏正江的《教育理论哲学基础的反思:关于"人"的问题》(上海教育出版社,2001)、王啸的《教育人学:当代教育学的人学路向》(江苏教育出版社,2003)、冯增俊的《教育人类学》(江苏教育出版社,2004)、岳伟的《批判与重构——人的形象重塑及其教育意义探索》(华中师范大学出版社,2009)。这些研究对教育中"人"的问题进行了深入探讨,有很高的学术价值。

3. 不同视角的人生观照

教育对人性的探讨与研究,阐明的是教育的人学基础;教育与人生,则表达的是教育的价值追求。人性是对人的特征的抽象,而人生则指个体生存、发展的过程,是人性"打开"或"获得"的过程。教育是"培养人"的社会实践活动,因此,观照人生也就成了教育的根本使命。①

王坤庆先生在其《教育哲学——一种哲学价值论视角的研究》(华中师范大学出版社,2006,修订版)一书中,在教育哲学基本范畴一章分出人生与

---

① 彭文晓、申来津《论教育的人生观照》,《学术论坛》,2005(12)。

教育一节，从人生与自然、人生与社会的关系中揭示了教育之于人生的意义与价值。石中英教授也在其《教育哲学导论》（北京师范大学出版社，2007）一书中论述了教育与人生这一主题，对人的存在与教育、人的形象与教育、人生的境界与教育进行了理论探讨，并具体谈到教育中的课程、教学、教育的自由与民主等对人生的影响。金生鈜教授在《理解与教育——走向哲学解释学的教育哲学导论》（教育科学出版社，1997）中，从解释学的视角，对教育意义、教师、师生关系、课程等教育问题进行探讨，重视学生的精神建构，重视教育的"心灵导向"作用。高伟博士的《生存论教育哲学》（教育科学出版社，2006），从生存论向度，关注教育的本体，立足于此在的生存，立足于此在与存在之间的因缘性，立足于此在对存在的领会。李小鲁博士在《教育作为人的生存方式》（广东教育出版社，2007）中认为，教育的本质就是人的生存方式，教育的实践就是人的生存方式之营造。这些著作都是具有创造性的，开拓了我国教育理论研究的新视野，对笔者的研究有很大的启发。

另外，回归生活的教育、幸福教育、生命教育也从不同角度观照人生。

(1) 回归生活的教育。应试教育不关注教育与现实生活的联系，使学生压力过大、负担过重，难以适应当下及未来的生活。加之西方哲学界"生活世界"概念的引入，"教育回归生活世界"俨然成为教育发展的理论基础与理念支撑。其实，西方学者语境中的"生活世界"不同于我们所理解的生活世界，概念的模糊，必然造成研究的混乱。但教育者试图诊治现代教育病症的愿望是良好的，也给教育实践带来一些有益的指导。然而，教育虽然具有生活的特性，但它毕竟不等于日常生活，反而必须超越日常生活。过于强调教育的生活化倾向，可能导致教学的肤浅化、形式化，进而造成个体的平庸化与教育质量的降低、教育品格的下移。

(2) 幸福教育。刘次林博士认为，我们的教育不是在培养人，而是在培养知识的袋囊、顺从的奴仆、社会的工具和各种逐利的"名利虫"，提出教育要以学生的幸福为终极目的。他的著作《幸福教育论》（人民教育出版社2003），论述了以幸福为目的的幸福教育，对教育中幸福的失落进行反思，并对幸福教育进行建构。但他对幸福教育的建构过于强调德育，认为在一定程度上教育就是德育，并以德育来统领智育、体育。德、智、体三者之间既有融合，但同时又是相对独立的，完全从善的角度认识教育是不完整的，它还有真和美的内涵。2007年教育基本理论专业委员会第十一届学术年会也以"教育与幸福"为主题展开了热烈的讨论，对教育与幸福的关系、教育过程的幸福、学生的幸福、教师的幸福等问题做了探讨，认为教育不再是为学生将来的生活做准备,而是为学生未来的发展奠基,使学生有幸福生活的能力。但幸福究竟是什么,它作为教育的理想是否过于乌托邦,都是值得进一步思考的问题。

(3)生命教育。生命教育直接的缘起是近年来发生在学生身上触目惊心的事件,许多不珍惜个人生命及伤害他人生命的案例,引起了社会各界的广泛关注,并对教育发起责问。"生命教育"应运而生,甚至形成了生命教育学派。我国关于生命教育的专著主要有:刘济良的《生命的沉思——生命教育理念解读》(中国社会科学出版社,2004)、刘志军等著的《生命的律动:生命教育实践探索》(中国社会科学出版社,2004)、冯建军著的《生命与教育》(教育科学出版社,2001)、刘铁芳主编的《现代教育的生命关怀》(华东师范大学出版社,2007)及其所著的《走向生活的教育哲学》(湖南师范大学出版社,2005)、李家成著的《关怀生命:当代中国学校教育价值取向探》(教育科学出版社,2006)、王文科主编的《生命教育概论》(广东高等教育出版社,2008)等。生命教育旨在捍卫生命的尊严,激发生命的潜能,提升生命的品质,实现生命的价值,最终培养学生关注生命、尊重生命、珍爱生命、欣赏生命、成全生命、敬畏生命的意识。虽然是生命"体"的丧失诱发了研究,但这些研究思想中主要的关注对象却是儿童的精神生命,却少有人把儿童的体格健全、身体健康与教育的生命关怀联系起来,甚是遗憾。

当代西方的很多研究都非常重视人的生存、存在,关注人生的意义,教育中的存在主义思想、人本化教育思想等就是如此。如马斯洛认为,教育的重心应放在"人性转变,性格转变,整个人的充分发展"上。[①] 罗杰斯认为,教育的目标是促进"整体的人的学习"与变化,培养独特而完整的人格。他认为,"整体的人的学习"就是包括在认知上,在情感和需要上的一种同一性质的学习,带有关于这种统一的学习各个不同方面的一种明确的意识。[②] 后现代主义者看到当代社会是一个利益纷争的社会,是利益冲突激烈、竞争过程残酷的社会,在这样的社会中生活,人们内心难以平静,因此主张教育应该培养关心社会的内心平和的人;还强调教育的生态因素,希望教育摆脱现代文明的控制,建立一种与自然、生态和环境和谐的教育,并借此培养珍

[①] 〔美〕马斯洛《人性能达的境界》,林方译,云南人民出版社1987年版,第155页。
[②] 单中惠《西方教育思想史》,山西人民出版社2001年版,第980页。

惜自然、生态和环境的人。① 这些思想成果对我国教育研究产生了很大影响。

还需说明一点，或许出于习惯，在谈到教育要关注人生时，人们时常会将关注人生的教育与人生观教育混淆或等同起来，因而也没感觉到教育对学生人生观照的缺失。这主要体现在思想政治教育方面。教育本身不仅仅是传承文化、传授知识，而是应在教育过程中引导学生感悟人生，领悟人生的真谛，为学生的长远发展奠定基础。然而，长期以来，我国教育进入了一个误区，常常把教育的这一重要职责孤立地分割到思想政治教育中，并以专门的人生观教育为其重要内容之一。而且从搜集的资料来看，人生观教育的研究又往往集中于大学生。固然，大学时期是人之人生观形成的关键期，但个体对人生的认识具有连续性，不是在快要形成的时候才去关注。除了分领域、限阶段之外，人生观教育本身还存在极大的问题。例如，有的学校往往以实现党和政府的教育目标、培养方向为目的，过分拔高人生观教育的层次；教育内容片面抽象化、概念化、政治化，大而空的说教与学生人生实践中的具体需要相脱节，对学生的人生缺乏实际指导意义；同时忽视从学生整体素质出发，从学生整个人生发展的需要出发来研究人生观教育。②

4. 心理学对学生的人生关怀

越来越多的研究者发现，青年人所发生的种种问题，大多不是道德问题，更不是政治思想问题，而是心理障碍问题、情感失衡问题。心理学，尤其是健康心理学，研究如何维持人正常的心理状态，治疗、矫正和预防心理疾病或心理障碍，同时探讨如何使人有意识地控制自己、正确了解自己，立足于现在、朝向未来，渴望生活中的挑战和新的奋斗目标，从而形成推动自我成长的最佳心理状态。随着心理学自身的发展，受国外心理学发展的影响，我国出版了任俊的《积极心理学》（上海教育出版社，2006）。其主张以人固有的实际的潜在的具有建设性的力量、美德和善端为出发点，提倡用一种积极的心态来对人的许多心理现象（包括心理问题）做出新的解读，从而激发人自身内在的积极力量和优秀品质，并利用这些积极力量和优秀品质来帮助有问题的人、普通人或有一定天赋的人最大限度地发掘自己的潜力并获得良好的生活。③ 这就不再局限于对心理状态的维持、治疗、矫正、预防和

---

① 朱永新《反思与借鉴——中外教育评论》《朱永新教育文集·卷六》，人民教育出版社 2004 年版，第 590 页。

② 宋雪霞《大学生人生观教育现状分析与对策思考》，《福建工程学院学报》，2004(9)。

③ 任俊《积极心理学》，上海教育出版社 2006 年版，第 3 页。

控制,而是激发、培育、扩大人内在的积极因素。心理学研究对教育的研究与实践很有启发,我国对于学生心理素质的教育包括情感教育多了起来,这都是过去所忽略的。心理素质包括情感、意志、品格等,尤其体现于心理承受力与自我意识上,过去把这些都归之于政治思想问题是不当的。当今人们已经开始注意心理咨询、心理卫生的指导作用,但在大多数学校中,它们还是得不到足够的重视,没有发挥应有的作用,只是形式上的存在。

  国外在心理健康治疗领域的很多成果推动了我国健康心理学的发展。心理疗法,适用于有心理问题的人,其原则、格言也适用于正常人心理疾病的预防,不失为一种关怀人生的方式方法,如森田心理疗法、意义疗法等。森田心理疗法是由森田正马教授于1918年创始的,至今已经历了近一个世纪。这一疗法彻底否定了基于欧美神经衰弱学的治疗方法,在当时,即使在日本国内也是难以接受的,但现在在日本已被广泛认可,认为森田疗法是治疗神经症的最佳心理疗法,并在世界上引起高度关注。森田有很多治疗格言,比如,顺其自然、行动为准则、纯真的心、协调等,都体现了他所追求的人生目标。在他看来,一个健康人要谋求地位、获得财富,并在自己所处的时代树立起要成为一个"了不起的人"的人生奋斗目标乃是人之常情,但其内在需要经常保持一种"协调"。① 还有奥地利心理学家和精神病理学家、维也纳第三心理治疗学派创始人弗兰克尔所创建的意义疗法。这些心理咨询专家提出的治疗原则表现出对人更深刻的认识,认为人不仅仅是生物性的,更是社会性的、是整体性的,完人是在自己的生活中不断生成的,使人认识并寻找自身存在的意义才是解决心理问题的出路。这些思想对我们的教育研究有很大的帮助。

  总之,通过对已有研究的梳理,笔者发现不论是教育研究者还是心理研究者,几乎所有人都竭力把我们的学生从各种困境中解救出来,并为此付出诸多努力。然而,这些尝试中的大多数都是只顾学生的个别现象而忽视整体。不是说这样的研究没有价值,而是说这些研究关注的是忽略了整体的个别,这样可能会因其实际效果甚微而最终自行消亡。简单地说,教育不是一种哪里失火救哪里的消防队性质的活动。学生心理承受力差,经不起挫折,就进行挫折教育;出现了心理问题就进行心理健康教育;表现的情感淡漠就进行感化教育;看到学生有浪费现象就进行节约文化教育,等等,这是

---

① 〔日〕高良武久《森田心理疗法实践:顺应自然的人生学》,康成俊、商斌译,人民卫生出版社2006年版,序言。

一种头痛医头、脚痛医脚的做法,而缺乏全面的诊断,无法标本兼治。教育哲学层面的研究比较深刻,但都比较注重研究教育的内在价值,与之相对应,对学生的关注主要体现在精神领域。当然,在重功利的今天,追求教育的内在价值无疑是非常迫切的。但需要意识到的一点是,教育重功利不仅反映出其内在价值的缺失,同时,重功利并不代表着教育就能完全实现其外在的工具价值,恰恰相反,教育对学生的现实关怀也存在缺失。另外,有的研究者虽涉及了整体的人生,但这又不是其主要的研究目的,因而只是简略提及。概言之,教育既然要对学生人生的发展奠基,就必须考虑人生的各个层面。

三、本书对"健康人生教育"的逻辑建构

由于现有研究的缺憾,笔者试图基于"人生"来研究教育,因为只有从"人生"的角度,才能体现人的整体性与生成性。然而,人生充满着多种可能,社会生活中有人生百态。既然教育的建构和发展需基于人生、为了人生,旨在使学生享有健康和谐的人生,那么,它就不能迷失自我。因而,教育需要在一个更高、更广的视域来引领自身,这就是人生哲学的视野。本研究在探讨教育与人生关系的基础上,通过分析、比较古今中外的人生哲学及其对教育的影响,确立了以马克思主义人生哲学为主导的教育之人生哲学立场。如果以这种人生哲学引领教育,教育就必须关注学生的生存与发展,关怀学生的生命、现实及精神。因而,通过对学生的生命关怀,使其形成生命意识;通过现实关怀,实现交往生存、走向公共生活;通过精神关怀,提升人生境界;同时也从改革学校生活的层面来观照学生的人生,从而使学生享有充实、平和、超越的健康人生。简言之,本书研究的就是人生哲学视域下的健康人生教育。

教育与人生的关系是本书的逻辑起点,也是沟通各章节的主线。这对关系中除包含了教育对人生的影响和人生(现实人生和人生哲学)对教育的影响两个方面,同时还暗含着一个逻辑,即教育—人生—教育的互动关系。健康人生教育正是应该实现教育、人生、人生哲学间的良性互动。其一,既然人生哲学如此影响教育,那么就需要探寻教育的人生哲学立场;其二,既然教育影响人生,那么就要分析当下教育对人生造成了什么影响,结果发现学生存有人生危机,因而又需要追问人生危机产生的教育根源。最后,在合理的人生哲学的引领下,教育观照学生的人生,使其拥有健康人生。

第一章 教育、人生、人生哲学的互动

探讨教育与人生的关系,是讨论教育与人生这一主题的前提,只有厘清这一基础,后面各章关于人生哲学对教育影响的历史考察,教育之人生哲学基础的探寻以及新的教育构想等问题的研究才有依据。本章主要从三个方面探讨教育与人生之间的内在联系。一是从人之存在特性、教育作为人的生存方式、教育之效应、教育之限度等几个方面来论述教育对人生影响的天然性、深广性、区分性及有限性。二是从现实人生、人生哲学对教育的影响来论述人生对教育的作用。最后,揭示教育与人生的循环互动,寻找合理的人生哲学引导教育,达到教育对人生的真正观照。

一、教育之于人生

(一)人之存在特性:教育对人生影响的天然性

无论是自然人的发育完善,还是精神的充盈与超越都离不开教育。荷兰教育人类学家兰格维尔特得出结论说:"人是教育的、受教育的、和需要教育的生物,这一点本身就是人的形象的最基本标志之一。"[①]可见,人的可教育性并不是外在于人的事情,而正是人的本质所在,教育对人、对人生的影响是必然的。从人的存在特性来讲,人是多重性的存在,即人具有自然性、社会性、超越性,是多种特性的统一。正是人生来所具有的这些特性决定了教育之于人生的天然性。

1. 人是未特定化的存在

说人是未特定化的存在,是从人的自然性出发,与动物的特定化相对而论的。马克思反对把人抽象化,把人等同于具有绝对理念或自我意识的精神实体,肯定人是自然的、肉体的、感性的、对象性的存在物。人也有着以本能的需要为基础的食欲、性欲和自我保存的基本机能,从这种意义上讲,"人是自然界的一部分","人直接是自然的存在物"(马克思语)。人来源于动物界,永远不能完全摆脱兽性。然而,人在自然界中经过进化形成了独特的存

---

① 〔德〕O.F.博尔诺夫《教育人类学》,李其龙等译,华东师范大学出版社1999年版,第36页。

在方式。与动物相比,人有其特有的生物结构,这必然产生出相应的特有的功能。人与动物最大的不同就是人的未特定化。动物的器官仅适应于每一种特定的生活条件和需要,就像一把钥匙开一把锁一样。这就是说,其他动物在物种上业已特定化,没有发展的自由了;与此相反,人是未特定化的动物,没有一成不变的既定本质,可以自己改变自己、自己塑造自己、自己创造自己的本质。

动物的特定化造成了动物的封闭性,而人的未特定化决定了人的开放性。动物由于它们的特化器官和本能而被严格限制在特定的外在生活条件中,只有在这种条件下才能生存。一旦环境发生突然变化,则常常不能经受这些变化,而造成物种的灭绝。与此不同,人的未特定化使其具有对环境变化的高度适应性,从而使人具备了逃脱自然灾难的可能。人不再受到特定的生活环境的限制,人也没有适应的唯一环境。人必须而且能够创造适应自己所面对的各种环境的生活方式,这种生活方式比生物组织更易改变,它本来就是人类活动的产物。外在环境对人的影响要远远小于对其他动物的影响。对外界环境的变化,动物只能靠自身内部生物本性、肉体组织和结构的变化来适应;人则无需改变自己的生物本性、生物结构,而只需变化自己外在的生活方式。在适应性方面,人已经脱离了生物适应的范畴。在从猿到人的进化完成以后,人类的进化已不再是生物进化而主要是生产方式和文化的进化。在人类进化过程中,社会因素和文化因素逐渐排挤了生物因素而占据了统治地位。正是人的未特定化使人有发展的可能性,成为一种可能性的存在,这恰恰决定了人有受教育的可能。教育就是以这种可能性为生发的基础。

现代体质人类学将人的未特定化称为人的生物"匮乏",并以人的"匮乏"特征来解释人性发展的动力系统,认为人的存在与动物的存在相区别的首要因素是否定性,即人在适应外在世界的过程中总相对缺乏本能的调节。而人正是受益于这种否定性。古人云:"凡人之性,爪牙不足以自守卫,肌肤不足以捍寒暑,筋骨不足以从利弊害,勇敢不足以却猛禁悍",[①]这看似消极的影响,但在漫长的发展过程中,它却意味着一个非常宝贵的优点。美国著名社会批判理论家和心理学家弗洛姆指出:"人是一切动物中最无能为力的,但这种生物上的弱点恰是人的力量的基础,是人发展自己独特的人类特

[①] 袁贵仁《人的哲学》,工人出版社 1988 年版,第 40 页。

性的大前提。"①人的孱弱,使其有更大的发展空间,更有可能得到多种多样的其他能力来补偿自身的匮乏。有学者认为,使人得到补偿的前提就是教育,即为补偿教育。人只有通过教育才能卸下不完备的累赘,发挥自身潜能,将累赘转变为适应变化无穷的外界的各种能力,从而超越动物界,成为世界主宰。教育是人从欠缺到完善的充分条件。

  人的未特定化、开放性也成就了人的学习性。有人说人的妊娠期应该是21个月,人提早了一年出生,是"生理性早产",缺乏独立生存的能力。这就需要人不断地发动自己的主体力量去改变外部环境以创造新的生活方式和生活内容。从而,无论是就适应不断变化的环境而言,还是就对环境的不断改变而言,人的发展与社会发展或环境变化的矛盾都比动物要突出得多,这必然要求人不断地学习,以适应和创造新的社会生活。人类主要是通过学习来使自身与外部环境保持平衡并超越环境的,只有通过学习,人类个体才能比较迅速地认识和适应环境,并进而获得改造环境的能力。其行为方式的获得与主要靠先天遗传和后天自然成熟的动物不同,主要靠后天习得。这一观点已在其他学科领域得以证明。生物学上讲,学习是有机体与外部环境保持平衡的条件和基本手段,为动物与人的生存和延续所必需。生物进化论和社会生物学表明:动物的生命形式越低级,社会组织和生活方式越简单,其行为的先天成分就越大,因而自然成熟在其中的作用就越重要,后天学习的作用就相应越小;反之,动物的生命形式越高级,社会组织和生活方式越复杂,其行为的后天成分就越大,因而自然成熟在其发展中的作用就越次要,后天学习的作用也就越大。② 人是一种社会性极强的高级动物,生命方式极其复杂,所以,人最基础的发展不是在胎儿期,而是靠出生之后的学习。人的学习性使得教育不可或缺,人需要借助教育的力量来促其成熟和形成。不过,振奋人心的是,人具有任何其他动物都无可比拟的学习能力,动物本能的变化需要千万年的演进,而人的学习所引起的内在素质的变化有时只需要几分钟。因而,人的学习性及人的学习能力也给教育的有效存在提供了一个前提条件。进而,我们可以这样理解,只有在教育的影响下,人才能更好、更快地成熟,才有可能成为真正意义上的人。正如哲学家康德所说:"人是唯一必须接受教育的造物,人只有受过教育才能

---

① 〔美〕马斯洛等《人的潜能和价值》,林方译,华夏出版社1987年版,第104页。
② 扈中平《教育目的论》,湖北教育出版社2004年版,第24页。

成为人。"①

总之,人的天生"匮乏",与动物相比的孱弱无力,缺乏任何独立生存的能力,决定了人需要教育的必然性;人作为未特定化的存在,生存素质未被特化,使人具有丰富的发展素质,从而使人具有可教育性;人的开放性、超强的学习性,又使教育在人面前具有有效性。因此,教育对人生有了天然的影响性。

2. 人是既定性的存在

人总是具体的、历史的。个体在其出生后,总是生活在"当下"所给予的既定的物质世界中,总是面对着一个先于他而存在的无可选择的具体的历史存在,人的发展也就不能不受这种实然性的制约,并要学会适应这个现实的存在。教育的职责之一就是赋予人以现实的种种规定性。

任何人的实践活动总是社会的实践,它集中体现着社会联系。人的主体活动有历史的基础、动因、形成和发展规律,各种社会关系对人的主体活动机制都有制约性。正是在这种意义上,马克思指出:"人的本质并不是单个人所固有的抽象物。在其现实性上,它是一切社会关系的总和。"②社会关系对人的制约性主要表现在:①社会发展有继承性,在历史上谁也不是、也不能完全从零开始。每一代人在进入生活时,都会遇到某些早已为他们的活动准备好了的起始条件,即社会和文化的环境。人们把几千年来发展和积累起来的那些工具、技术、知识和文化遗产的总和作为自己活动的基础。人们必须接受即成的、属于自己的社会关系,然后才谈得上有所改变、有所创造、有所发展。②社会关系对人的制约还在于,人的主体活动本质上是社会的,社会关系是人的主体活动的存在形式。人们如果不以一定的方式结合起来共同活动和交换其活动便不能进行任何真正的主体活动;即使有活动,充其量也不过是动物的生命冲动。因此,社会方式就是人的主体活动得以进行的形式。就此,马克思曾指出:"甚至当我从事科学之类的活动,即从事一种我只是在很少情况下才能同别人直接交往的活动的时候,我也是社会的,因为我是作为人活动的。不仅我的活动所需要的材料,甚至思想家用来进行活动的语言本身,都是社会的产品给予我的,而且我本身的存在

---

① 〔德〕伊曼努尔·康德《论教育学》,赵鹏、何兆武译,上海世纪出版集团2005年版,导论第5页。

② 马克思、恩格斯《马克思恩格斯选集》(第一卷),中共中央马克思恩格斯列宁斯大林著作编译局译,人民出版社1972年版,第18页。

就是社会的活动;因此,我从自身所做出的东西,是我从自身为社会做出的,并且意识到我自己是社会存在物。"①③社会关系对人的主体活动的另一种制约作用是,社会关系自始至终都塑造着人,人是社会环境的产物。各种社会关系对我们的行为方式和思维方式都有影响,不同时期和不同民族的人,都有自己的不同特点,这就是不同社会关系塑造的结果。

由此可知,人是社会存在物,具有社会性。社会关系是怎样的,人的本质也是怎样的;社会关系越广泛、越全面,人就越丰富、越完善。有学者指出:人的社会性是指人出生以后,在与社会交往过程中逐渐形成的各种能力与特性。它以自然性为其自身的物质基础,以个人的社会关系、生活方式、职业、政治、社交活动为基本内容,主要表现在人的各种心理品质以及由此构成的个性之中。② 因此,人们对各种义务、符号交际、语言、规则的学习和传递,便是必不可少的内容;在人所身处的既定社会环境中,道德、文化等因素是影响人们之间相互依存、相互交往的重要因素。

道德表现为人在与他人、社会发生联系并进行交往的过程中所依据的某种行为规范。从这种意义上讲,社会已有的道德原则、规范对个人来说是既定的、现成的约束力量。它可以协调社会群体内部个人与个人之间、个人与整体之间的相互关系。只有大家都依照一定的规范行事,才有社会中相对稳定和正常的生活秩序。教育以上代经验为先导,向青少年提供基本的人生价值线索,或创设必要情境,激发新的整合,或引向新的平衡,产生新的同化顺应。通过教育教会个体辨别善与恶、美与丑、公正与不义等,培养人的道德意识,形成人们正确的道德认知,内化人们的道德情感,锻炼人们的道德意志,使人具有道德行为、养成道德习惯,使活动主体从他律到他律与自律互动最后达到自律,形成相应的德性。

人类长期积淀的文化也变成一种客观既定的力量对新生一代产生重大影响。卡西尔认为,决定"人之为人"的方面,是由语言、神话、宗教、艺术、历史、文化规定和划定的"人性"的圆周。这些方面是被一个共同的功能纽带联系起来的。③ 这一共同的功能纽带在于人是符号化的动物。他将人看做是一个符号的动物。人类借助于语言,构建了一个超出于其生存环境的符号世界。正是在这个世界中,人类获得了空前的自由,从而不再受制于环境

---

① 马克思《1844年经济学哲学手稿》,刘丕坤译,人民出版社1985年版,第79页。
② 叶澜《教育概论》,人民教育出版社2001年版,第186页。
③ 〔德〕恩斯特·卡西尔《人论》,甘阳译,上海译文出版社1985年版,第87页。

的束缚。我们的种种文化形态,如宗教、艺术和科学等,就是符号功能的集中表现。这就是说,符号创造了一个脱离于现实世界的可能世界。只有通过符号,经验才是可以传递的。而这些符号不是自然而然就存在着的,它需要人来创造,需要人赋予符号以意义。同时,人创造符号的能力也不是天生的,人只有接受教育才能有创造符号的能力;只有通过教育,个体才能就符号所隐含的意义达成统一的认识,才不会在人与人的社会交往中产生混乱,否则,人们在交往中会像聋子开会一样,每个人只顾说自己的,而互不明白对方所言,达不到交流的目的。人通过教育掌握了符号,才能更适应教育本身这种以符号形式传递文化的方式。

　　人类文化的一个极其重要的特征就是,它只能学而知之,而不能通过遗传获得。这决定了文化从产生之日起,就与教育有着不可分割的关系。如果说人类的生殖过程是人类种族的传递、保存和延续过程,那么教育则是人类文化的传递、保存和延续过程。不论任何先进的技术和手段,不论人类传递和保存文化的方式发生何种变化,都不能排斥教育这一最古老和基本的功能,因为它们只有被熟悉和掌握,才能真正发挥出应有的作用。

　　随着人类社会实践的日益丰富和人类储存文化手段的改善,人类文化本身开始逐渐成为一个浩瀚无比的宝库。人类掌握文化的有限性与人类文化的浩大性之间的矛盾变得越来越突出,在这种情况下,在教育实施过程中,只有通过教育对文化进行精心选择,以使青年一代掌握人类文化的精华。教育选择社会的主流文化的基本要素和基本精神,选择能促使学生在德、智、体、美等方面都能获得发展的基本文化要素,选择有利于科学进步、生产发展和生活质量提高的实际应用率较高的文化要素作为教育的内容。同时,随着当代文化的开放性、多元化发展趋势,个人在文化的传承与变异上、在文化的民族化与国际化上,更难迅速做出抉择。教育引导人对传统文化进行积极的选择,留其相容的方面,去其相悖的方面。在对待外来文化上,教育通过积极疏导的方式,帮助青年一代接触外来文化的有益方面,避开不宜接触的方面;通过评价、批判的方式,对抗外来文化腐朽丑恶的方面,增强青年一代对外来文化的抗毒性。总之,在传统文化和外来文化的包围和撞击中,一个国家如果没有一个完整而有力的教育体系,其文化发展必然左右摇摆,很难走出一条理想的发展道路。没有教育的明智选择和积极参与,青年一代就会迷失方向。

　　3. 人是超越性的存在

　　真实的人,是一个个生命的存在,生命是人的现实本质。然而人又必须超越生命,主宰自己的生命活动,才使人成为了人。如果人不能超越生命、一切行为仍为生命本能所支配,那他就不过是个人形动物,人与物就不会有什么本质区别,可见人的超越性、创造性。人的这种超越性,也需要教育的引导,正如雅斯贝尔斯认为的:"在人的存在和生成中,教育环境不可或缺,因为这种教育能影响一个人一生的价值定向和爱的方式的生成。"[①]人一生的价值定向和爱的方式的生成,就体现着人之为人的自我生成和超越。而这种自我生成及超越的最好途径之一便是通过教育,促使人自身能达到自我教育、自我完善的境界。

人的超越性首先表现在人总是能动地、创造性地对待外部世界。意识的能动性,表现为人对外部世界的反映是有目的的、有选择的。而且,现实在人的思维中的再现并非如镜像、摄影一样的死板,而是经过了创造性的改造。意识能够创造超越现实的映像并因此而具有预见和远见的能力。其次,人具有自我意识。人不仅能认识外部世界,而且能认识自己,认识自己的理想、利益和道德品质,把自己从周围世界中抽出来,清楚自己和世界的关系,清楚自己在感觉什么、想什么和做什么。正是自我意识使人从自在走向自为,使人自我控制、自我教育和自我完善成为可能。再次,人的超越性还表现在人可以进行价值定向。人认识对象,不仅要认识对象的特性,而且还要认识它们对自己的生活是有益的还是有害的,并决定自己的态度;同时,事物也就有了意义,从自在之物变成了"为我"之物。因而,人的活动无论是认识活动还是实践活动,都是追求价值、实现价值的过程。动物的生命活动既没有它们的自我,也没有自己的目的。动物的一生奔波忙碌,所追求的很简单,就是两件大事,一是保持个体生命,一是延续种代生命,此外不再有别的。这是由它们的本能所决定的,动物不会考虑自己是什么的问题,也不会追问生活有什么意义。对于动物来说,它们并不属于它们自己,它们的一切都由生命的本能——大自然的规定所支配。而人就不同了,人的存在超越了自身的自然生命,使生命活动具有了超生命的更高目的和意义。人是驾驭、支配、主宰自己生命活动的那个"目的主体",是生命的主人。马克思曾经说过,"动物和它的生命活动是直接同一的",只有人才把自己同自己的生命活动区别开来,"使自己的生命活动本身变成自己的意志和意识的对象"[②]。这就是人之所以为人、人高于动物的根本所在。

[①] 〔德〕雅斯贝尔斯《什么是教育》,邹进译,生活·读书·新知三联书店1991年版,第4页。
[②] 马克思《1844年经济学哲学手稿》,刘丕坤译,人民出版社1985年版,第50页。

高清海教授认为,不能把人看做单一生命,人在自然赋予的本能生命基础上,又创造出了属于自我的自为生命,人是有着第一生命和第二生命双重生命的存在。基于此,他将人的生命分为"种生命"和"类生命"。"种生命"是自然给予的,它具有自在性质,服从自然法则,有生有死,非人所能自主;"类生命"则是由人创生的,既内含了种生命又是对种生命的超越,它不仅突破了个体局限,也突破了时空局限,与他人、他物融合为一体关系,并获得了永恒和无限的性质。[①] 对于人来说,只有第二个生命才属于人所特有的生命。它的根本作用就是要突破自我封闭的生命循环链条,通过自身的创造性活动,唤醒沉睡着的自然,挖掘出存在本身蕴涵的内在潜能,把生命存在与非生命存在在更高形式和更深层次上结为一体,使整个生命走向活化,实现宇宙生命的真善美价值。马克思通过区分人的自在存在和自为存在来体现人的本质当中所蕴涵的创造性、超越性,认为人是在对象化活动的同时,不断地创生、生成自身的本质。人的活动是有目的、有意识的,因而人的类活动就有自己的价值尺度,"动物只是按照它所属的那个种的尺度和需要来建造,而人则懂得按照任何一种尺度来进行生产,并且懂得怎样处处把内在的尺度运用到对象中去。因此,人也是按照美的规律来建造"[②],所以,人既是既定的存在,同时又是创造性的存在。人的创造性活动就是扬弃自然物的给定性和继承性的过程,在这一过程中,人把自己的需要、价值、理想融进活动中,按照内在尺度对待物,使人无限生成。因而,人生活在自然中,却要不断超越自然对人的限制,创造超自然的价值生活。人生活在历史和现实之中,但他却向往着未来,不断地为未来做准备。人总是追求无限,追求永恒,给有限赋予无限的意义。总之,人是自然性与超自然性、历史性与未来性、现实性与可能性、有限性与无限性的存在,在否定性的统一中,体现着人的"是其所是,又是其所不是"。

人不安于既有的生存状态,始终对未来怀有憧憬,这种超越现实、追求理想的精神,是人的本性,是人区别于动物的根本规定。教育正是利用人的超越本性,使人得以从自然人解放为文化人,引导人在创造的层次上生存,帮助人构建并实现其理想的追求。教育过程是一个不断提升自我的过程,是激发并张扬人的主体意识的过程。人正是通过接受教育,形成了道德观念,增进了知识能力,并能对复杂的、不完美的现实有自己的理性的反思与

---

① 高清海《人就是人》,辽宁人民出版社2001年版,第11页。
② 马克思《1844年经济学哲学手稿》,刘丕坤译,人民出版社1985年版,第50-51页。

质疑、选择与批判,从而达到能动地适应世界并创造世界的目的。

"教育赋予人以现实的规定性,是为了否定这种规定性,超越这种规定性。一切的现实规定性只能是规定人的现在,而不是来决定他的未来。理想的教育并不是以各种现实的规定性来束缚限制人,而是要使人从现实性转变到各种发展的可能性,并善于将可能性转化为现实性。"①教育赋予人创造的信心与力量,关涉人的灵魂与心灵,促进人的理想与希望,提高人的自主性与开放性,使人摆脱必然世界的束缚,走向理想的、开放的、自由的世界。

(二)教育作为人的生存方式:教育对人生影响的深广性

在教育与人的关系上,我们习惯于从外铄论、决定论、认识论的立场上来阐发教育的功用,把教育看做是外在于人的东西,仿佛人就被动地站在那个地方,等着教育来填充。然而,真正的教育是触及人的生命、参与人的生命生成、协助人掌控自己人生的教育,为此,教育可以看做是人的一种生存方式,对人生有着深广的影响。

1. 教育是人类自身生产的重要环节

教育是人类特有的遗传方式和交往方式,是人类自身的再生产和再创造。人类自身的再生产是指个体人的形成,直至进入社会;人类自身的再创造是个体和人类社会的不断发展和完善,这两方面是不可分割的统一体,二者都离不开教育。人类自身的生产不仅仅是种的繁衍和人口数量的控制,而且应该包括通过教育形成完全意义上的人,并不断提高人的质量、素质。种族的繁衍将生理结构和各种本能遗传给下一代,从而使人世代延续。但初生婴儿还不能算真正意义上的人,只有经过一定的教育,使他们具备了在人类社会中独立生存的各种能力之后,他们才算进入了社会,才能成为真正的人。有学者认为,儿童必须从教育中获得至少五个方面的发展:第一,使儿童掌握现代社会生活、生产所必需的各种工具系统;第二,使儿童掌握人类社会所特有的各种符号系统,包括语言、文字、数学逻辑等;第三,使儿童认识并形成在特定社会环境中生存所需要的各种行为规范;第四,使儿童具备现代人丰富而复杂的情感;第五,身体素质的相应发展。这五个方面构成了现代人所不可缺少的基本身心素质。儿童只有通过教育获得这些"超生

---

① 鲁洁《论教育之适应与超越》,《教育评论》,1996(2)。

物肢体"、"超生物经验",才能成为真正意义上的人。① 个体进入社会之后,人类自身的再生产并没有停止。人类自身的再生产不仅使人类延续,而且使人类不断向前发展,也就是人类自身的再创造。再创造过程中各种知识、能力的更新、发展,也需要教育来供给。

教育促进人类自身再生产的观点道出了教育对人生影响的深刻性,但从文字上看,这种观点似乎着重于强调人的社会化,对人的个性化发展表述得不是很到位。其实,简而言之,教育就是促使人的社会化和个性化。教育对个体的功能不只是将社会文化、社会政治、道德观念传授给受教育者,完成人的社会化过程;还在于通过对人的道德、智力、能力的培养来实现个体的个性化,即要促进人的主体意识的发展、个性特征的发展及个体价值的实现。

教育作为直面人、通过人和为了人的一种特殊的社会事业,使人区别于自然万物,能洞察自然内在规律并构建人化的、属于人的世界;使人从愚昧和无知中获得启蒙,从纯粹的感性自然个体成长为历史社会的理性主体。教育是人在形成与发展过程中不可或缺的动力,直接或间接地影响着个体和人类的生活方式。

2. 教育对人生影响的全方位性

如果上面的观点从教育的过程就是人的生成过程这一整体特征出发来论述,那么接下来要讲的是教育对人生影响的横向内容。对个体而言,教育就是在适应个体身心发展的基础上,将个体遗传的"可能性"变成"现实"。一方面培养个体适应现时社会,要求能在现时社会中学会生存,实现个体人生的生存、享受目标;另一方面,实现个体人生发展的目标,引导个体超越现状,为其构建一种有意义的人生,使个体不断走向完善与超越。教育对人的生存、享受、发展的影响是多层次、多方面的。

人的生存方式有很多种,教育是其中之一。然而,教育,尤其是能够享受现代学校教育,可能是人的其他生存方式得以展开、丰富的前提和保证,是人能拥有美好人生的重要条件。现代社会在政治、经济、文化等方面都是一个快速发展的社会,作为个体的人,要实现自己生存方式的多样化、丰富化和全面化,必须要接受各种不同形式的教育。没有教育,就很可能会失去享受生活的权利。在《教育——财富蕴藏其中》一书中,联合国教科文组织

---

① 桑新民《呼唤新世纪的教育哲学——人类自身生产探秘》,教育科学出版社1993年版,第120-122页。

提出了教育的四大支柱：学会认知、学会做事、学会共同生活、学会生存。从中可以看出，教育需要深入到人生的各个环节，教育应当促进人的全面提升。"教育应当促进每个人的全面发展，即身心、智力、敏感性、审美意识、个人责任感、精神价值等方面的发展。应该使每个人尤其借助于青少年时代所受的教育，能够形成一种独立自主的、富有批判精神的思想意识，以及培养自己的判断力，以便由他自己确定人生的各种不同情况下他认为应该做的事情。"[①]其还强调"教育的基本作用，似乎比任何时候都更在于保证人人享有他们自己为充分发挥自己的才能和尽可能牢牢掌握自己的命运而需要的思想、判断、感情和想象方面的自由"[②]。这种思想已经把教育和人生紧密联系在了一起，表明教育要关注人生现实，关注人的真正存在；摈弃了教育狭隘的知识教育立场，关注人的思想、情感、责任、精神价值，使人有一个完整的人生。由此不难看出，教育关乎人生的生存目标、享受目标、发展目标。

德国教育家斯普朗格强调，教育是促进人的本体总体生成的一个根本手段。他把人的本体结构分为四个主要层面：结构层、主体性、发展性和层次性。从结构观上把握人的多维本质，即部分与整体，感觉、意识与意志的统一，从而达到对意义的理解，进而实现多阶段发展的自觉同化、自我塑造、自我扬弃的主动性和发展性。这个本体结构的生成、定向、定格，关键是教育。[③] 故而，教育就是要把握人本体的整体生成，把握人本体结构的唤醒。总之，就像叶圣陶先生所说的，人要以教育认识自己、以教育革新自己、以教育成就自己。不受教育意味着人的一种生存状态的缺失，这种缺失使他只能像动物一样处于当下的自在状态，而无法获得人之为人的自为状态。

（三）教育之效应：教育对人生影响的区分性

教育是一把钥匙，它开启人们通向知识、奔向灿烂前程的阳光之门，同是这把钥匙，它还开启人们走向冷酷、进入无个性之荒野的黑暗之门。[④] 因而，教育不仅有先进、落后之分，也有善恶优劣之别，不是任何一种教育都能产生良好的效应，不是任何一种教育都能导向美好人生。病态的教育、出现

---

① 《教育——财富蕴藏其中》，联合国教科文组织总部中文科译，教育科学出版社 2003 年版，第 85 页。
② 《教育——财富蕴藏其中》，联合国教科文组织总部中文科译，教育科学出版社 2003 年版，第 85 页。
③ 冯增俊《教育人类学》，江苏教育出版社 2004 年版，第 142 页。
④ 石鸥《教学病理学基础》，山东人民出版社 2006 年版，第 26 页。

危机的教育,就可能给人的发展带来负效应。我们需要营造一种好的、恰当的教育来增进学习者的身心健康发展,为其人生发展奠基。就像夸美纽斯所言:"我们已经知道,知识、德行与虔信的种子是天生在我们身上的;但实际的知识、德行与虔信却没有这样给我们。这是应该从祈祷、从教育、从行动中取得的。有人说人是一个可教的动物,这是一个不坏的定义。实际上,只有受过恰当教育之后,人才能成为一个人。"①

不同品质的教育有不同的影响力,可以对人产生不同的效应。通过教育影响人的生命、灵魂,促使人觉醒,使人认识到生命的独立、自由、价值、意义,从而形成和发展人性、人的美好本质。这样的教育才是培养本真人的教育,也才是教育的真谛。这也正是古今中外伟大的教育家们所孜孜以求的。孔子言:"君子不器",意思是说,君子不仅仅是具有某方面的才能而为人所用的人才,而更要有德性,要心怀天下,要能够认识到自己的使命。亚里士多德也把教育分为文雅教育和实用教育两种。赫尔巴特提出教育有两个目的:一是"可能的目的",指与学生将来选择职业有关的目的;二是"必要的目的",指学生将来不管从事任何活动,都必须具备的完善的道德品质。赫尔巴特认为教师最应关心的是后者而不是前者。②卢梭在对爱弥儿的教育过程中,也认为,在使爱弥尔成为一名军人、教士或行政官员之前,要先使他成为一个人。雅斯贝尔斯指出:"质言之,教育是人的灵魂的教育,而非理智知识和认识的堆集。通过教育使具有天资的人,自己选择决定成为什么样的人以及自己把握安身立命之根。谁要是把自己单纯地局限于学习和认知上,即便他的学习能力非常强,那他的灵魂也是匮乏而不健全的。"③爱因斯坦说:"我想反对另一观念,即学校应该教那些今后生活中将直接用到的特定的知识和技能。生活中的要求太多样化了,使得在学校里进行这种专门训练毫无可能。除此之外,我更认为应该反对把个人像无生命的工具一样对待。学校应该永远以此为目标:学生离开学校时是一个和谐的人,而不是一个专家。"④类似这样的教育思想不胜枚举。确实,教育应该"育人",而非"制器",教育面对的是人,是活生生的人,人是有思想、有感情、有个性、有精神世界的,教育如若失去了人,忘记人有思想、有感情、有个性、有精神世界,

---

① 〔捷〕夸美纽斯《大教学论》,傅任敢译,教育科学出版社1999年版,第2页。
② 单中惠《西方教育思想史》,山西人民出版社2001年版,第340页。
③ 〔德〕雅斯贝尔斯《什么是教育》,邹进译,生活·读书·新知三联书店1991年版,第4页。
④ 〔美〕阿尔伯特·爱因斯坦《爱因斯坦晚年文集》,方在庆等译,海南出版社2000年版,第37页。

就失去了一切,这样的教育也就丢失了自己的灵魂,后果如何则是不言而喻的。

经过多年的改革和发展,我国教育取得了历史性的巨大成就,整体水平大大提高。教育事业的发展,极大地提高了中华民族的素质和科学文化水平,为社会主义现代化建设提供了坚实的人才支撑,为我国经济社会发展作出了重大贡献。但是教育在发展的同时不少新的问题也随之而来。近年来,随着人们对教育不满的加剧,我国关于教育失误的研究逐渐多了起来。其中有一定影响的是《盲点——中国教育危机》(黄白兰编著,中国城市出版社 1998)、《教育!我们有话要说》(杨东平,中国社会科学出版社 1999)、《杞人忧师》(鄢烈山、何宝胜,中华工商联合出版社 1999)、《教育失误论》(孙孔懿,江苏教育出版社 2002)。其中孙孔懿的研究很值得注意,他将教育失误现象分类为:

(1)教育价值取向上的偏蔽。这主要有:重社会,轻个人;重精英,轻大众;重虚名,轻实质。

(2)教育目标上的偏离。主要表现在以下三个方面:①着眼应试,放松素质养成。②面向少数,冷落大多数学生。由于把瞄准点对着升学,因而,升学无望的学生就"理所当然"地成了被遗忘的角落;面向尖子而冷落大多数学生的做法,不仅仅是对人性的误解与糟蹋,也给社会发展带来了消极影响。③偏重认知,忽视非认知因素。注重健康人格的教育已成为当代教育发展的一个重要趋势,但在我国,以片面追求升学率为特征的应试教育,严重地影响了学生的心理发育,阻碍了学生心理的健康发展。④求同伐异,压抑创新精神。我国应试教育导致的严重问题之一,就是对青少年创新精神和创造能力的压抑,其突出弊端便是求同伐异。

(3)教育内容上的偏废。教育内容的失真可分为三种类型:一种是科学性失真;二是思想性失真;三是结构性失真。教育内容的偏废具体而言主要是指:一是随意更改课程,中小学普遍存在着任意增减课时的现象;二是限制课外阅读;三是脱离社会生活;四是过于集中。

(4)教育方式上的偏倾。一是在两类相辅相成的方式中偏执一端。主要表现为:重机械重复,轻方法指导;重解答问题,轻提出问题;重管束,轻放手;重惩罚,轻疏导;重言教,轻身教。二是不时采用法律明文禁止的错误方式,主要表现为:侵犯学生的权利;体罚;心罚。

(5)学生评价上的偏差。对学生评价的失误,是一种重要的教育失误。教育工作者有这样几种失误表现:居高临下的评价态度;狭隘机械的评价过程,如以区分和筛选为主要目的、以考试为主要手段、以考分和听话为主要根据等;失之偏柱的评价结论,形成对受教育者的粗见、偏见、成见和浅见。

我们姑且不讨论上述观点的分类依据、不讨论分析是否全面,但上面所提到的问题,在我们教育中的确存在,这是不可否认的事实。随着教育的发展,教育的工具理性不断扩张,在一定程度上导致现行教育不断背离自己的初衷。手段变成了目的,目的被遗忘。为考分而教育,为知识而教育使得教师们创造了大量行之有效的"技术"与手段,本以养育人、教化人为目的的教育,变成了培养"没有精神的专家"的活动、"不懂情感"的知识者的活动。一向为人们所盛赞的教育,在履行启蒙、开智功能的同时,也因自身异变为知识传递的工具而将学生物化、客体化,给人性戴上了枷锁。[①] 在发达的教育背后,人们发现日益增加的是学生精神上的冷漠、紧张与思想上的空虚和茫然。

可见,不同的教育有不同的效应,我们只有为学生提供一种良好的教育环境,才能促使学生的身心健康发展,为学生未来的发展奠基,引导他们实现健康、美好的人生。

(四)教育之限度:教育对人生影响的有限性

虽然在前几个问题的论述当中,我们认为教育对人生的影响具有天然性、深广性,阐明了教育对人生的重要性,然而教育并不是决定人的发展、决定人生的唯一要素。由于教育自身独立的相对性、影响人生的多因素性以及人的发展的社会历史性等多方面的原因,因而,教育对人生的影响也是有限度的。

1. 教育功能发挥的有限性

首先,通常我们认为,教育是有目的、有计划、有组织的培养人的活动,它根据一定的社会需要,规定一定的方向,选择适当的内容,采取有效的方式,利用集中的时间,通过系统的传授和训练,使人获得比较系统的文化科学知识和技能,形成一定的思想观念和道德品质。期望教育不仅为人的劳动能力和社会生活的提高发挥价值,还为人的美好生活作出贡献。期望教育把人性的真、善、美作为自己的理想和信念,这也正是教育的独特之处,体现着教育的崇高与神圣。然而,教育的这种特性是相对的,它的作用的发挥是有条件的。教育与其他社会因素之间有着相互影响、相互制约的关系,受

---

① 石鸥《教学病理学基础》,山东人民出版社2006年版,第75页。

社会政治、经济、文化等因素的制约。教育对社会具有先天的依赖性,无论其怎样发展,都必然受制于社会的发展。在一定时期教育表现出政治化倾向,在一定时期又成为经济发展的工具,有时社会的强大力量甚至会淹没教育的力量,以至于毁灭教育。比如,在我国的"文革"时期,教育遭到了浩大的洗劫,几近瘫痪;在战争年代、国家多难的时期,教育无法正常运营,更不用说对人的发展有什么推动作用了。

其次,即使在正常的教育秩序下,它的影响作用也是有限的。虽然个体的发展遵循着一定的路线,然而由于影响发展的多层次、多样、多变、多组合性,所以,每一个人在人生的道路上都存在多种不同方向的发展可能,每前进一段都可能遇上许多岔道。教育有助于个体的发展,但它不是,也不可能具体安排每个人的发展路线,而是帮助个体在发展过程中形成各种能力,如认识自己,认识周围世界,预测自己的人生道路,并综合这些认识选定价值标准、做出抉择。因而,教育只是起推动作用,而非决定作用。

2. 影响人生的多因素性

每个人都有自己的人生,人人都有不一样的人生轨迹,这是由于影响人发展的因素是多样的、多变的,而且多种因素常常交叠在一起。在众多因素当中,除了教育以外,还有社会环境、文化等,最主要的是每个人自己的能动选择。与社会环境、文化等因素相比,教育的影响只是整个社会环境的一部分,一般只集中代表了某一社会主流文化的要求,而事实上非主流文化、亚文化对人的发展影响也是不能低估的。除此之外,个体在具体的成长过程中,主要的活动中心也在不断发生着位移,即家庭—学校—社会,在这一过程当中,学校教育只是个体成长过程中特定阶段的影响要素之一,而不像家庭与社会伴随着个体的一生。与此同时,在人的终身发展过程中,学校教育对人的发展的影响力从时空上来讲也是有限的。即使当今提倡终身教育,通过诸如成人教育、继续教育、补偿教育、开放大学等形式来影响人生过程,那也是有限的。来自于非学校教育的社会环境对人的影响从表面上看是零碎的、偶然的、无序的,但从根本上看,所有社会影响中都隐含着价值取向、民族心理、风俗习惯等深层的文化底蕴,而且社会生活中还存在着诸如时尚、潮流、思潮、运动等有序的影响因素。这些因素借助舆论,尤其是现代大众传媒的力量,能产生一种旋风般的、席卷式的影响,使人身陷其中而难以自拔。[①] 所以,社会环境、文化等因素对人的影响虽然不是那么立竿见影,

---

① 王卓《学校教育在人的发展中起主导作用吗?》,《教育评论》,2002(2)。

但却是潜移默化的、深刻的和持久的。还有，在前面论述教育的效应时，也论述到教育对人影响的区分性，教育的作用在人的发展中虽然占据主导地位，而且往往会产生巨大的影响，但这种巨大的作用与影响并不总是积极的，有时也会是消极的。当教育发挥积极作用时，人的个性就会因教育而得到张扬；当教育发挥消极作用时，人的个性就会因教育而受到压抑。

另外，每个人的命运掌握在自己手中，个人的主观能动性在其自身发展过程中具有决定作用。人都是现实社会生活中的人，而不是只存在于教育真空中的抽象的人。每个人都是自己生活的主体，是自身发展的主体。教育对个人的影响必须为个体接受才能转化为个体发展的内部矛盾，而不能将个体当做可以任意揉搓和塑造的泥人，像"儿童是一张白纸或蜡块，是可以随心所欲地做成任何式样的"①之类的论调也早已受到历史的批判。个体的文化知识、智力才能、思想性格都不是教育直接注入的结果，更不是教育强制的结果，而是在教育的引导下个体自身努力的结果。因此，如果教育没有成功地促进个体在认识上、思想上接受其要求，那么，要实现对个体培养、塑造、提升就只能是一厢情愿而已。在谈到人的主观能动性时，还有一个方面是需要注意的：在人的自我意识形成以后，外界对人的影响就会越来越弱，每个人都会有自己的思想、认识、判断，提出自己发展的要求，确定自己的目标，选择自己的人生道路，这可能就会与社会、与教育的期望相矛盾，但却会成为个体发展的一种动力。

因而，与其他影响人发展的因素相比，教育具有其自身巨大的优越性，在人的身心发展过程中起着难以替代的作用。但是我们必须注意，教育尤其学校教育并不能因此而成为人的发展的最终决定力量或唯一决定力量。

3. 人生的社会历史性

关于什么样的人生才是人生的理想状态，每一代人、每个个体都有着自己的憧憬。古今中外许多思想家更是对这一理想倾注了极大热情，勾勒着心目中"完整人"的形象，并想通过教育实现之。比如，期望人的全面发展便是一种贯通西方整个文化领域的崇高理想，并付出了许多教育实践，力求把这一理想付诸现实。这些思想家在人类思想史上的伟大功绩是不可抹杀的，但他们都片面强调教育对人的发展的影响，把教育视为实现理想人生的根本途径，而看不到社会历史对人的制约性，最终陷入"环境决定人""人决定环境"的二律背反而不能自拔。

---

① 〔英〕约翰·洛克《教育漫话》，傅任敢译，人民教育出版社1985年版，第191页。

马克思克服了前人的空想性和浪漫主义倾向，认为人的全面自由和谐发展在历史上经历了三个不同阶段，与此相应可以把全部人类史划分为三大社会形态。资本主义以前的社会为"最初的社会形态"，以资本主义为典型的商品经济形态是"第二大社会形态"，共产主义是"第三大社会形态"。在最初的社会形态里，每个人既是物质产品的生产者，又是精神产品的生产者；既是文明财富的创造者，又是文明财富的享受者；既是社会义务的履行者，又是社会权利的体现者。正是在人所具有的这种双重属性的意义上，马克思把最初社会形态里的人的发展状况概括为"原始的丰富"，它意味着最初的人是具有完整性的人。但在马克思的视野中，这种"原始的丰富""圆满境界"，绝不是完全意义上的人的全面发展。最初社会形态里生产力水平低下，决定了人对自然界狭隘的、严重的依赖关系。在第二大社会形态里，商品经济取得支配地位，人被提升到首位，个人的独立性得到了社会的承认。但这种独立仅仅只是形式上的，人们生产的产品并不是为了满足自己的消费，而是为了满足通过市场表现出来的其他社会成员的需要。在物的依赖关系中，人的独立性外观掩盖着更为普遍、更为广泛的内在的人对人的依赖性。人的社会地位，他和别人的关系，甚至他自身的价值，不是取决于他的实际能力，而是取决于他所拥有货币的多少。伴随着金钱的升值，人被贬值了，表现出货币对人的支配或人对货币的顶礼膜拜。社会总体环境凌驾于个人之上，将个人玩弄于股掌之间，使个人从根本上不能掌握和决定自己的命运。社会的分工使人限定在狭小的领域，每一个人都只是人的一面，原始完满的人变成了近代条件下单面的人。只有到了第三大社会形态，旧式分工被消灭，人们的自由时间充裕，获得劳动的自主性，人才能得到自由全面的发展。可以看出，一定历史阶段个体全面性的丧失是不可避免的，由原始的全面性到近代的片面性再到未来社会新的全面性，这是一个螺旋式上升的否定之否定过程。

现代教育被赋予了越来越多的责任，人们对教育的期望越来越高，很多要求在家长、社会公众、政府部门的压力下被添加到了教育活动中。这一现象的存在具有心理的合理性，迎合了社会对教育的期望，但具有心理的合理性并不等于说就具有现实与逻辑的合理性。西方学者古德莱德曾指出，学校作为一种教育性力量的潜力正在逐渐下降，而其他组织机构的教育性力量却相应增加了；儿童在学校习得的经验并没有提供任何作为儿童在校外时间内所受影响的解毒剂之类的东西，同那些许许多多校外刺激的影响相比,学校教育的影响在强度上是低的。① 因而,我们不能一味地夸大教育的功能,把教育当做实现理想人生的唯一途径。在现实中,正是由于很多人将教育与幸福人生必然地联系在了一起,而对教育寄予厚望,导致了越演越烈的应试教育、学历教育。因而,我们应该正确认识教育在社会、人生中的正确地位,而不因考试的成败来看待人生是否有望,不再以是否能找到好工作来衡量教育的有用或无用,只有这样才能合理地利用教育,受益于教育。本研究也只是希望在教育的限度内最大程度地发挥教育之效用,期待教育在革除目前存在的种种弊端的前提下对人生的发展更有作为。

二、人生之于教育

(一)现实人生对教育的影响

1. 人生的需要是教育产生、发展的根本依据

教育产生于人类的生产、生活需要,又总是根据人类需要、按人类发展的要求实施对人的熔铸、塑造,因此,教育不能脱离人的需要而存在,更不能站在人类之外来教育人、影响人。

第一,人生的需要是教育产生的源泉之一。关于教育的产生即起源问题,人们经历了一个较长的认识过程,形成多种教育起源说。《圣经》认为,教育是上帝对人类的一种安排,是上帝赐予人类之物;进化论产生后,一些学者提出教育起源于生物生存竞争的本能,即"生物本能说";后来以美国心理学家孟禄为代表,又提出教育起源于儿童对成人的模仿,并认为这种模仿是所有动物都具备的一种无意识,即"心理起源说";"十月革命"后,前苏联学者提出了教育起源于劳动,即"劳动起源说"。新中国成立后,我国沿用劳动起源说为经典概念。20世纪80年代以后,这一论点又引起了学者们的大讨论。② 笔者认为,不论哪一种说法,都脱离不开一个最基本的事实,那就是人类的社会生活和人类自身的发展都需要教育,所以,笔者认为人生的需要是教育产生的源泉之一。人们在生产劳动的过程中,获得了物质生产的经验和技能,产生了一定的生产关系,并形成了一定的劳动纪律和习惯,积累了社会生活的经验。年老一代为了维持和延续人们的社会生活,使新生一代更好地从事生产劳动和适应现存社会的生活,就把积累起来的生产

---

① 转引自:夏正江《教育理论哲学基础的反思:关于"人"的问题》,上海教育出版社2001年版,第133页。

② 冯增俊《教育人类学》,江苏教育出版社2004年版,第149页。

斗争经验和社会生活经验传授给新生一代。同时,从作为个体的人的发展来说,一个嫩弱无知的初生婴儿要长成一个可以在社会当中谋生的成员,也需要成年人的抚育和培养,这样,便产生了教育。由此看来,教育是新生一代的成长和社会生活的延续与发展所不可缺少的手段,为一切人、一切社会所必需。我国教育家杨贤江也认为:"自有人生,便有教育";"教育的发生,就植根于当时当地的人民实际生活的需要……这所谓生活,一方面是衣食住的充分获得,他方面是知识才能的自由发展。"[①]也就是说,教育起源于原始社会初期人类谋求社会生活的实际需要。他所说的社会生活,既包括部落文化、种族保存、心情愉悦等精神生活,又包括狩猎捕鱼、采集种植、生产劳动等物质生活。所以说,人生的需要是教育存在的依据。

第二,是否关注人生是衡量教育是否沿正确方向发展的准绳。这里所讲的教育发展是指把教育自身作为一个独立存在的事物,在社会演变过程中如何接近自身本体的发展过程。我们常常将教育的发展与生产力的发展状况紧密联系在一起,认为生产力的发展状况决定着教育的发展水平,这固然不错,然而,教育之为教育,在于它是一种对人格心灵的唤醒,这是教育的核心所在。所以,教育存在与发展的衡量标准只能是它能否把握人的总体生成,能否实现对人的理性塑造,能否真正为人服务,能否使人享有健康人生。偏离这个标准,教育就无法接近自身本体。在教育发展过程中,教育自身的异化、教育行动上的偏移或扭曲就是最充分的证明。历史上,教育的每一次革新都为教育不断注入人性的新血液,都在向完整的人性、人生靠近。

确实,从教育与社会发展的关系来看,生产力对教育的发展起着决定作用。生产力的发展为教育提供了物质条件,影响着教育发展的规模和速度;生产力的发展对教育所要培养的人才规格和类型、教育的内容,提出了一定的要求;生产力发展的水平制约着教育手段的发展水平。从而,奴隶社会的教育比原始社会的教育先进,封建社会的教育又比原始社会的教育优越,资本主义、社会主义的教育又比封建时代的教育有了更大的进步。随着社会形态的更替,教育也在不断地发展。然而,从教育自身来讲,其发展的规模和速度、手段和技术是否就决定了教育达到了自身的完满状态呢?教育的自身发展,有着渐进的量的积累和突变的质的发展。"教育是人类特有的发展工具,它必须而且应当把塑造人性作为天职,千方百计唤起人性,传播人性,促进人性的成长。衡量的最根本的标准应当是:它的人性水准,它在传

[①] 杨贤江《杨贤江全集》(第3卷),河南教育出版社1995年版,第266页。

播促进人性成长方面的贡献。"①社会的经济、政治、文化等作为现实的力量,总会对教育起着一定的规范和制约作用,有些时候,甚至把政治或政策中的目的和意图一味地强加于教育,或者用教育来迎合政治时事的需要,往往导致各种教育行动的偏差。这在中外教育史上都有所体现。例如,有人套用生物进化论的观点,把人的教育等同于动物界的亲子行为,教育成为相互模仿的事情;后来,有人又套用马克思关于社会上层建筑与经济基础的理论,把教育作为上层建筑的意识形态活动,并演绎为阶级斗争的工具;前苏联学界又把恩格斯在讨论劳动对人的作用中的概念套用到教育上,认为既然劳动创造了人,那么教育就必然产生于劳动。诸此种种,造成了教育工作指导上的失误,违背教育发展的基本规律,对社会发展造成了很大的危害。这种认识深刻地表现在人类的教育实践中。舒尔茨用 20 世纪美国的发展事实证明投资教育比投资基础设施收益率更高,并提出人力资本理论,由此发动了 20 世纪 60 年代轰轰烈烈的教育现代化运动。然而,盲目的发展教育又带来了教育的质量下降、学生就业困难,既未能解决贫困、落后和不平等,又引发出严重的社会问题。在实用主义风潮下,教育的职业性得到极大扩张;而在学术风潮下,教育中训诂考据之风又喧嚣尘上;教育还被作为政治斗争的工具,应急于某时期某政党的政治需要。如此种种,都是教育在自身发展中的异化现象,而非达到一种本真的存在。

在教育发展这个问题上,教育人类学的观点很值得借鉴。它通过教育进化论来把握整体的教育,运用自然史的方法,强调教育进化的阶段性和序列性,注重其进化的多元性,把序列性看成是教育发展链条中不可分离、相互联系的阶段构成,进而强调教育发展的历史意识,承认传统与现实与未来的联系,同时,也强调教育的动态进化,看到渐进的积累和突变的可能,把渐进发展作用作为教育发展的基本条件,作为教育质变的基础。通过这种方法,将教育的发展分成了三个时代,即元教育时代、异化教育时代、复归教育时代。元教育,是指人类早期那种较完全地集中体现其原本职能的最原始的教育形式。教育一开始就同生产劳动结合在一起,以发展人的潜能和提高人的生产能力为根本,为满足生存需要的生产服务,教育渗透于人类社会文化之中,与之融为一体。这充分体现了教育的本性,具有最本真意义上的教育。异化教育,是指社会分工后,教育活动独立化,产生了新的教育形式——学校。学校本来应该是适应社会生产发展需要而产生的一种先进教

---

① 冯增俊《教育人类学》,江苏教育出版社 2004 年版,第 136 页。

育形式,本应是更好地集中传授生产知识的理想场所,但在阶级社会里,它却被占统治地位的脱离体力劳动的统治阶级所垄断,作为特权的工具和产物。这违背了教育发展的历史目的,教育不再作为解放人的手段,而成了少数剥削阶级对大多数劳动者压榨和奴役的工具,成了追求虚荣、功名利禄、个人升官发财的工具。教育严重偏离了发展轨道,走向了无序、混乱和冲突,进入了教育的异化时代。中国几千年封建社会的延续就是这样一个典型的例子。教育的复归是指,大工业生产促进了学校性质的更新,在新的水平上复归了教育本性,使学校从剥削阶级的工具转向人类发展的轨道,为生产、为人类服务。[1] 当然,回归阶段处于过渡时期,教育本性时隐时现,还会出现一些发展过程中不可避免的缺陷。但人类正在从成功与失败的尝试之中逐步深化对教育的认识,对教育发展规律也有了更加清晰的了解。教育不再是政治的附庸,或仅仅只是经济发展的工具,不会只为少数人的利益服务,不会为了眼前的经济利益而牺牲人的长远发展。它逐渐与人的生产、生活再次联系在一起,为人的全面发展服务。教育逐渐推广到人的一生,贯穿于社会的各个方面,全面教育与终身教育也开始从人类的理想变成了现实。当教育进入自由时代,教育的本性将得到最理想的体现,这种教育是促进人的全面发展的教育,人在教育中将得到一种解放、一种最完美的自我实现。

2. 个体人生的阶段性与教育的特殊性

每个人从自己的生命历程中和对周围人的观察中,都能感受到人生发展是有阶段性的。只有我们对人生各个阶段的特征以及这些特征出现的一般序列、前因后果有较为清晰的认识后,才能从实际意义上来促进人的发展。自古以来,就有思想家、科学家、教育家为了更深刻地认识人本身的发展历程以及把握人生,为了教育青少年,将人生划分为不同阶段并提出了相应的教育主张。从古至今,虽然人们对人生全程有很多不同的划分标准,但不论怎样划分,都默认了一个前提,那就是,人生的每一阶段相对于其他阶段而言都有自己的特征,即心理学上所讲的年龄特征。"它是个体发展的每一阶段中都存在的,区别于其他阶段的,而又是同一年龄阶段个体普遍具有的一般的、富有典型的特征。"[2] 只有把握这些特征,才有可能找到相应的教育目标,提出影响处在不同年龄阶段的个体发展的有效策略。

对于我们每一个人来说,生命之宝贵不仅体现在它只有一次,而且体现

---

[1] 冯增俊《教育人类学》,江苏教育出版社 2004 年版,第 174-181 页。
[2] 叶澜《教育概论》,人民教育出版社 2001 年版,第 240 页。

在生命的每一阶段都只有一次，独特的一次。每一阶段的独特对于人生都是不可或缺的、无法代替的。因此，要想使人生过得有意义、使个人得到充分发展、使个体的生命在人类历史上闪现光辉，就要完成生命每一阶段而不是某一阶段的独特使命。为此，必须在每一阶段都有能促使个体发展和帮助完成该阶段独特使命的良好教育。生命阶段的独特决定了不同阶段学校教育的独特。新精神分析学派的代表人物之一——埃里克森将人生的旅程分为八个阶段，即婴儿期、儿童早期、学前期、学龄期、青春期、成人早期、成年中期、成年晚期。他认为，在人一生的发展过程中要经历这顺序不变、又相互联系的八个阶段，每一个阶段都有一个普遍的发展任务，这些任务都是由个体成熟与社会文化环境、社会期望间不断产生冲突或矛盾所规定的。在任何一个阶段，如果个体了解了冲突、完成了该阶段所要求的任务，就能形成积极的人格品质，相反则会形成消极的人格品质。个体就是这样在不断的解决冲突、克服心理社会危机、完成发展任务的过程中从一个阶段向下一个阶段过渡。① 而这些冲突、危机解决的最简洁有效的途径便是教育。人在发展过程中的不同阶段、不同时期都有不同侧重的发展内容和任务，教育必须清楚地了解个体发展的阶段性特点和要求，帮助个体完成每个阶段的任务，并做好阶段间的前后衔接，这样才能逐步形成各种品质，形成完整的人格。如果个体在某一阶段未能很好地解决发展任务，则仍需要通过教育等措施在下一阶段得到补偿。

人生发展过程的阶段性、发展任务的特殊性，从另一个侧面暗示着人的各种能力、品质的发展都有一个最佳发展期，即心理学家所讲的关键期。心理学中有一个著名的洛伦兹"印刻"实验，实验中的小鹅从蛋壳里孵化出来第一次睁开眼睛时，首先看见的是什么动物，它就把这种动物认作妈妈，小鹅出生后的"认母现象"就是动物心理发展史中的"母亲印刻期"，即关键期和敏感期。经研究，人类也存在类似情况。关键期就是指，人或动物的某些行为与能力的发展有一定的时间，如果在此时给以适当的良性刺激，会促使其行为与能力得到更好的发展；反之，则会阻碍发展甚至导致行为与能力的缺失。比如，心理学研究发现，两岁左右是孩子语言发展的关键期，少儿期是孩子心理发展、人格健全的敏感期，等等。在人生的长河中，人的大多数潜能从一开始就处于沉睡状态，期待着被激活，特别是儿童时期，是人的许多机能可以被充分激活的关键期，这时的教育如果能够恰到好处地发挥其

---

① 全国十二所重点师范大学联合编写《心理学基础》，教育科学出版社2007年版，第206页。

作用，就能不断激活人的生性，释放人的潜能，使生命之火熊熊燃烧，使生命质量不断提升。相反，如果错过了这一关键期，人的某些方面的潜能就会自动关闭，以后便很难再被释放。在教育过程中，我们应该去发现个体各种能力发展的最佳时期，并实施良好的教育，促使个体的能力高效率形成和达到所学领域的尽可能高的水平。教育只有把握个体发展的关键期，发现教育的规律性，人才能以高效率、高水平的形式发展；否则，过了这个时期，虽然也能学会某方面的能力或知识，但就需要付出更多的时间与精力，做出更大的努力，且达到高水平的可能性较小。因而，人生的阶段性要求我们根据儿童的身心发展总结教育规律，提高教育的有效性。

3. 毕生发展观与教育的全程性

我国古代教育家孔子在总结自己的人生经验时说："吾十有五而志于学，三十而立，四十而不惑，五十而知天命，六十而耳顺，七十而从心所欲，不逾矩。"这可以说是古人对毕生发展的朴素理解。现代心理学认为，毕生发展观的基本思想主要有以下几点：①个体发展是整个生命发展的过程。人的一生都处在不断的发展变化中，从生命的孕育到生命的晚期，任何一个时期都可能存在发展的起点和终点。②个体的发展是多方面、多层次的。③个体发展是由多种因素共同决定的。[①] 毕生发展观以一种更为全面的眼光来审视发展，认为生命历程中任何时候的发展都是获得与丧失、成长与衰退的整合，任何发展都是新适应能力的获得。这种观点使我们更全面、更深刻地理解人的发展过程，一个人从出生到死亡，是在不断的自身发展过程中去适应不断变化的现实，只有不断学习，才能获得新的发展，才能满足生产和生活对新知识的需要；使我们认识到学习与人生过程并存，不学习，是对生命根本的自我否定和浪费，"吾生有涯，学也无涯"。

1994年的首届世界终身学习会议提出"终身学习是21世纪的生存概念"。当今，随着科学文化和整个社会的急剧发展变化，人的发展与社会发展的矛盾日益复杂和尖锐，社会发展对人的发展提出了更新、更高、更频繁的要求。在这种情况下，学习显得越来越重要。罗马俱乐部在《学无止境》研究报告中指出：在日益增长的问题复杂性和我们对付这种复杂性之间存在距离，要依靠和改善学习来消除这种差距。所以，人们不仅应重视学习，还应提倡一种创新性学习，使人们主动地提高适应未来事情的能力；应从儿童时期开始，就注重培养人的自觉学习的态度。联合国教科文组织国际教

[①] 全国十二所重点师范大学联合编写《心理学基础》，教育科学出版社2007年版，第205页。

育发展委员会认为,学习的作用日趋明显,以致必须"达到一个学习化社会的环境"。教育就是为了帮助人们更好地学习,通过教育的不断支持,发挥人的潜能,激励并使人们获得他们终身所需要的全部知识、价值、技能与理解,并在任何任务、情况和环境中有信心、有创造性地应用它们。终身学习的理念决定了教育应该是终身的。终身教育把人生各个阶段的学习活动视为一个整体,把社会所有的教育活动都整合在一个统一的、相互衔接的教育体系中。联合国教科文组织在《学会生存——教育世界的今天和明天》中明确指出:教育是贯穿人一生的、不断积累知识的长期、连续的过程;终身教育是现代化社会的基石,唯有全面的终身教育才能培养完善的人;我们需要终身学习去建立一个不断演进的知识体系——"学会生存";要使教育更好地为社会发展服务,必须积极发展终身教育思想;只有终身教育思想,才能使教育变成有效的、公正的、人道的事业。[①]

4. 当下的人生危机对教育的呼唤

我们曾俯瞰和凝照西方世风的堕落,今天,我们也遭遇和面临道德精神的滑坡。现如今的人生的确彰显出一种严重的不一致性,即在物质生活方面,丰富而有成果的活动数不胜数;但在精神生活方面,则充满了不确定性和贫困性。因此,我们必须正视现存的社会、道德、精神问题,正视当代人生的迷惑与困境。马斯洛认为,人的需要是有层次性的,从低到高依次是生理需要、安全需要、归属与爱的需要、认知需要、美的需要、自我实现的需要。自古至今,世界上绝大多数的人一直处于追求满足生理需要和安全需要的层次以及追求满足归属与爱的需要、认知需要的层次,因此,追求高层次的真善美历来就是极少数人的需要。尤其是资本主义生产关系产生以来,人们追求满足低层次需要的愿望日益强烈和表面化,甚至达到了片面、畸形的追求。改革开放30多年来,我国社会的精神道德领域也出现了日益严重的问题。当今社会,金钱至上、追名逐利、贪污受贿等,已经进入了社会各行各业,连一向保持高贵尊严的教育、研究、医疗等领域也不可避免。工业化、商品化、市场化、高科技化在给人们带来无尽的物质欲望和物质享受的同时,又无情地使人们的心灵和人的良知良心沉沦。越来越多的人正在失去心灵的故乡和家园,精神空虚、感情冷漠、良心麻木、心无寄托……恢复和发展人性,拯救和重建人类的精神家园,引导人度过一个有意义且充满创造性的人

[①] 联合国教科文组织《学会生存——教育世界的今天和明天》,教育科学出版社2003年版,第223页。

生,是教育义不容辞的责任。

(二)人生哲学对教育的影响

人生哲学与教育有着共同的趋向。人生哲学是关于人生的哲学理论、是人生经验的哲学化,它运用一般的哲学观点和方法,结合有关人生的科学知识,总结人生的经验,并把经验、知识和哲理融为一体,解释人生的存在,阐明人生的价值,指出人生所能达到的境界,从而展示人生应当所为的生活。教育也关注人的存在方式、思维方式、价值取向,关注人生的真善美,目的是使人从现实的人变成理想的人。二者的融通之处在于对人生的反思、对美好人生的追求。只不过,人生哲学从哲学的角度出发,将人生问题提升到更高的层次,从而能够为人类生活和教育生活提供理想的构想,为理想的教育提供理想人格的构想。

1. 人生哲学对教育价值取向的制约

人生哲学是教育价值取向最直接的哲学基础,尤其是人生哲学中对人的本质、对人类社会的本质以及对人生目的、人生理想、人生价值等的看法,对确立教育目的具有导向性的作用。古今中外的教育家们对教育的目的做过各种各样的规定,如有的人主张教育旨在发展人的各种天然禀赋,有的人认为教育是要向儿童灌输各种知识和道德规范,为进入社会做准备,而有的人反对教育是生活的准备,提出了教育即生活等。在此,我们要讨论的是为什么他们各自提出这样而非那样的教育目的,他们的这些教育目的是由什么决定的呢?德国教育哲学家赫尔巴特首先考虑了教育理论的基础,提出教育学的两块基石,一块基石是伦理学,它决定了教育目的;另一块基石是心理学,它决定着教育方法。德国另一位教育哲学家那托尔普认为还应加上认识论和美学,这二者对教育宗旨和教育方法都有很大的影响。这种对教育目的之基础的看法反映了西方教育史上把体、德、智三育作为教育目的的传统看法,尤其承袭了德国哲学家康德将哲学中追求的真善美与心理学中研究的知情意结合起来构造的教育哲学体系。这种看法在20世纪20年代初由我国较早研究教育哲学的范寿康等人引入国内,对我国教育界发生了较大影响。范寿康在《教育哲学大纲》中指出,教育的整个目的在于将一个实在的人提高到理想的人,前者属于"人性论",后者属于"人生观",二者都属于伦理学的研究范围。前者是记述和说明,后者是规范和评价,因此,教育目的的规定当然大部分非根据伦理学不可了。① 笔者认为,其实这里所强调的伦理学在更广的意义上应该是人生哲学。

　　人们对教育的价值选择,历来就有不同的见解和主张。研究者常常将古今中外教育史上关于教育目的的看法归结为相互对立的两大流派:一是"个人本位论",一是"社会本位论"。前者主张教育目的应当从受教育者的本性出发,教育的目的在于把教育者培养成人,允分发展受教育者的个性,增进受教育者的个人价值。在他们看来,个人价值高于社会价值,社会只有在有助于个人的发展时才有价值,评价教育的价值也应当以其对个人的发展所起的作用来衡量。后者主张教育目的要根据社会需要来确定,个人只是教育加工的原料,其发展必须服从社会需要,教育的目的就是把受教育者培养成符合社会准则的公民,使受教育者社会化,保证社会生活的稳定与延续。在他们看来,社会价值高于个人价值,个人的存在与发展依赖并从属于社会,评价教育的价值只能以其对社会的效益来衡量。总的看来,个人本位论者从人的本质中引申出教育目的,社会本位论者从社会需要中引申出教育目的,二者的观点虽然对立,但也有共同之处,即都是从各自的人生哲学中引申出教育目的。可见,从古至今,教育上的见解虽然众说纷纭,莫衷一是,但教育者重视人生哲学却是千篇一律,他们对教育的议论都以各自所固有的人生哲学作为理论依据。

　　2. 人生哲学对教育目标的影响

　　教育目标是教育目的的具体化,教育目的需要通过各个不同层次的教育目标的落实才能得以实现。假如教育目的受人生哲学的影响,那么教育目标与教育目的具有一致性,它必然也渗透着同样的人生哲学。从确立教育目的或目标的方式上看,如果以规范哲学的方式确立教育目的或目标,试图从规范的角度回答教育目的应该是什么的问题,那么往往会求助于形而上学的假设,求助于哲学本体论来为教育目的的合理性进行价值辩护,因而,关乎人生的价值、人生的道路及人生意义等问题的回答必然受人生哲学的影响与制约。这在前文中已做了论述。我们很可能认为以规范哲学的方式来确立教育目的或目标必然与人生哲学有某些渊源,其实,以科学实证的方式研究教育目标也会涉及人生哲学的问题。被誉为"现代课程论之父"的美国学者泰勒曾提出,确立学校教育目标有三个基本来源:一是对学生的研究;二是对当代社会生活的研究;三是听取学科专家的意见。在对这些方面

---

① 范寿康《教育哲学大纲》,商务印书馆1982年版,第47页。

展开实证调查分析的过程中,他也就学生的人生哲学、社会上的种种人生观做了考虑,如调查学生的需要。就心理性需要而言,按照心理学家普雷斯科特的划分,除了生理需要、社交需要外,还有整合需要。整合需要就是把自我与大于或超乎自我的某些事情联系起来的需要,即对人生哲学的需要。[①] 就教育性需要而言,教育性需要指代一种学习者目前的实际状况与某种理想常模之间的差距,即"是什么"与"应该是什么"之间的差距。而这种常模就是以指导学生行为的人生哲学与教育哲学为基础的。泰勒就是根据学生的心理性需要和教育性需要来收集有关学生的信息,并将这些信息与公认的常模作比较,找出差距,从而为确立教育目标提供依据。再如,调查当代社会生活实存的生活方式与价值观。社会中存在多种不同的生活方式,诸如保持对人类能力所能达到的最深层事物的认识,具有规律性的智慧人生;不以他人或他物为依赖,以自我为中心的内省式人生;感性地享受生命的人生;参加集体活动,与他人和谐协调,并采取积极行动的协同型人生;随机应变,不一定局限于一种生活方式的多元主义人生;在和平与稳定中追求快乐的安适型人生;顺应自然的老庄式人生等,每一种生活方式都代表不同的价值观。泰勒认为,通过对人们生活方式及价值观的调查,可以为教育目标的制定提供一个非常现实客观的思考场,使教育目标具有现实性。

3. 教师的人生哲学在教育过程中的隐性作用

教师的教育理念、教育行为其实在某种程度上可以说是他们人生哲学的折射,人生哲学是他们教育理念和行为的必需参照。比如,孔子的教育思想体现了他的儒家出世的人生观;陶行知的生活教育则是他人生奉献与创造的理想之具体化;杜威的实用主义教育思想更是为其人生与社会理想服务的。因而,教师在教育中的作用不仅表现在增加学生的学识上,他们对学生做人、做事的风格、方式、态度无疑也有很大的影响,只是这种影响不是那么立竿见影,所以,常常被我们所忽视,尤其是在只注重学习的外在价值的今天。

教师个体的人生理想,会影响到他对教育目的的反思、批判和引导。一个利己主义者的教育理念中自然不难看到对教育个人本位论的推崇,对"教育与社会关系"的忽视。一个现实功利主义者的教育理念中,我们也不会看到他对教育超越价值的关注。个体关于人生理想的认识,必然反映在他对

---

① 〔美〕拉尔夫·泰勒《课程与教学的基本原理》,施良方译,人民教育出版社1994年版,第4页。

教育目的的要求和对教育功用的质问中,反映在他对教育带有个性的解读和拷问的过程中。

教师个体的人生态度、人生价值取向等会影响教育过程的实施。教师的态度、职业道德、人格、作风等各个方面都会在学生眼中得到放大,从而影响学生,影响整个教育过程。因为教师可以随时随地把自信乐观的人生态度、始终如一的敬业态度、好学多思的进取精神、乐于奉献的高贵品质、正直诚实的做人准则、坦诚热情的待人情感、审时度势的思想作风以及平凡朴实又令人敬佩的生活理想通过自己的一言一行、一颦一笑,毫无保留地流露给学生。教师对学生的这种影响是任何教科书、任何道德箴言、任何惩罚和奖励制度都不能代替的一种教育力量。前苏联教育家苏霍姆林斯基认为,教师是同生活中最复杂、最珍贵的无价之宝——人打交道的人。每个人(尤其是孩子)从养成文明习惯、获得文化知识,到确定个人倾向性,形成人生观、道德观,教师的影响常常起决定性作用,所以,教师不应仅仅是知识的传授者,而且应是塑造一代新人的"雕塑家",应当用自己的思想和人品去使知识发挥威力,从而唤起学生做"真正的人"、"大写的人"的渴望以及强烈的求知欲望。①

教师对学生的影响作用,不仅仅取决于教师主观上想怎么样,还要看教师自身是什么样。教师的人生哲学通过自身的形象、人格魅力呈现出来,通过对学生的感染、熏陶来实现对学生的教育作用。苏霍姆林斯基指出:"智慧要靠智慧来培养,良心要靠良心来熏陶,对祖国的忠诚要靠真正地为祖国服务来培养。""这里起决定作用的是:学生从我们身上看到的是什么样的人。"一个有抱负、有教育理想的教师极有可能为了学生,即使在承受外在压力的情况下也会努力引导一种崭新的教育行为。而一个得过且过,对工作没有多少热情的教师,往往可能采取冷漠的态度,只做一个上传下达的传声筒,而毫无自己的教育见解;一个崇尚理性、仁慈和宽容的教师,会将这些教科书里没有的东西蕴涵在他的讲课中,来培养学生为人的重要品质。而一个只以追求升学率为目的的老师,可能只会不惜一切代价地帮助学生取得升学考试的成功以达到一些外在的目的。

十多年来,我国一直在推进素质教育。所谓素质教育就是把提高每一个孩子的素质作为教育的目标。素质,包括身体心理素质、思想道德素养、

---

① 张凤琴《苏霍姆林斯基的教师理念对我国教师职业精神和人格品质培养的启示》,《内蒙古师范大学学报》(教育科学版),2007(1)。

科学文化素养,具有创新精神和实践能力等。各种素质中最具统率作用的是人的世界观、价值观等属于学生精神生活范畴的核心观念,而这些素质也是一些无法取得明显效果、无法量化、无法一蹴而就,但偏偏又是学生具有高尚精神生活不可或缺的因素。这就更需要教师的引领与潜移默化。要培养学生的精神生活,教师首先要有高尚的精神生活。我们有些老师起早贪黑,辛辛苦苦备课教学,但是脑子里想的是学生的学习成绩,眼睛盯着的是学生的分数,很少思考和关心学生的精神生活。这样的工作尽管辛苦,但是缺乏方向,孩子将来能否成为有丰富的精神世界和创新能力的人,恐怕就值得商榷了。

在翻阅了由商友敬主编的《过去的教师》一书后,笔者更是感觉到教师的人生哲学在教育中的作用不可低估。本书讲述在过去的岁月,特别是近百年来,中国新式教育伴随着国门开启、民族自强和全球发展而一路走来的历程。在这个历史进程中,中国最优秀的一批知识分子投身到"教育救国"的历史洪流中,承启了世界教育的优秀成果,开创了现代教育本土化的艰难实验,谱写了中国新式教育一时的辉煌。书中汇集了季羡林、钱学森、苏步青、费孝通、汪曾祺、钱穆、丰子恺、梁秋实等大家对自己的学生时代以及恩师的回忆,一篇篇记述着这些大师的老师们或者更早以前的老师是怎样教书的,是怎样安身立命、治学、做人的。序言中写道:"年轻的老师们,你们太忙了。我看你们每天忙忙碌碌地备课、讲课、布置作业、批改作业,以应付一份一份的考试测验,日复一日,年复一年,真是太辛苦了。如果能抽点时间读些书的话,也是去背那些为考学历而不得不背的教科书上的条条框框,那又是一重苦恼和负担。你现在打开的这一本,不是习题集,不是教学参考书,也不是进修辅导书,这是一本'闲书',是闲下来没有事的时候读一读的书,它可能会引起你的兴趣,甚至会引发你进一步的思考。这本书说的是半个世纪以前,你老师的老师(叫'太老师')或是比他们更早的老师,他们是怎样教书的,他们是怎样安身立命、治学、做人的。"[①]透过这本书,我们可以看到昔日教育者的风貌,这无疑是当代中国教育守望的财富与指引的明灯。怎样为师、怎样做人,会对教育、对学生产生何等的影响!

的确,教师自身的人生阅历、人生经验、科学正确的人生观对学生具有极大的影响。教师应当以各种有益的方式,对学生进行人生导引,增进学生对社会、对时代特点的理解;让学生看到自身生命之价值,促进学生对人生

---

① 商友敬《过去的教师》,教育科学出版社2007年版,第1页。

意义的理解、对人生幸福的积极追求,帮助学生塑造健康、和谐的自我,以更好地适应社会与人生。苏霍姆林斯基曾坦言:"对我这个教育者来说,一件必须的、复杂的、极其困难的工作,就是使年轻人深信:知识对你来说之所以必不可少,并不单单是为了你将来的职业,并不单单是为了你毕业以后考上大学,而首先是为了你能享受一个劳动者的丰富的精神生活;不管你是当教师还是当拖拉机手,你必须是一个文明的人,是你的子女的明智的和精神上无比丰富的教育者。"①在苏霍姆林斯基看来,知识既是目的,又是手段。知识不是为了"储存",而是为了"流通",教师不只是让学生记住知识,而且要注意发展学生的精神世界。教师要提高学生的人生境界,引导学生从物的、功利化的思想中超越,寻求人生的意义和精神生活的富足。培养学生的精神生活需要教师的精神引领,而教师精神世界的来源之一就是教师的人生哲学,与其人生哲学具有一致性。

三、教育与人生的循环互动

我们不能把教育与人生进行割裂,教育本就是人的存在方式,它原本就和人的生活、人生紧密地融为一体,而不仅仅作为一种外力而存在,不仅仅是一种培养人的手段、一种工具,而是人展现、发展、完善自己的一种内在需要,它印证着人的自我存在,并伴随着人的一生。人要获得做人的价值和社会价值、具有存在的意义,必须借助教育;而教育要体现自身的存在则要通过人,受教育者获得的价值越高,教育的存在就表现得越充分。同时,教育若能自觉地关注现实人生、追寻人生意义,则需要合理的人生哲学来指引。看来,教育、人生、人生哲学之间存在着循环互动。

(一)理论上的一致性

从理论的逻辑上来讲,有多少种人生哲学就有多少种对人生的理解;对人生的不同理解,又带来教育理念、教育行为的千差万别;教育的差异进而又影响着学生人生发展的差异。片面的人生哲学导向片面的教育,片面的教育带来残缺的人生;合理的人生哲学引导理想的教育,理想的教育导向健康的人生。这两种趋向只是在排除很多复杂因素后的一种简单的逻辑推理,不过前者可以从古今中外的人生哲学及教育中得到确证,而后者正是人们在一次次探寻、受挫,而又继续前行中的永恒追求。

---

① 〔苏〕苏霍姆林斯基《给教师的建议》,杜殿坤编译,教育科学出版社1984年版,第485页。

(二)现实中的不协调

通过理论上的分析不难看出,教育、人生、人生哲学之间是一个循环链条,其中任何一个环节断裂,都会引起循环链的断裂,从而引起它们之间的不协调。

苏霍姆林斯基说过:"在教学大纲和教科书中,规定了给予学生各种知识,却没有给学生最重要的东西,这就是:幸福。理想的教育是:培养真正的人,让每一个人都能幸福地度过一生。这就是教育应该追求的恒久性、终极性价值。"[①]从这位伟大的教育家的话中,我们可以领略到两层含义,第一,教育应当培养真正的人,使人拥有幸福的人生;第二,教育没有给予学生幸福。也就是说,教育可以使人获得幸福人生,但这只是从教育的可能性来讲,可能性并不等于必然性,并不是所有的教育都能使人获得幸福人生。教育与人生之间并不具有绝对的一致性。真正的教育追求幸福人生,然而,现实情况却或多或少总是在违背教育的初衷。这就为我们提出了一个亟待解决的问题:反思现实教育,改造教育,构建导向健康人生的教育。

教育的意义只能在探索教育与人、教育与人生、教育与生活等问题的过程中去寻找,只有扎根于、生成于人的生活世界之中,才能回归教育的本真。在这个世界中,最为基本的是人的生活、精神、价值、交往与视界融合,是人的精神变革、意义领域与生活实践。[②] 在此终极意义上把握教育,就需要教育真正走向生活,在理念上反映人生的诉求,贴近社会,真正把握时代的精神。"教育哲学作为一门实践哲学,教育实践和广泛的社会和人生实践是其学术的根基。"[③]由此,教育必须有人生哲学的视野,教育对人生和社会的漠视,就意味着教育根基的丧失,意味着教育成为社会其他系统的附庸,被贬斥为教育无用的肇始。如果一门学问,对人、人生和社会毫无意义,那么它存在的地位也就岌岌可危了。所以,教育不能对人生哲学思想置若罔闻、视而不见。但我们现存的教育却没有对人生,尤其是对学生的人生引起全方位的重视,没有对学生的人生做出正确的解读。教育的理论基础忽视或没有凸显出其人生哲学的根基。这为我们提出了又一个亟待解决的问题:探寻教育的人生哲学基础。

---

① 〔苏〕苏霍姆林斯基《给教师的建议》,杜殿坤编译,教育科学出版社1984年版,第216页。
② 金生鈜《教育学的合法性与价值关涉》,《华东师范大学学报》(教科版),1996(4)。
③ 石中英《教育哲学》,北京师范大学出版社2008年版,第28页。

(三)期待良性的互动

促成教育、人生、人生哲学之间的良性互动是本书的旨归,即以合理的人生哲学指导教育,反思并改进当前教育进而通过教育导向学生的健康人生,众多个体人生的健康必将减少社会人生的危机,社会人生危机的减少又会对教育的发展、对人生哲学的形成带来积极的影响。由此,形成了人生哲学、教育、人生之间的良性循环互动。

需要指出,这三者之间并不是简单的单向作用,否则将会形成人生哲学指导教育、教育引导人生,即社会意识决定存在的唯心论怪圈。它们中的每一对关系都是双向互动的,并且三者中的每一因素都是变动不居、不断生成的。因而,我们不是试图规定,也不可能规定或者建构一种教育模式,从而使它永久性地适合人生。而只能在一定时空下,寻求它们之间的动态平衡。这种追求的过程本身就是对什么是教育、什么是人生的一种诠释。

要想达成这一目的,实现它们之间的协调,就必须解决以上提及的两个问题:探寻教育的人生哲学基础;反思并改进现实教育。教育家杨贤江曾经批判教育缺乏对青年人生的指导,他说:"向来的学校教育,大都偏于知识的传授,而对于良好习惯的培养,青年问题的探索,未尝加以留意。换句话,就是未能为全人生做指导;于书本的教室的课业以外,对于如何过日常生活,如何交友,如何消闲,如何处世,如何发现并解决自身各个问题,如何满足并发展学生所喜欢做的活动,都在所不问。试问这种教育怎能完成它的指导人生的职责呢?"[①]他批评教育理论界和实际部门"把整个的人生分割",批判不从学生本身着想、不从社会环境上着想的缺陷,认为没有"指导全人生"的教育观念是畸形的或蹩脚的教育。当今我国的教育是畸形或蹩脚的吗?这需要我们反思。

什么样的教育不是畸形的或蹩脚的教育呢?教育因人的生存和发展而产生,也因人类社会生活的变迁而变迁;人的生存需要是教育存在的合理性源泉,人的生存方式是教育的本源性依据。如此,教育的建构和发展就需要基于人生,为了人生。"教育的价值,不仅是个体人生价值的一部分,同时教育通过自身价值的实现,有助于个体独特的人生价值的完成和升华。"[②]基

---

① 中央教育科学研究所、厦门大学编《杨贤江教育文集》,教育科学出版社 1982 年版,第 226 页。

② 王坤庆《教育哲学——一种哲学价值论视角的研究》,华中师范大学出版社 2006 年版,第 95 页。

于人生、为了人生的教育自然不可能把人生哲学的知识、思想和理念"束之高阁"弃而不用。但现今的教育却恰恰忽视了这一点，我们必须加以弥补。然而，面对古今中外如此众多的人生哲学，教育该如何选择？因而，需要探寻教育的人生哲学基础。这正是接下来要解决的问题，下一章将对古今中外的人生哲学及其教育进行梳理，为确立教育的人生哲学立场奠定基础。

第二章 历史考察:人生哲学视野下的教育

从第一章教育与人生的关系中可以看出,人生对教育的影响在很大程度上体现为人生哲学对教育的影响。毋庸置疑,即使普通民众对人的认识、对人生的看法都会直接或间接地影响人们对教育的态度和选择,那人生哲学就更是影响着教育的理论及实践了。本章主要梳理了古今中外的多种人生哲学及其相关的教育理论与实践,以便为后叙中教育的人生哲学立场选择提供借鉴。

每个人都有自己对人生的看法,但普通的人生观带有经验性、偶然性,缺乏理论性和稳定性。人生哲学则不同,它是理论化、系统化的人生观,是时代精神的反映。不同历史时期,人们对生活、对人生有着不同的体验、不同的理解和不同的把握,形成了具有不同历史内涵的人生哲学,尤其是占主导地位的人生哲学更是在每个时期都会有所不同。不同的人生哲学又对各个时代的教育产生了深刻的影响,形成了具有时代特征的教育思想、教育实践。古今中外哲学家、思想家、教育家的积极探索为我们留下了丰厚的历史遗产,沿着他们的思想轨迹,洞察人生哲学对教育的影响,以使古为今用,洋为中用。

一、中国人生哲学对教育的影响

(一)古代人生哲学及其教育

中国传统哲学的主要研究对象是人和人组成的社会,反复阐述的中心问题是人生理想以及如何实现这种理想,这个问题的重要性是压倒一切的。正如张岱年先生指出的:"中国哲学家所思所议,三分之二都是关于人生问题的。世界上关于人生哲学的思想,实以中国最为富有,其所接触的问题既多,其所达到的境界亦深。"[①]因此,人生哲学构成了中国传统哲学中内容最丰富、思想最深邃的核心部分,其他问题都围绕这一核心而展开。其蕴涵着关于人与人性的认识;关于人生命意义的认识;关于人生价值、人生境界与

[①] 张岱年《中国哲学大纲》,中国社会科学出版社 1982 年版,第 165 页。

理想人格的追求;关于人生机遇的认识;关于人生情感的论述;关于人生交往的看法,以及人生德性修养、治学修养和行为修养的论述等。其涉及天人关系、人我关系、生死关系、苦乐关系、荣辱关系、德才关系、知行关系、义利关系等。中国哲学最基本的构成要素在儒、释、道三家思想中都有体现。儒、释、道各家对这些问题都各自形成了一套完整的体系;同时,这些人生哲学思想渗透在它们各自的教育理念当中,希望通过教育来达成民众的理想人生,进而实现理想社会,这一理想尤其体现在各家所要培养的理想人才上。

儒家由原始儒家,到汉唐经学,再到宋明理学、心学,明清实学,儒家思想在整合内部、融合各家的过程中发展成为中国思想的正统。先秦时期孔子"仁者爱人"的人本思想和人生价值观,"己所不欲,勿施于人"的处世哲学,"乐而忘忧"的乐观主义人生态度;孟子"舍生取义"的价值观,"天下皆悦"的人生境界观;荀子"重义轻利,骋能而化天下"的人生价值观;朱熹的"修天地之性"、"存天理"、"去人欲";陆九渊的"宇宙便是吾心,吾心便是宇宙"、"复其本心";王阳明的"心即理"、"致良知"等等人生哲学思想,都为上至帝王将相、下至黎民百姓所效仿。

道家从先秦老子、庄子之学,到汉初黄老学派到玄学再到魏晋南北朝的发展及隋唐时期帝王的推崇,也在中国源远流长。老子"无为"、"自然"、"返璞归真",庄子"逍遥游"的理想人生境界,老子"谦下"、"不争"、"守静"和庄子"用心如镜"的人生态度,还有自然生死观等等,都规劝人们求得人生的平衡,获得人生的宁静。当然,道家发展到后来,把人生的目标设定为肉体的不朽,留存的只是对肉体生活的保存,并没有精神层次的生命突破,则是很消极的。

佛教自汉代传入中国,经历了汉朝至东晋的介绍时期,南北朝的融合、中国化时期,隋唐的创造时期,宋至清的儒化时期,在中国流传、发展了两千年,深深渗透于传统的中国文化之中,和中华文化融合为一体,演变为中国传统文化的一部分。原始佛家的人生哲学主张人生的目的在于摆脱空幻的色相界,超脱诸般烦恼,而设法进入涅槃,进入真如世界。它不给予人今生今世的幸福和快乐,也不给予人现世的功名利禄,它所答应给予的是永世的幸福,是涅槃的境界。在中国发展的佛教,融入了儒家的入世精神,也受到道家的影响,成了知识分子以及百姓安身立命的哲学之一。

总之,中国古代的人生哲学可谓博大精深,对人们认识人生、践行人生产生了莫大的影响。儒家的智慧,使中国人懂得人生的庄严义务和伦理责任,自强不息,厚德载物,将小我的生命熔铸在家、国、天下、王道、历史中。

道家的自然主义和乐生哲学,教会中国人倾听大自然的声音,热爱生活,珍惜生命。佛家教会了中国人以超乎寻常的忍耐力理解和宽容,用自己的慈悲、自己的苦行、自己的愿力,去超度、解救因贪欲、仇恨、无名而陷入无边烦恼和痛苦的生灵。① 这都反映出中国人生哲学积极的一面,但同时,它也有其消极的一面。中国古代人生哲学强调人的德性人生,注重人的精神世界,在人生的价值取向上注重社会、忽视小我,而且总是企图为社会提供准则来限制和规范人的思想道德与行为。总的说来,这种哲学缺乏个人自由和主体的独立性,带有严重的宿命论色彩,容易倒向培养顺民的奴性哲学;同时这种哲学强调和推崇理性和社会性,而忽视或贬低人的感性,严重禁锢了人的积极性和主观能动性。

中国古代的人生哲学对中国古代的教育产生了直接的影响。历史上的很多思想家都从事过教育实践,教育家更是如此,应该说他们提出的教育主张无不受到这些人生哲学的影响。他们塑造着完美人生所需的理想人格,构想着教育的乌托邦,使中国古代几千年的教育呈现出以下几个特点。

1. 教育目的反映了人生理想

在教育目的,即理想人格的塑造上,儒、释、道都形成了自己的主张,体现了各自的人生理想及人生境界。在儒家思想中,无论主张人性善还是性恶,都肯定了教育的教化功能,提出了相应的教育设想。儒家认为人人皆有圣性,人人可以通过格物、致知、诚意、正心、修身而成为"君子""圣人"。"君子""圣人"不一定非得建功立业,他们最本质的特征就是做到"仁"或"诚",而"仁"或"诚"正是一种兼物我、合内外的天人合一的精神面貌。君子不仅自己充分发挥了固有的善良天性,而且能泛爱天下、知晓万物。具体来讲,首先,君子或圣人能够把自己与社会、事物乃至天地宇宙都看做一个不可分离的整体。其次,君子、圣人还必须具有体认天理的智慧,并且做到一言一行都符合天理、代表天意。比如孟子的教育理想就是追求"大丈夫"人格,认为世界上最可贵的东西不是外在于人的物质财富和权力地位,而是内在于每个人自身的道德品质和精神境界。"富贵不能淫、贫贱不能移、威武不能屈"②的大丈夫要有"至大至刚""塞于天地之间"的"浩然之气"。③ 另外,儒家思想中的理想人格还有圣贤、君子、成人、醇儒、豪杰等说法,都要求这些

---

① 李振纲《中国古代哲学史论》,中国社会科学出版社2004年版,第9页。
② 《孟子·滕文公下》。
③ 《孟子·公孙丑上》。

大德、大智、大能的圣人君子们能够与天地合其德,与日月合其明,与四时合其序,与鬼神合其吉凶,真正做到天、人融合无间,这正是儒家孜孜以求的最高目标。道家构想了万物齐平、无贵无贱、无君子小人之分的至美和纯真的理想境界,认为人人都有慧根,人人可以修道成仙。道家的理想人格是成为"真人",不过他们认为的"天"并不包括仁义道德的概念,而是自然无为,因此,真人不仅不追求仁义之道,连人类的七情六欲也不产生,他们只是像至高至大的天道那样,完全因循自然,无为无虑。具体而言,首先,他们摆脱了一切文化和道德的束缚,忘记了整个宇宙,连自己是否存在也不在意,忘乎物,忘乎天。其次,真人的生活必须时刻不离天道,从而直接做到天道合一,不像世人那样为了俗事忙忙碌碌。① 佛家则把万事皆空、无欲无图的极乐世界作为最理想的社会,认为人人皆有佛性,人人皆可以立地成佛。这圣性、佛性、慧根其实都是要求人们有至善的德性,也体现了儒、释、道诸家高度的人生智慧,蕴涵着人生的终极方向。教育就是宣扬这种人生理想,并教化人们朝着这个方向发展。其中,儒家最为突出,对这一追求有着坚实的教育实践,古代文人不论"小学"、"大学",他们的学习资料大部分都是《诗》、《书》、《礼》、《易》、《乐》、《春秋》,虽小学"教以事",大学"教以穷理",但"学之大小固有不同,然其为道则一而已"。② 孔子认为,"《礼》以节人,《书》以道事,《诗》以达意,《易》以神化,《春秋》以道义"③,道出了"四书五经"对人的教化作用,也希望通过教育来使人达到此种境界。

2. 教育以伦理道德体现天人、人我关系

中国古代的人生哲学在处理人与外界的关系时,主张"天人合一"。儒家和道家都是如此,只是认识这一问题的出发点不同,但殊途同归。儒家的天人合一就是指天道和人道合一,一种理解是天合于人,一种理解是人合于天。天合于人是指人对自然规律能动地适应和控制,人从天道中去寻找人道的根据,人从天地自然运行的规律中,得到启示,作为自己的行动指南,由此就有了"天行健,君子以自强不息;地势坤,君子以厚德载物"④和"人定胜天"的积极思想。人合于天是指人对天道、天理的顺从和崇拜,天道象征着一种绝对精神、世界本原和普遍法则,由此产生了天人感应中的某些消极的

---

① 戴家龙《"天人合一"命题的人生哲学意义》,《安徽师大学报》,1995(2)。
② 《大学章句序》。
③ 《史记·滑稽列传》。
④ 《易经》。

东西；认为天和人是相通的，天能干预人事，人的行为也能感动上天。君权神授的思想就是其典型代表，认为皇帝是上天安排来管理众生的，皇帝的意志就是上天的意志，可以替天行道。不论怎样去理解天人合一，但总有一个普遍的倾向，即要求人性与天性、人道与天道、天理保持一致，就是人努力与天保持一致的修身养性的过程。那么，要真正做到天人合一，教育的作用就不可忽视。《中庸》中讲道："天命之谓性，率性之谓道，修道之谓教。"①也就是说，天所赋予人的就叫性，循性而行就叫道，修治此道就叫教。其中蕴涵的逻辑便是：人生来就有善之本性，人应该对这种善性加以保存和发扬，而人的善性的真正保存和发扬就要依靠教育。这样，天性、天道与人心、人性就达到了统一，形成了以伦理为本位的中国传统文化，形成了以道德理想主义为特征的人文教育传统。天道成了人生本原和人性的价值根据，也是人类社会伦理道德和礼法制度的根源，那么，仁、义、礼、智、信就是天所赋予人、人性所固有的，教育就是要发现、保存、巩固、发扬这些人性中的善端，使人做到修身、齐家，进而才能治国、平天下。这体现出个人对自我的超越，对他人、对家庭、对社会的高度责任感、义务感和献身精神，最终达到天人合一。道家没有像儒家那样把天道人道化、人格化、拟人化并从人伦关系去强调天人合德的天人合一，而是强调人道的自然化，强调人道对天道的归一与融合。老子认为，道在天地之上，道是先天地生的"天地母"，即所谓"道生一、一生二、二生三、三生万物"，"人法地、地法天、天法道、道法自然。"②"道法自然"就是指，道是自然的，是自己本来就如此的，所以，人、地、天其实最后都是按原本自然的道来运行。人要符合自然之道，就要效法自然，顺性而行，按人之本然之性来生存和生活才是天道。庄子也认为："有天道，有人道。无为而尊者，天道也；有为而累者，人道也。"③他比较重视自然无为、利而无害的天道。由此可以看出，道家强调的是以天道定人道，把人道统一于天道，以达到个体精神的绝对自由的天人合一的境界；在教育过程中，崇尚自然、轻视名教，主张在人的发展中，要顺其自然，促使人个性的自然发展，不要人为地去加工、造作。这是对儒家礼教的否定，是对个性的尊重。

3. 教育注重社会价值

在我国古代，教育比较注重的是其社会价值，这主要体现在教育的政治

---

① 《中庸》。
② 《道德经》。
③ 《庄子·在宥》。

功能上。主张"政教统一"是中国古代教育的一大特点。从政治要求出发看待教育,使教育紧紧地为政治服务,教育政治化与政治教育化相统一是儒家一贯的思想。统治阶级利用国家政权掌握教育的领导权,规定各阶级和各阶层受教育的机会和权利;为教育制定一系列的方针政策,利用国家政权来管理和控制学校,为学校制订计划,确定教材,进行监督和检查;确定人才的培养规格和选士制度。一方面,统治者认为要想施行仁政,就必须抓好教育工作,通过教育来提高人们的道德水平,让人们自觉自愿地约束自己的行为,以达到国泰民安的目的。孟子在《孟子·尽心上》中曾说:"善政不如善教之得民也。善政民畏之,善教民爱之;善政得民财,善教得民心。"①《学记》中指出:"建国君民,教学为先,欲化民成俗,其必由学乎"②,都反映出了其社会政治目的,即只有通过兴办教育,有目的、有计划地对人进行培养,使人懂得立身处世之道,形成良好的道德,遵守社会秩序,养成良风美俗,才能维护国家利益和社会安定,统治者才能治理好国家。另一方面,人们将受教育作为实现其政治理想的重要途径。"学而优则仕",为学与为官、仕途紧密地联系在一起,已经为人们所认可并长此以往地信奉着。修己安人,劳心者治人,成为人们的理想,也是对教育的期待。鉴于统治者和受教育者的期望,教育具体应该怎么做呢?《大学》又指出:"大学之道,在明德,在亲民,在止于至善。""格物、致知、诚意、正心、修身、齐家、治国、平天下。"③这样,由内及外、由己及人,处理好人与自我的关系、人与他人的关系、人与社会的关系,最后实现政治抱负。

道家政教统一的思想是同其自然主义思想相一致的,通过自然主义思想的"自然之道"把政治与教育统一起来了。道家的"处无为之事"④是自然之道在政治上的反映,"行不言之教"⑤是教育上的自然之道。所谓"处无为之事",就是顺其自然,不妄行妄动,无为而治。"虚其心、实其腹、弱其志、强其骨,常使民无知无欲,使夫知者不敢为也。为无为,则无不治",使民"甘其食,美其服,安其居,乐其俗。"⑥所谓"行不言之教",就是不擅自发号施令,不使用政令、刑罚和形式规范进行教化,不使用外在规范进行约束,而是顺

---

① 《孟子·尽心上》。
② 《学记》。
③ 《大学》。
④ 《道德经》。
⑤ 《道德经》。
⑥ 《道德经》。

应人类本然之性进行潜移默化的影响,这也正是道家所谓的"绝圣弃智"、"绝学无忧"①,通过人对自然之道相通、相连的本然之性的自我充实、自然张扬,充分表达人的自然本性和本然之德的内在价值,摈弃一切外在规范,以潜移默化的形式普及于国家天下。

(二)近代人生哲学及其教育

鸦片战争的隆隆炮声,轰开了中国"闭关锁国"的大门。在民族危亡面前,在救国图存的生死斗争中,中国仁人志士意识到中国传统思想的局限,开始向西方学习。再加上列强在用坚船利炮入侵的同时,也带来了西方的思想、文化。这一时期,思想家在反封建的同时又受着传统封建思想的束缚,在反帝的同时又在努力学习西方先进的思想;一方面继承和发扬传统文化,另一方面受西方自由、平等、博爱思想的启发和影响。在这人性启蒙和思想解放的时代,形成了特殊时期的人生哲学。总结近代的人生哲学,大致有以下特点。

1. 矛盾冲突中的人性

中国近代思想家一方面宣称自私、利己是人的本性,是天经地义、无可非议的,一方面又断言人的本质是"仁"和关于"社会的观念",大力提倡利群为公、爱国爱他。这就形成了兽性与人性、个人与群体的矛盾和冲突。

中国近代哲学家关于人的本质的阐述,尽管在具体细节和概念表达上不尽相同,但却都格外强调人的社会属性,强调利群、合群及人的社会责任。这是中国近代人生哲学的突出优点和特征。近代哲学家不再孤立地考察人,而是把人放在群体和社会之中,侧重从人与人之间的关系中探求人的价值。因此,他们更强调的是个人对社会、群体和国家有不容推诿的责任和义务,人应该关心国家的命运、民族的前途和他人的疾苦,主张人性战胜兽性,以公德、社会责任感和爱国观来淡化、消除自私和利己的本能;认为人不是孤立地存在于真空中独来独往、不与任何人接触的,喜群恶独是人的天性。也正是因为人们都喜欢与别人交往、厌恶孤独,才产生了家庭、部落和国家。

与此同时,受西方思想的影响,近代哲学家又承认人的生理欲望和物质追求是人的本性,承认自私、利己的必要性与合理性,甚至把自私、利己看做是社会进化的原动力,是爱国心和权利义务的源泉,是道德艺术宗教等上层建筑赖以产生的基础,等等。在批判封建传统时,近代哲学家强调个人,推

---

① 《道德经》。

崇人的自我和个性，主张人要用自己的眼睛和心灵看待世界和人生，克服古代哲学以群体泯灭个体的做法，这尤其体现在对"天人关系"的重新认识中。中国近代人生哲学以达尔文的进化论为依据，推崇人的精神的至灵与至尊，强调人在宇宙中无法媲美的地位和至高无上的价值，并按照从简单到复杂、由低级向高级的进化发展规律进行推论：既然人是生物进化的最后阶段，那么人便是生物进化的最高阶段，于是，中国近代哲学家宣布人为万物之最优最灵。基于这种认识，在人与世界、人与上天的关系上，近代哲学家让人给自然立法，使人成为全部宇宙的中心和主宰。他们认为，人的精神志气、聪明才智有着巨大的主观能动性，和其他生物消极地适应环境不同，人能凭着自己的主观意志去改变、创造世界和环境而为我所用。正如梁启超所说："人世间一切之境界，无非人心所自造。"[①]这就是说，只有我、只有心才是世界的主人和主宰，特别强调人的主观能动性和创造性；同时注重人的才智的后天养成，具有鲜明的自我意识和独特的个性。

2. 虚假的统一

从以上的论述中可以看出，近代人生哲学在对待人的恶与善、义与利、个人与社会的关系中，存在着二元对立的割裂思想，忽左忽右，摇摆不定，不能达到理想的统一。但中国近代思想家对人的本质问题进行探讨的目的却是为了更好地处理自己与他人、个人与群体的利益关系，建立人生理想境界，更好地实现人的价值。他们认为，个人的生理欲望和物质需求的满足，是人得以生存和实现其社会价值的基础和前提，是必须加以保证的。然而，生存本能、个人利益和社会公德、国家群体比较起来则是微不足道的。最终的结论是：为了促进国家富强、社会繁荣，必须利用人们的自私和利己心理来调动人的积极性和主动性，激发他们的政治热情；如果个人的欲望能够得到满足，如果人都能自觉地爱他爱国，那么，人类便会进入人生最理想的境界：人人皆独立而平等，人人皆同胞而相亲。[②] 这种统一带有虚假性，因为这种统一的根基——对人性的认识，本身就是不全面的，就是不牢固的。

3. 理想人格

古代人生哲学塑造的理想人格有着圣贤情结和君子风范。一切以圣贤为标准、一切以做君子为目标，久而久之造就了中国人因循守旧的大众心态

---

① 梁启超《新民说》，中州古籍出版社 1998 年版，第 190 页。
② 康有为《孟子微》（卷1）。转引自：魏义霞《中国近代哲学的宏观透视》，黑龙江教育出版社 1994 年版，第 339 页。

以及复古倾向。而近代的人生哲学则崇尚"新民"、崇拜英雄,这有可能与近代中国的贫弱衰微,中国人政治感情淡薄、缺乏公德意识有一定关系。为了救国救民的需要,一些爱国志士如梁启超、严复等把改造中国人的性格、提高中国人的素质视为变革中国的基本纲领和当务之急,认为人应该走出书斋而面向世界,人不是为了学问而学问,研究学问的目的是解决当时遇到的社会问题;对于个人来说,钻研学问不是谋取个人的功名利禄的阶梯,不是超脱人世、自在逍遥的途径,而是扭转和掌握国家前途、命运,争取自由、自主之权的需要。这就是近代的"新民"设想与英雄崇拜的理想人格。

总之,中国近代的人生哲学作为精神武器,曾经鼓舞了整整一代人,使他们为自己、为国家前仆后继地英勇斗争,在理论和实践上都起了不可低估的重大作用。然而,由于时代的局限、阶级的偏见和理论思想的不成熟,其仍不能真正揭示出人的本质、人的价值和人生的奥秘,不能正确指导人生、使人谋取幸福。

在这种人生哲学思想的影响下,这一时期的教育开始尊重人性的自然价值追求、人的个性发展、人格独立,承认人的利欲观,将利欲观念纳入到健康人格的设计中,认为人应该具有健康的体魄、深邃的智慧和崇高的情操;同时注重爱国主义教育,学以致用,学术与实际政治事务相结合。这在地主阶级、洋务派、改良派、维新派、革命派的教育主张、人才观念、人才教育中都有体现。虽然这一时期的教育思想变化速度非常快,像闪电雷鸣,往往一些旧的问题还没来得及深入探讨,新的问题又出现在眼前,理论尚不够深刻,内容贫乏,然而还是有些共同规律可循的。各派教育思想与古代教育思想相比,也显示出其优越性,几经变革,终于完成了由古代教育向近代教育的转化。

1. 新的人才观

近代开始,人们从新的视角,以新的尺度、新的条件去衡量人才,促使中国知识分子由读书明理、洁身自好型向独立自主、经世致用型转化,使中国人才理论迈出囿于千年的怪圈[1],那些循规蹈矩,墨守成规,对长者、尊者无条件服从等的奴性人才标准正在逐渐地被抛弃。维新派在这一点上有很大的突破。他们认为,中国的年轻一代应该精神进取、思想自由、行动独立,同时又要重公德、爱国家、尽义务、为国家民族利益奋不顾身,成为顶天立地的大丈夫。这对年轻一代产生了极大的积极影响,对中国新教育宗旨的形成

---

[1] 王炳照、阎国华《中国教育思想通史》(第五卷),湖南教育出版社1994年版,第195页。

具有导向作用,对新教育发展产生了方向性的影响。

2. 以西学培养经世致用之才

在中国近代教育中,中学与西学的问题,自鸦片战争以后就提出来了。但地主阶级改革派、洋务派、维新派、革命派对这一问题的理解却各不相同、争论激烈,但实质都是对封建旧文化的质疑与批判。蔡元培曾把中国人对西方认识的发展概括为三阶段:"中国羡慕外人的,第一次是见其枪炮,就知道他的枪炮比吾们的好。以后又见其器物,知道他的工艺也好。又看外国医生能治病,知道他的医术也好。有人说,外国技术虽好,但是政治上止有霸道不及中国仁政。后来才知道外国的宪法行政法等,都比中国进步。于是学习他们的法学、政治学,但是疑他们的道学很差。以后详细考查,又知他们的哲学,亦很有研究的价值。"① 事实上,中国近代教育思想正是沿着器物、制度、文化的层次不断地向西方学习并反省自身教育的过程,从而实现了对中国传统教育的超越。中国近代教育学习并研究西学,范围极广,包括天文、历算、气象、物理、化学、医学、测量、地理各科和教育、工业、商业、邮政、农业、社会、政治、法律、军事各个领域,以培养经世致用的人才。

3. 由忠君到爱国教育

近代教育注重对学生进行爱国主义教育。在梁启超的时务学堂,学生可以公开议论朝政是非,探讨救国方略。开卷爱国心、掩卷忧思泪,就是当时师生爱国心的写照。近代教育明确划分了忠君和爱国的界限、奴才和主人翁的界限;认为古人理解的国非常狭隘,只是君主一家一姓的私产,为国尽忠也就等于效忠于君主,这样就失去了自己的独立人格和存在价值;规劝人们要关心整个国家的命运,要求新民具有新的国家观念,即"对于一身而知有国家、对于朝廷而知有国家、对于外族而知有国家、对于世界而知有国家"②,而非家族、非一姓一党之安危。这一时期,教育最明显的特点,就是使青年最担心中国在世界上的地位一事。很明显的是,不管是正式教育或非正式教育,不再重视宣讲儒家的教条,而是力求了解自 19 世纪中叶以来"吞灭"这古老帝国的大灾难的缘由;希望通过教育,振兴中华民族,使之卓立于世界民族之林。

4. 由尚德到重智

---

① 朱永新《沟通与融合——中国近现代教育思想史》//《朱永新教育文集》(卷三),人民教育出版社 2004 年版,第 10 页。

② 王炳照、阎国华《中国教育思想通史》(第五卷),湖南教育出版社 1994 年版,第 173 页。

古代的圣人、君子是以道德完善为衡量标准,近代英雄的过人之处则不在道德,而是功绩。这种差异反映出古代的求同心理和近代的创新意识。近代的英雄不再仅仅是恪守道德完善的先圣,而是勇于变法改制、政绩卓著的维新者。他们具有坚忍不拔的毅力、百折不挠的冒险精神,他们开一代之风气,系一国之安危,勇于创新,乐于冒险,积极进取。这样的英雄形象是各有风采、个性鲜明的,应该说有多少个英雄就有多少种英雄。时代需要这样的英雄,因而,要塑造这种英雄就不能只重德育。严复认为,中国之所以衰微不振,是由于民智已下,民德已衰,民气已困,教育要提高民智、民德、民力,智育、德育、体育均不能偏废;并指出,中国传统教育受孟子的影响,黜力轻智只重封建道德教育才导致华夏民族的被奴役地位,主张通过西学开阔视野,开启民智。

(三)现代人生哲学及其教育

如果说中国近代的思想家还纠缠于"西学为器"、"德上艺下"、"中体西用"、"中西汇合"的徘徊中难以割舍与抉择,那么新文化运动后,中国传统学说受到彻底的批判,各种新思想、新思潮蜂拥而至,出现了"中国历史上第二次自发的百家争鸣"[①],直接影响着仁人志士的世界观、人生观。

"五四"新文化运动的先驱们高扬个性的旗帜,批判封建主义,反思传统文化,呼唤民主、科学。在此背景下,产生了科玄论争。从科玄论争中可以管窥当时人们的人生哲学思想。1923年2月,北京大学教授张君劢在清华大学做了题为"人生观"的演讲,认为科学不能解决人生观的问题。同年4月12日,地质学家丁文江在《努力周报》发表《玄学与科学》一文,向张君劢提出挑战,拉开了科玄论争的帷幕。[②] 科玄论争开始后,学术界名流、教育家、心理学家也都纷纷发表文章参加论争。在各执一端的激烈争论背后,我们可以做一冷静的思考,其实,无论是张君劢还是丁文江、胡适,以他们的智慧和思想的深邃性都不可能简单地将人生观问题之解决落实到或者用"玄学",或者用"科学"的结论,这是在常识的意义上都不会发生的错误。批判科学者主要是想说明:只懂科学是不够的,人生观的问题包括社会观、价值观、道德观等思想意识、精神层面的东西,比科学更复杂,而且更重要,因为不同的人会有不同的观点,而且"人生观"还会随着社会的变迁而变迁,不同

[①] 许全兴等《中国现代哲学史》,北京大学出版社1992年版,张岱年序。
[②] 朱永新《沟通与融合——中国近现代教育思想史》//《朱永新教育文集》(卷三),人民教育出版社2004年版,第116页。

的民族有不同的文化，希望学生们不可忘掉自己对民族和国家的责任。而胡适等人也并不否认科学可能带来的问题及危害，只是强调当时中国的首要问题或中国现代化的根本问题是要发展科学，解决贫困，中国并不是因科学过度带来了灾难，而是由于两千多年的封建意识根深蒂固，已成为发展科学的障碍，因此宁可用科学压玄学。于是，用科学解决人生观的问题就是这种历史逻辑的选择。不难看出，论争双方所关心的焦点都在青年身上，在学生身上，在中国的未来，在社会的安定。透过科玄论争的现象，可以看出它实质上是用什么样的人生观追求去塑造青年个性的问题。

中西文化的交汇引起了这场论战，科学、哲学与人性、人生的问题被引出来，从20世纪20年代到40年代，谈论这两大问题的译著、专著、论文也多了起来，如王星拱的《科学概论》，张东荪的《科学与哲学》、《道德哲学》，方东美的《科学哲学与人生》，等等。同时，这场论战对于20世纪三四十年代一些创立自己理论体系的哲学家也具有直接或间接的影响，如金岳霖写《论道》，冯友兰写《新理学》，熊十力写《新唯识论》，李石岑、冯友兰、唐君毅的人生哲学，都不约而同地在前言中表达自己对于科学与哲学关系的看法。面对西学的涌入，有一部分激进者极力引进西方民主科学精神，对根深蒂固的封建制度和礼教思想进行激烈批判。当然，也还有一批文化保守主义者比较谨慎，不允许对中国传统文化予以过多的否定，还是以"伦理本位"。比如梁漱溟在比较了西方文化、中国文化、印度文化之后，认为西方、印度文化不适合中国的国情，中国自救还是要走道德取向的文化，而不能走坚船利炮的科学文化。熊十力则融汇了佛家、儒家及西方的生命哲学，形成生生不息的宇宙观及人生观，主张以"仁"的实践使自己顺应宇宙生命的发展，与天地合一，成为完人。

这一时期，还有一支力量后来发展为中国的基本指导思想，这就是马克思主义学说。随着马克思主义传入中国，李大钊、陈独秀、毛泽东、杨贤江等成为马克思主义者，他们均主张个性与群性相统一的人生观。

总的看来，"五四"以后现代中国哲学中关于人生问题的讨论，既注重从社会本位立场思考人生，又强调从个人本位来丰富人生，采取综合社会本位和个人本位的人生态度。这种调和中西的人生态度，是现代中国哲学中关于人生问题看法的一个普遍特征。一方面，中国现代哲学家认为，只有在有机的相互依赖中，个人才能融入整个人类社会，因此，个人乃是社会的衍生物。如钱穆和梁漱溟都强调，先有社会后有个人。这一思想的真正意义在于强调社会本位，重视人际关系，人伦至上。另一方面，中国现代哲学家有感于尼采宣布上帝死了以后,由西方人的个体性恶性膨胀所引出的法西斯主义和社会的极端异化,而主张用中国传统的社会本位的人生态度来克服和修正个体性的膨胀。同时,他们也有感于传统的社会本位人生态度的过分压抑和个体的极度萎缩,而主张用西方的个人本位的人生态度来丰富、充实现实的人生,使人生增加一点生趣,也使人生变得真实,变得更具有自我特性。①

再看这一时期的教育,也有着其鲜明的时代特色,与其人生哲学趋向一致。文化激进主义者在"五四"新文化时期脱颖而出,比如胡适,完全接受实用主义学说,主张全盘西化,在科玄论战中,他以科学人生观抗击玄学家的人生哲学。蔡元培推崇康德哲学,主张以科学求真、艺术求美、道德求善,认为科学、艺术、道德可以创造幸福人生;注重教育的价值关怀和独立意义,追求"完全人格",提倡"五育并举"。陶行知、陈鹤琴等则受西方进步主义的影响,提出了"生活教育"、"活教育"的教育主张;结合中国当时的实际情况,出现了具有进步意义的职业教育、平民教育、乡村教育等教育思想与学说。在马克思主义人生观的指导下,杨贤江提出了对青少年要进行"全人生指导"。他在《中学训育问题的研究》中就提出:"中学教育的目标,不特须使学生将来能升学,也须使学生将来会做事。"可见他所反对的是只求升学,不会做事。他在《青年求学的目的是什么》一文中,更明确提出:"我们求学的目的,乃在学习了做人的基本条件,好叫我们做一个有用的人。"②虽然中国在经历五四运动、内战、民族解放战争中出现了多种不同形式的教育,但这些不同形式的教育还是具有共性,反映了时代的特征。

1. 提倡教育解放个性

"从文化学的层次分析,如果洋务运动把西方文明归于物质,辛亥革命把西方文明归于制度;那么,五四时期则把西方文明归于人,归于人性,归于个性了。"③在当时,人们呼吁并实行教育改革,提倡个性解放的教育。蒋梦麟明确提出:"教育即当因个人之特性而发展之,且进而至其极"④;主张通

---

① 廖新平、廖建平《现代中国人生哲学的特征及其意义》,《长沙理工大学学报》(社会科学版),2006(2)。
② 潘懋元《素质教育思想的先驱——杨贤江的"全人生指导"思想》,《河北师范大学学报》(教育科学版),2001(7)。
③ 朱永新《沟通与融合——中国近现代教育思想史》//《朱永新教育文集》(卷三),人民教育出版社2004年版,第114页。
④ 朱永新《沟通与融合——中国近现代教育思想史》//《朱永新教育文集》(卷三),人民教育出版社2004年版,第114页。

过教育使人的个性得到充分发展,增进人的价值和能力;认为教育的根本出路在于"个性主义"。蔡元培把能否发展个性作为新教育与旧教育的根本分歧,反对强迫学生死读几本教科书,以注入式为教学方法,主张按照儿童身心发展规律,选择适当的教学方法。总之,倡导新教育者主张,与其守成法,毋宁尚自然;与其求划一,毋宁展个性。在解放个性的原则下,蔡元培在北京大学进行了大刀阔斧的教育改革,提倡学术自由,兼容并包,鼓励学生组织社团,自办刊物,使北京大学成了新文化运动的中心。

2. 追求社会改造与个性塑造的统一

虽然像以上所论述的,当时的教育力倡个性解放,但很多教育家和知识分子已不满足于孤立地谈个性解放、个性自由和个性教育问题,而是试图把学生的个性发展和中国社会的根本改造联系起来,以社会的解放和人类的解放为个性解放的前提,把教育的改造、社会的改造作为个性塑造的前提,追求社会改造与个性塑造的统一。

恽代英认为,教育要培养国家的主人翁,这主人翁除要有自主、自治的个性外,还必须把个人与群体、社会有机地统一起来。教育既要发挥改造社会的功能,也要发挥改造个人的功能,因而,教育的关键就是把每个学生培养成有益于社会的人,即通过教育造就有责任感的"主人翁",使其具有独立精神、创造精神和自尊自信,同时教育要注重青年活动的修养和合群的修养,即做事的才干以及与群众一起做事的才干。

杨贤江提出"全人生指导"的教育观念。所谓全人生指导,就是对青年学生的理想、道德、身体、知识、艺术生活、婚姻、就业、择友、郊游、生活习惯等进行全方位的关心,使他们过上圆满的生活,形成圆满的个性。可见,全人生指导,本质上是一个个性塑造的系统工程。同时他又指出,人是社会的人,人不可能脱离社会生活,一个人如果没有健全的社会生活,难免趋于利己损人。因而他很注重"公民生活",即社会生活,指导学生参加各种团体活动,在活动中修得社会科学知识,培养贡献社会、领导群众的理想,提高对社会问题的兴趣和对不良社会生活情形的痛恨,并在活动中形成和谐的人际关系。

在职业教育、平民教育、乡村教育中也体现了追求个性化与社会性相统一的理想。在职业教育中,黄炎培就职业教育的目的做了论述,他说:"夫职业教育之目的,一方为人计,曰以供青年谋生之所需也;一方又为事计,曰以供社会分业之所需也。"①也就是说,一方面做到人适其职,解决青年的谋生需要;一方面职得其人,解决社会对专门人员的需要。现代职业教育思想的职业教育目的论,大致是从对个人与社会的双重意义上阐述的。对于个人来说,职业教育具有求生存、求发展的意义;对于社会而言,职业教育具有利国、富民的意义。在关于平民、乡村教育的论述中也渗透着这样的理念。

3.注重教育与生活的联系

晏阳初的平民教育思想、梁漱溟的乡村教育、陶行知的生活教育理论及陈鹤琴的活教育理论都明显反映了这一取向。如晏阳初认为中国的根本问题是因为民族的衰老、堕落、涣散,而核心是人的问题,提倡培养民族的新生命、新人格,进行民族再造,并将这种民族再造寄托于教育。他进而指出,这种教育不是中国式的"古董教育",也不是西洋式的"舶来教育",只有"实验的改造民族生活的教育",才能培养民族的新生命、塑造民族的新人格、促进民族的新团结和新组织;这种教育的内容,是适应实际生活、改良实际生活、创造实际生活的。又如,梁漱溟指出:"教育应当是着眼于一个人的全生活而领着他去走人生大路,于身体的活泼、心理的活泼两点,实为根本重要。"②他主张教育必须使人身心和谐发展,形成健全人生。至于陶行知、陈鹤琴的教育理论则更是大家耳熟能详的。陶行知先生提出的生活即教育、社会即学校、教学做合一,就是结合中国的实际创建的生活教育理论;陈鹤琴的活教育理论无疑也是与实际生活紧密相连的,变传统的教死书、死教书、教书死,读死书、死读书、读书死的教育为前进的、自动的、活泼的和有生气的教育,将教育、教学与社会、自然、生活联系起来。

值得一提的是,这个时期有两本以教育与人生为题的著作,即余家菊编著的《教育与人生》和庄泽宣所著的《教育与人生》。余家菊的《教育与人生》分为日新、思索、发育、环境、文化等10章,论述教育与人生的关系、意义等。③ 不过,余家菊先生的教育思想偏向国家主义,这主要是源于当时的社会背景。他认为:"教育是社会需要的产物,不是个人理想的产物,大凡一个社会要想保着他的生存,必须使这个社会内的份子有共同的情感、共同的信仰,然后才能聚散沙于一盘,以共同扶持这个社会生存与不坠。"④庄泽宣的

---

① 中华职业教育社《黄炎培教育文选》,上海教育出版社1985年版,第54页。
② 宋恩荣《梁漱溟教育文集》,江苏教育出版社1987年版,第9页。
③ 余家菊《教育与人生》,正中书局民国35[1946]。
④ 孙培青《中国教育思想史》(第三卷),华东师范大学出版社1995年版,第355页。

《教育与人生》收录了《识字是文字教育的基本吗?》、《如何在现今大学中推行职业指导》、《改革师资的两个基本问题》、《日本的青年训练》、《中等教育改造问题》等40篇论文,批评当时教育的弊端,提出要"打倒教育界中两种错误的流行观念——识字和朗读"[①]。

(四)当代人生哲学及其教育

新中国成立后很长一段时期,人道主义和人性论始终是批判的对象,导致人们思想中只有阶级观念,而缺乏人权、自由等观念。直到20世纪70年代末80年代初,实行"拨乱反正"、改革开放,情况才得以扭转。1980年,潘晓(笔名)在《中国青年》杂志上发表了《人生的路啊,怎么越走越窄?》一文,引发了继20世纪初科玄论战之后的第二次人生观大讨论。作者在追思自己20多年的人生历程后写道:"我体会到这样一个真理,任何人不管是生存还是创造,都是主观为自己,客观为别人。就像太阳发光,首先是自己生成运动的必然现象,照耀万物不过是它派生的一种客观意义而已。所以我想只要每个人都尽量去提高自我存在的价值,那么整个人类社会的向前发展就成为必然。"文章引起了强烈的社会反响,社会各界人士围绕着"主观为自己,客观为别人"积极参与讨论,并从初始的个人经验层面之感受逐渐转向理论层面的哲学思考,提出了一个具有深刻时代意义的问题——究竟应如何看待个人价值与社会价值的关系,其更深刻的蕴涵是,如何认识西方个人主义、自由主义之传统,如何对待中华民族群体主义、集体主义之文化?现代化的终极价值为何?[②] "潘晓事件"以后,关于人的问题的讨论开始兴起,人学成为了中国的显学。

伴随着社会发展的曲折命运,教育也几经嬗变。不同时期、不同的人生哲学中已经隐含着对于教育是什么、教育应培养什么样的人等一系列问题的答案。新中国成立初期,教育得到了恢复,并经过了一段时期的持续、稳步发展。1957年以后,虽然教育也出现过短暂的繁荣,但后来"以阶级斗争为纲",教育发展的大跃进,教育必须为无产阶级政治服务,培养又红又专的工人阶级知识分子,并以劳动为主、书本学习为辅等严重冲击了正常的教学秩序。紧接着又遭遇了"文化大革命",经历教育的混乱时期,教育事业处于崩溃的边缘。教育一度成为政治运动的附庸,成为轰轰烈烈的群众运动,急

---

① 庄泽宣《教育与人生》,中华书局1946年版。
② 李萍《"人生观论战"的反思与中国现代化的文化追求》,《中山大学学报》(社会科学版),2005(4)。

于求成,盲目冒进。直到恢复高等学校的招生考试制度,学校才恢复了正常的教育秩序,教育重建家园。人们开始探寻中国教育的发展模式,教育与人的关系得到关注,关于教育出发点的问题、教育价值取向的问题、社会化与个性化的问题等都成为讨论的热点。20 世纪 90 年代以来,教育进入发展时期。在社会转型过程中,传统的文化心理、价值取向、思维与行为方式等都面临着一系列挑战,并随着社会主义市场经济体制的不断完善与发展,人们开始以一种冷峻的目光审视教育。本研究就是对时下教育现象的一种认识,针对教育存在的弊端,关注教育与人生的联系,探寻教育为人生服务的路径,因此,当代部分的情况就不在这里赘述。

二、西方人生哲学对教育的影响

西方世界,自从在古希腊德尔斐神庙的石柱上镌刻了"认识你自己"的箴言,便开始了对人类自身的探索与解码。人是什么?人生的价值何在?生命的意义何以体现……这一古老的"斯芬克斯之谜"便成为人类一代又一代智者、哲人苦苦思考与不懈探求的问题。

(一)古代人生哲学及其教育

对于西方古代人生哲学及其教育的探讨,主要以"古希腊三贤"以及古罗马的伊壁鸠鲁为代表。

"古希腊三贤"认为人生的意义在于善,要求人们过有德行的生活。苏格拉底、柏拉图、亚里士多德都是从人的肉体和灵魂出发来建立自己的哲学体系。

苏格拉底将灵魂提升到肉体之上,与此相应,善也呈等级排列,身体的善、感官的善是次等的,最高的善是理性的、灵魂的善。如果只拥有次等的善,人生是不完美的。他指责人只注重金钱地位,不注重真理、理智和灵魂的完善,认为人生在世,最大的幸福不是身外之物,而是灵魂的善。[①] 他曾有一句名言:"未经思考的人生是没有价值的人生。"他是想让人们活得善,活得有道德,若想过这样的生活,人必须反省自己的灵魂。他认为"没有人自愿作恶",恶源于无知,因而他主张德行即知识,认识从来就不是为求知而求知,而是为了灵魂的善,拥有善的灵魂就拥有美好人生。

柏拉图是苏格拉底的弟子,继承了苏格拉底的思想。我们可以通过柏

[①] 杜丽燕《人性的曙光——希腊人道主义探源》,华夏出版社 2005 年版,第 227 页。

拉图对死亡的看法来解读他的人生哲学。他认为死亡是灵魂从肉体中的解脱，灵魂是不朽的。他坦然面对死亡甚至讴歌死亡，但并不是倡导一种消极遁世的生活态度，也不主张禁欲主义，而是倡导一种远离欲望、人生在世要过一种有德行的生活。①

亚里士多德也认为理想的生活就是寻求最高的善，最高的善就是幸福人生。但他认为："我们探讨德行是什么不是为了知，而是为了成为善良的人，若不然这种辛劳就全无益了，我们所探讨的必然是行动或应该怎样去行动。"②"只有那些行为高尚的人才能赢得生活中的美好与善良。"③苏格拉底和柏拉图认为，最高的善是善的理念，它是远离感觉世界的东西，所以，德行即知识。亚里士多德则认为幸福就是善，幸福或善的标准不是感觉或认识，而是生存本身的美好和完善。

苏格拉底、柏拉图、亚里士多德所倡导的德行生活并不是孤立的，而是与城邦、国家的利益紧密相连。他们都认为，每个人都应各司其职，维护国家、城邦的秩序、正义。苏格拉底目睹了雅典奴隶主民主政治由盛而衰的转变过程，认为城邦的衰落是由于统治国家的人没有掌握管理国家的知识，缺少治理国家的智慧和能力。因此，他认为政治家应该知识化，通过教育，接受统治知识，形成统治智慧。柏拉图心目中的理想国，就是一切都由制度来定，而完美的制度一方面在于法制的完备，一方面在于百姓有守法的精神。亚里士多德也认为，应该重视对国家政体的维护，注重对各级管理者的培养，帮助公民了解法律内容并养成遵守法律的习惯，引导公民形成适应城邦的生活方式。总的看来，在他们的理念当中都非常关心国家、城邦的政治，并认为人们应该为国家的正常秩序、国家的正义而努力。

三位贤哲都非常重视教育对人生的重要作用。苏格拉底的知识分子人格，柏拉图对人的精神培养的探索，亚里士多德对和谐教育的追求，都是由于他们认为教育可以引导人过一种和谐的生活，在某种意义上说，受教育就是接受人生智慧，他们的教育思想与之人生哲学是相对应的。笔者认为，他们的教育思想遵循着一个很明显的逻辑，即教育就是要培养有执政能力的统治者，这种统治者要有管理国家的智慧，这种智慧就来自于渊博的知识，而拥有知识的程度决定了人们善的程度，完美的教育与完美的统治之间存

---

① 杜丽燕《人性的曙光——希腊人道主义探源》，华夏出版社2005年版，第267页。
② 杜丽燕《人性的曙光——希腊人道主义探源》，华夏出版社2005年版，第349页。
③ 苗力田《亚里士多德全集》（第8卷），中国人民大学出版社1994年版，第16页。

在着密切联系,治国安邦的关键是人的美德,从而将智慧、知识、美德与政治素养联系在一起,形成它们之间的统一。由此我们可以理解,古希腊时期的教育价值注重为政治服务的功能,同时将政治智慧理解为终极的善。

苏格拉底认为,聪明的人和天资愚钝的人都应该受训练,而天赋优良的人更应该接受教育,成为学识渊博的人,由他们来治理城邦。而且,他认为学识渊博程度直接决定着人们的美德。美德即知识,即智慧。在苏格拉底看来,教育的重要问题就是如何使人有智慧和才能,再使这些人掌握政权。柏拉图认为,教育就是灵魂的转化;教育目的是使人具备理性和信仰的能力,尽可能地不受欲望和感官享乐的驱使,不做物欲的奴隶,而是潜心追寻真善美,从而逐渐回忆起灵魂在天国时所获得的真理。这就是柏拉图意义上的自由生活,也是其教育理念。而且他把人生理想紧紧依托于教育,著名的"洞喻"就证明,他把洞穴内外的情况比作"受过教育的人与没受过教育的人的本质"。他所提出的理想国,就是法治下的产物,一切都由制度来定,而制度化的信念和方式,则是通过教育来培养;通过不同的教育,培养人各自应有的品质,金质、银质、铜质的人均能胜任自己的使命;无论是贵族或是平民,或是奴隶,都一视同仁,均以智慧、能力、道德的判断标准来选贤能,为国家培养优良的行政人员,其中最出类拔萃的就是哲学王,不仅有最高的智慧,德行也是世上无二的,由他来治理社会、维持社会秩序,这就是教育的最高目标。亚里士多德则跟他的前辈一样,追求教育的政治功能。他主张国家的统治者应当特别关注年轻一代的教育,视教育为国家政权建设的一个重要方面。① 在亚里士多德看来,国家维持和促进教育,将是维护国家政体的有效手段,所以他要求城邦办教育,建立统一的学制,保证不同年龄的儿童接受与其身心发展相适应的教育,儿童身心的和谐发展,则能更好地服务于政治制度建设。

伊壁鸠鲁生活于古希腊晚期,他的人生哲学则与前面所述的三贤的思想完全不同,并影响了古罗马的哲学思想。他认为人生的目的就是追求快乐,享受幸福。第一,他认为人是由原子构成的,肉体是人的唯一存在,人性的结构是物质,因而物质享受就是人生的意义和目的;第二,他从唯物主义感觉论出发,把人们的感官能够直接感到的一切作为真实的东西,认为人生

---

① 〔古希腊〕亚里士多德《政治学》,颜一、秦典华译,中国人民大学出版社 2003 年版,第 385 页。

就应该追求快乐,只有肉体的快乐和感官的快乐才能使人生充满快乐和幸福。① 他以感觉为善恶的标准,感觉到好的、舒服的就是善,感觉到不舒服或是痛苦的,就是恶。他曾说过,"快乐就是有福的生活的开端与归宿。""如果抽掉了嗜好的快乐,抽掉了爱情的快乐以及听觉与视觉的快乐,我就不知道我还怎么能够想象善。"他认为"古希腊三贤"的善是抽象的、虚无缥缈的。

在这种享乐主义人生哲学的影响下,教育追求的不是和谐、智慧、美德之类的东西,而是带着个体性的功利内容、站在个体功利的角度,主张人们接受教育,通过接受教育,融入当时的上层社会,以避免痛苦,追寻快乐;教育要注重其实用性和有效性,应教学生掌握日常生活中的实用知识和技术。

(二)中古人生哲学及其教育

这一时期是指中世纪和文艺复兴时期。② 中世纪以基督教为主要的哲学形态,教父哲学和经院哲学在谈论人生问题时主要是宗教的、神本精神的;而文艺复兴时期的人生哲学则以"人"为中心来关注人生的价值、人生意义。

1. 中世纪

中世纪的人生哲学是以"爱"为基础,以宗教情操为出发点,引导社会走向正义之途,使人人在上帝面前平等。《圣经》中有一句话:"纵使你获得了全天下,但若迷失自己对你有什么好处?"因而人生不应该往外追求,而应该走向内心,在自己的内心建立起幸福的城堡。奥古斯丁就认为人生在世不能心存贪念和妒忌、迷恋人世间的功名利禄做俗世之子,而要用自己的理智和良知,抉择成为天国的子民,而超越尘世的引诱,把人世间转化为天国的和平和永恒。③ 宗教取向的人生,认定在过完尘世的生活之后,透过死亡而获得永恒的生命;只要人相信耶稣基督,肉体虽然死亡,但灵魂不朽,而且在世界末日,还会复活;死亡不是生命的结束,而是另一生命的开始。总之,这一时期的人生哲学内涵融合了信仰和善行,最重要的是信、望、爱三德,怀着信心和希望,上爱上帝,下爱众人,人与人之间也要互相关怀和垂爱。

中世纪的教育也充满了宗教特征。教育高扬神性,贬抑人性,教育的目

---

① 冯俊科《西方幸福论》,吉林人民出版社 1992 年版,第 81 页。
② 说明:学术界对中古时期的划分存有争议。传统学术界对世界历史的划分观点认为,中古时期指上古和近代之间,指奴隶社会和资本主义之间的社会阶段,从 476 年西罗马帝国灭亡到 1640 年英国资产阶级革命爆发。但现在学术界常以文艺复兴为世界近代史的开端,中古时期指中世纪。笔者采用了第一种观点。
③ 邬昆如《人生哲学》,中国人民大学出版社 2005 年版,第 104 页。

的就是让人信仰上帝,热爱上帝,学校教育的内容也都烙有宗教的印记。奥古斯丁认为,教育的目的是培养虔诚地信仰上帝的基督徒和教会的优秀教士;道德教育应该使人运用理智节制欲望,使人的情感受到理性支配,并且专注于心灵的修养,唯有如此,人们才能具有信仰上帝所赋予的神性,获得上帝的拯救;知识教育的任务就是引导人信仰上帝,认为圣经是上帝的语言,是一切知识的源泉,是最富权威的知识,学习者要绝对服从圣经的教诲;教育的精神就是引导人们虔信上帝,向往彼岸的世界。阿奎那的教育思想也与上述思想具有一致性。他主张,第一,教育的全部目的在于发展人性,实现神性;道德教育和知识教育的任务都是要实现这样的教育目的。第二,知识教育的主要内容是学习抽象的知识,发展理解能力,更好地理解超越感官的上帝。第三,道德教育应该引人向善。只有通过教育才能使人向善的自然倾向一贯地表现出来,形成善的习性,成为至善的人。①

这种宗教思想使人寻求神性,置人的现实生活于不顾。这一时期的教育也渗透了神学的性质,导致中世纪文化教育的停滞和衰落。尤其是繁琐形式主义和严重脱离生活实际的经院主义方法,不仅在当时束缚了学生创造力的发展,而且对以后西方的学校教育也产生了消极的影响。

2. 文艺复兴时期

如果说中世纪压倒性的价值取向是悲观主义的,人们寻求来世的幸福,那么文艺复兴时期的人是乐观主义者。文艺复兴时期最重要的成果是人的发现。人文主义思想家们高举"一切为了人"的旗帜,提倡人性,反对神性;提倡人的幸福,反对神的幸福;主张追求现实人间的幸福,反对虚无缥缈的来世幸福,猛烈地抨击了宗教神学所宣扬的禁欲主义思想。他们热爱生活,热爱人生,对未来充满信心,对自己的力量、才能充满自信,以乐观通达的态度对待人生,对待社会,对待自己所遇到的一切事象。他们能够正视人性的软弱,认为人生总会有许多失败的体验,但人性是高贵的,面对失败,检讨失败,重新鼓起勇气,勇敢地活下去,活出生命的意义。随着科学的发展,人们开始推崇知识,用理性去解决人生的烦恼,追求尘世生活的幸福。

文艺复兴时代是一个需要"巨人"而且产生了"巨人"的时代,在文学、艺术、哲学、科学、教育、宗教等多方面都取得了相当的成就,让人叹为观止。这一时期,涌现出一批具有人文精神的教育家,如维多利诺、拉伯雷等。人

---

① 朱永新《反思与借鉴——中外教育评论》(朱永新教育文集·卷六),人民教育出版社2004年版,第532—534页。

文主义教育思想继承了古希腊罗马的教育思想,提出了培养身心健康、知识丰富、个性和谐发展的"新人"的教育目标,强调人的价值、人的地位、人的尊严,注重个人自觉的主体意识与个性意识,同时注重教育为现实生活服务,为政治服务。人文主义教育思想可以概括为以下几点:第一,人文主义者主张教育应该培养贤明的君主,为君主政体服务,认为具有美德、智慧超群、能力卓著的君主执政,社会就会政治清明,人民就会品行完美;第二,认为教育应当关注个人的发展,造就身体健康和个性和谐的人,反对教育单纯地服务上帝和天国,而应该贯彻世俗精神和世俗意识;第三,崇尚自由,反对权威。拉伯雷在自己的著作《巨人传》中,描绘了一所理想的修道院。在那里,男女青年身体健康、知书达理、个性和谐、多才多艺。更主要的是,修道院的院规是"随心所欲,各行其是"①。在那里,没有任何束缚个性发展的清规戒律和繁文缛节的宗教仪式,每个人都享有充分发展的机会和权利。

(三)近代人生哲学及其教育

从17世纪到19世纪末,西方世界经历了一次次的伟大变革,科学革命、启蒙运动、资产阶级革命、工业革命,汹涌澎湃,势不可挡。时代的变革也引起了人们思想的一次次震荡,使人们对人生信念、价值取向等问题进行反思,并做出回应。西方至文艺复兴以后,各种思潮蜂拥而至,在此无法一一描述,仅就几种具有代表性的人生哲学做一概述,以观其对教育、人生的影响。

"近代西洋注重人生哲学的研究。"这个时期的人生哲学"超出狭义的人生,而讲求更广大的、整全的、和谐的人生哲学","人生哲学从悲观趋向乐观"。② 近代哲学是强调主体性的,是人本的。首先是17世纪的经验论和唯理论,它们从认识论的角度突现了人的精神能动性。培根、洛克、贝克莱、休谟等人认为一切知识来源于经验,笛卡尔、莱布尼茨等人强调思维在认识中的能动作用。其次是德国古典哲学明确提出主体性原则,把人作为目的,强调人为自然立法,把人的自然性和理性看做是人与生俱来的。由自然性所派生的人的自由、平等所强调的是天赋人权,由理性所派生的人的认识能力强调的是先验的观念;抓住人的自然性本质的人本论则以个人为本位,把个人与社会对立起来,提出人人生而平等和自由的观点,个人有权利要求人世间的幸福生活,追求世俗的物质财富和感官享受;抓住人的理性本质的人

---

① 单中惠《西方教育思想史》,山西人民出版社2001年版,第88页。
② 贺麟《文化与人生》,商务印书馆2005年版,第312-316页。

本论则以人类为主体,把人类和自然对立起来,强调人在自然面前的主体地位。这两种思想的对立表现为科学理性和价值理性的对立,最终导致后来西方科学主义和人本主义两大思潮的对立。启蒙运动的特点是确立了理性的地位,资产阶级革命使新兴市民阶级成为社会主宰,资本主义生产方式占据支配地位;科学革命使科学理性的精神昌明光大、深入人心,并结出了非常丰硕的果实;工业革命使科学与生产相结合,产生了机器体系和现代工厂。这真是如虎添翼,生产好像是长了翅膀,前所未有的巨量财富汹涌而来,仿佛是魔术师用咒语从地底下突然呼唤出来的,所有这些都使人兴奋陶醉。但人类同时也得到了惩罚,理性主义过于强大,使人类受抽象观念的统治;知性思维方式把原来丰富的感性分割得支离破碎;过于完备的法律制度、政治程序和国家机器同道德律令一起束缚着人的精神;强大的机器与琐碎的分工一起压抑着人的身心,人的个性与才能因而只能片面畸形地发展。① 到19世纪后期,呈现出的是人们对生存、生计很关心,但是却无法把握方向和本质内容,因而,结果还是走向了迷失,把人性降格到兽性或物性之中,失去了灵性的光辉。

1. 自然主义人生哲学及其教育

自然主义者从人的自然状态和自然本性出发来论证人性的自私或善良。霍布斯认为,人的一切是自然造就的,遵从自然本性是人的合理要求,是人能够获得自由和幸福的前提;趋乐避苦和自私自利是人的天性所为,因此享乐主义和利己主义是完全合理的;寻求和平安全也是人的内在要求,明智的利他行为也是完全合理的。② 法国启蒙思想家卢梭曾说过:"自然的道路就是幸福的道路",③强调人在自然状态中是生而自由的,因而也是平等和快乐的。他的设想是,在自然状态中,人们除了性别、体质和年龄等生理上的差别之外,完全是自由平等的。"我们首先是要对自己尽我们的责任;我们原始的情感是以我们自身为中心的;我们所有一切本能的活动首先是为了保持我们的生命和我们的幸福。"④他认为,自然人顺乎自然的本能情感而和平相处,他们没有是非善恶的道德观念,也没有互相侵占的残酷斗争。

---

① 陈刚《西方精神史——时代精神的历史演进及其与社会实践的互动》(下卷),江苏人民出版社2000年版,第10页。
② 欧阳谦《20世纪西方人学思想导论》,中国人民大学出版社2002年版,第26页。
③ 〔法〕卢梭《爱弥儿:论教育》(下卷),李平沤译,商务印书馆1978年版,第676页。
④ 〔法〕卢梭《爱弥儿:论教育》(上卷),李平沤译,商务印书馆1978年版,第103页。

自然主义教育以热爱儿童和尊重儿童的天性为原则。在近代西方,很多教育家都以此为原则来论述教育,如夸美纽斯、福禄贝尔、裴斯泰洛齐、卢梭等。卢梭的自然教育思想形成了比较完备的体系,提出了自然教育的原则、自然教育的目的、自然教育的分期理论。总之,他认为,自然教育必须顺应自然,服从自然的永恒法则,适应儿童的天性,促进儿童身心的自然发展;如果我们打乱了自然的次序,破坏了自然的法则,就会毁了儿童;并强调教育要在儿童自由的活动中进行,促使儿童感官的发展,丰富他们的感性经验。

2. 理性主义人生哲学及其教育

理性主义是从人的理性本质和理性力量出发,以自由意志为前提来论证人性的内在规定,论证人的自由和幸福。康德将这一思想推上了高峰。他将世界划分为现象世界和本体世界,同时将人性也做了两重性划分。在康德眼里,人始终生活在两重世界中:一方面,人是感性的存在物,因而必须服从于感性世界的自然生成规律;另一方面,人又是理性的存在物,可以超越现象世界的确定性,凭借自由意志而直达本体世界。当人完全从属于现象世界时,他要服从于外在的机械因果性,此时,人与动物没有什么区别,只有理性才能使人与动物区别开来,才能使人达到自由的境地。因此,人的本质最终是由理性来规定的,由人的自由意志来规定。① 他认为,人不仅要追求幸福,而且还要追求德性,应该从经验的现实性迈向道德的理想性。人之为人,是以德性作为基础的。没有德性的幸福,只能是动物式的官能享受,而不配被称为人的幸福。德性的最高命令要求把人当做目的而不是手段。

理性主义教育思想认为,教育需要突破人的天性的屏障,使其从"天性的自我"上升为"精神的自我"。他们强调对人类文化的尊重,并赋予它以教育的意义;注重道德教育,强调人的价值取决于他的道德生活;教育就是要改善人的内在自我,强调"独立性"、"自我能动性"、"责任"、"义务"等主观观念,变外部法则为"道德自律"、"道德义务"的内部法则;强调形式的训练,尤其是思辨能力的训练;主张感性知识依附于理性知识,强调智育要磨炼人的理智,使之具有主动性和创造性。②

3. 科学主义人生哲学及其教育

19 世纪后半期的西方文化由文艺复兴的民族主义精神、启蒙运动的人

---

① 欧阳谦《20世纪西方人学思想导论》,中国人民大学出版社 2002 年版,第 45 页。
② 单中惠《西方教育思想史》,山西人民出版社 2001 年版,第 243 页。

本精神、宗教改革的个人主义精神、工业革命的功利思想等心态融会而成。但这种集大成并没有把上列的各种变化、发展和进步集中起来加以发挥,倒是把短处和毛病,都一并突现出来。① 比如出现了功利主义、实证主义、实用主义、社会进化论等思想,没有把人性高层次的思想作为核心来表露人性光辉的一面,而是站在人欲的立场,设法满足欲望;颂扬科学成就,降低道德、宗教的价值,把哲学贬为科学的奴婢。这些都可以看做是科学主义的人生哲学。

功利实用主义的人生哲学在英国表现为功利主义,在美国就是实用主义。功利主义的口号是:大多数人的幸福,大多数人的快乐。其认为道德的善或恶是要看是否对大多数人都有好处,如果是则为善,否则就是恶。实用主义认为善恶的标准在于有用与否,有用的就是善的,没有用的就是恶的。功利实用主义人生哲学认为,凡是无法达到的理想都是空想,都不切实际,因而对道德的理念或宗教的来生来世都不感兴趣,其兴趣核心,定向于此生此世的功名利禄。

功利实用主义的教育思想,包括以下几个方面。第一,崇尚科学知识。斯宾塞认为,知识的学习是有次序的,次序是根据知识的价值决定的。"价值大的给予最大注意,价值小些就注意少些,价值最小的就最少注意。"②在斯宾塞看来,最有价值的就是科学知识。第二,注重结果。个人本位的功利主义教育,强调个人物质利益至上,奉行以自我为中心的价值取向,教育被当做是实现个人利益的手段和途径。社会本位的功利主义教育,认为社会价值高于个体价值,在确立教育的价值取向时,应当优先考虑教育为社会服务的最大效能。第三,讲究实用。赫胥黎认为,如果学生在学校里学不到毕业后参加实际生活事务所需要的一切知识,就等于白白浪费了一生中最宝贵的时间。他认为自由教育极端贫乏,几乎一文不值。③

实证主义的创始人孔德将人类的历史分为三个阶段,一是神话、宗教、神学的阶段,二是理性的阶段,三是科学实证的时代。目前的学问是以科学为准,做学问的方法也就以实证为准。这奠定了"科学万能"的信条。④ 科学万能所引发出来的人生观,遭遇到的最大难题就是:人类不一定拿科学的

---

① 邬昆如《人生哲学》,中国人民大学出版社2005年版,第135页。
② 斯宾塞《教育论》,第9页。转引自:单中惠《西方教育思想史》,山西人民出版社2001年版,第454页。
③ 单中惠《西方教育思想史》,山西人民出版社2001年版,第459页。
④ 邬昆如《人生哲学》,中国人民大学出版社2005年版,第136页。

成果造福人类,而有可能使道德伦理遭受更严重的危机,使人的生存也同样面临更大的危机。实证主义者认为:第一,自然科学知识是最精确、最可靠的知识,是其他科学的典范。第二,自然科学的方法是人类认识世界唯一正确和有效的方法,是一切认识方法的楷模,应该应用到人文社会科学的一切研究领域。第三,自然科学知识可以推广至解决人类的一切问题,包括人生问题。

19世纪末,实验教育思想产生,强调以教育为主题对儿童开展科学研究,包括儿童的身体发展、兴趣、情感、记忆、智力和智慧类型、性别差异等。比如,实验教育学的创始人梅伊曼就认为,传统的教育学理论实际上是教育家推测和思辨的产物或是个人经验的汇集,而现在应注重用实验的方法来分析和研究教育问题。

社会进化论认为,整个宇宙万物都是统一的由低级到高级的生命进化过程,人类只是这个过程的一个阶段。在人生过程中,虽然有生有死,经历少年、青年、壮年、老年的各种阶段,但这种阶段只是作为生物体进化的形态变化,各种形态之间只有量的差别,而没有本质的差异。如在英国进化论哲学家斯宾塞看来,文明人和野蛮人的差别只在于行为的量的差别;同样,中老年人与青少年的差别也在于行为的量的差别。也就是说,这种差别是由于构成行为的各种因素的多少和进化所致。他将人的个体生命只看做是为达到人类生命延续这一根本目的的手段,而各个阶段之间并没有本质的差别。

基于这种认识,斯宾塞明确提出了"教育预备说"。他强调说:"怎样对待身体,怎样培养心智,怎样处理我们的事务,怎样带好儿女,怎样做一个公民,怎样利用自然所供给的资源增进人类幸福,总之,怎样运用我们的一切能力使之对人最为有益,怎样去完满地生活?这个既是我们需要学的大事,当然也是教育中应当教的大事。为我们的完满生活做准备是教育应尽的职责。"[①]在斯宾塞看来,教育就是使学生获得生活所需要的各种科学知识,教导他们如何准备将来像成人一样的生活。

总之,科学知识在社会生产和个人生活中确实具有巨大作用。科学教育注重教育与实际生活的联系,注重学生动手能力的培养,这也的确推动了学校教育的改革。然而,其把原本注重研究事物的量的特征以及事物变化

---

① 〔英〕赫·斯宾塞《教育论——智育、德育和体育》,胡毅译,人民教育出版社1962年版,第7页。

规律的精确性的倾向过分夸大,并把量的分析方法普遍化、精确理性绝对化,舍弃科学研究的非功利性,转而追求功利和效用,其发展结果往往不是求得自由,而是对自由的束缚。

(四)现代人生哲学及其教育

19世纪中后期,社会矛盾不断加剧,工业文明造成了人欲横流和道德沦丧,思想家开始对近代的人生哲学产生怀疑,反思功利主义、普遍理性、"绝对精神",并试图重建符合人性的人生哲学体系。从生命存在的角度来思考个人的自由,倾听生命的主观感受,凸显人的非理性等人生哲学思想已初见端倪。叔本华的生存意志与悲剧人生,克尔凯郭尔的孤独个体的主观体验就是对传统人生哲学的突破。

20世纪西方战争的创伤、经济的萧条、信仰的坍塌、心灵的疲惫等,所有的危机形成历史的合力,人的问题在思考的聚焦中凸显,引发对人自身的审视。哲学的主题从外在的客观世界转向了内在的主观世界,哲学的追求从宇宙的"大我"转向了生命的"小我",哲学的思维从理性的推理转向了生命的直觉。无论是人本主义的哲学家还是科学主义的哲学家,或者其他什么主义的哲学家,都把自己的思想镜头聚焦在人的身上,都把哲学的基本问题归结到人的主观经验或主观情感之中。在对本体论、认识论和人生论的思索过程中,现代哲学建立了各式各样的以人为中心的哲学理论模式。从某种意义上说,现代哲学就是由这些丰富多彩的人学理论或人学观点组合起来的思想景观。① 人本主义注重生命个体的心理体验,关心个人的自由和尊严,排斥科学技术所带来的工业化后果。与之不同,科学主义哲学家一般倾向于数学和逻辑的严密性,更加关心科学知识的精确性和明晰性,更加关心科学知识的表达形式问题;他们偏重于人生中可以说清楚的经验认识,对于不可言说的生命体验往往保持沉默。二者思想虽然有差异甚至对立,但都对人的主观性做了探究,都带有主观唯心的和唯我论的思想基调。

上面的论述将现代西方哲学看做了一个理论整体,并将其看做一种广义的人学理论。但在梳理人生哲学时,主要还是谈及人本主义的人生哲学。同时,由于整个20世纪的西方人生哲学表现出流派众多、支脉纷繁,你中有我、我中有你,同中有异、异中有同的特点,因而,这一部分的人生哲学只从总体的基本特征来展开,而不对不同流派的人生哲学一一论述。

---

① 欧阳谦《20世纪西方人学思想导论》,中国人民大学出版社2002年版,第86页。

现代西方人生哲学表现视角各异,学派林立,呈现出多样的理论形态:现象学,存在主义流派,心理学流派,哲学人类学流派,宗教哲学流派等,涌现出以尼采、柏格森、弗洛伊德、海德格尔、萨特、维特根斯坦、马斯洛、弗洛姆、马尔库塞、马利坦等为代表的哲学家,他们以不同的个性与风格演绎着对人生的各种诠释。但总的来讲,他们的非理性主义色彩浓厚。他们抛弃理性,以非理性的意志、情感、直觉作为领悟存在本质的唯一途径;认为个人所独有的意志、无意识、本能、直觉等,才是人的真正本质,才能表明个人真正存在的人生;而人的肉体存在与社会存在都不是人的真正存在,这样他们因主张个人及其精神的高贵而成为"精神贵族",从而陷入一种新形式的绝对个人主义。其实,要使人不陷入生存的困境,就要在理性层面和非理性层面之间实现一种平衡,保持一种张力。凸显任何一方面,只是理论的需要,只是批判的需要,但都不是现实的人生的完整性的体现,都不是完美的理想生活的需要。在揭示人的存在价值上,大致呈现出两道理论轨迹:一是以尼采、克尔凯郭尔、海德格尔、萨特等为代表,从个人主义走向新个体主义,张扬人之存在的个体性、独特性和精神性,所以爱情即是冲突,他人便是地狱。二是以胡塞尔、舍勒、雅斯贝尔斯等为代表,从个人主义走向共同交往,强调他者、共同体的存在论价值、向共同体的回归。① 这两道轨迹在理论上昭示了现代人所面临的生存困境和价值危机,即个体性的失落和主体间的疏离,并企图寻找摆脱困境和危机的救世良方。总的来讲,这些人生哲学都是对人的生命存在的价值评判,是对人的存在状况的哲学审视,包含着浪漫诗化的倾向和超越现实的理想,通过他们的一些抽象概念,能感受到一种强烈的批判意识,同时唤醒人的自觉,思考人的存在,实现人的自由。然而,他们在强调一种价值、一种积极的东西的同时,又在否认另外一种价值、另外一种积极的东西,其显然不能解决人生的种种问题。

20世纪的人本主义人生哲学思想折射在教育领域,形成了存在主义教育、人本化教育思想。存在主义教育思想是存在主义人生哲学在教育中的表达,关注个人生存的意义和价值。存在主义教育思想有以下几个特点:①以"人的存在"为研究对象,认为人是教育的主体,教育者应该帮助学生认识"人的存在",真正领会生活的价值,投入到有意义的生存中去,并实现"自我完成"。②强调品格教育,认为教育的根本目的不是掌握知识而是促进人格的完成。③提倡"个人的自由选择",认为教育应该允许学生"自由选择"道

---

① 叶启绩、林滨、程金生《20世纪西方人生哲学》,人民出版社2007年版,第332页。

德标准并承受自己行动的后果。④重视个别教学,认为教育是认识自我和发展自我的过程,从本质上讲它应该是一种个人的事情,因而,在教学过程中强调师生之间的"对话",把学生当做一个独立自主和自由发展的人,积极鼓励学生独立思考。人本化教育思想是对西方人文主义教育的继承和发展,借教育的力量来涵养人性,建立足以应付现代西方社会挑战所需要的价值观、人生观,期望教育能对功利化和机械化的社会所造成的人生价值失落起到补偏救弊的作用;主张教育培养整体的、自我实现和创造型的人,着眼于研究人的理智与情感、高级需求与低级需求、本能冲动与价值理想之间的整合和协调问题,通过内在地挖掘出人的潜能,来确立人的价值与尊严。

　　总之,通过以上梳理,可以归纳出中西人生哲学的主要精神,同时呈现出在诸多人生哲学影响下的教育面貌。几千年的中西人生智慧,浩瀚繁杂的教育思想,怎几张纸墨了得? 同时,人生哲学与教育的关联性,得到理论上的认同是一件很容易的事情,但要做到二者真正的糅合与融通,并论证其如何关联,在缺少丰富资料的情况下,却并不是那么轻而易举的事情。因而,本章只是对此做出了一个轮廓性的勾勒,不敢奢求其详尽与面面俱到。纵观中西人生哲学与其教育,一个很明显的事实摆在眼前,那就是,无论中西,人生哲学及教育都是时代的产物,都存在着自身无法超越的或是必然的瑕疵,并由此引发教育对人生关注的片面性。几千年来,大师们从多方面开启了人们思考人生、思考教育的思路。在不同历史时期,在不同的生命机遇中,人们如何面对各种人生问题,这种应对又是如何具体诉诸教育的,这对探讨教育与人生这一主题有基础性的作用,对于教育究竟要不要考虑人生问题、思考怎样的人生才是科学的、教育需不需要人生哲学的指导、又要什么样的人生哲学作为基础等问题的回答具有借鉴作用。然而,在许多问题上,前辈都没有给出定论,也无法给出定论。今天的教育、人生问题需要我们对前人的思想有辨别能力、评价能力、批判能力,同时在借鉴、继承、反思、批判的基础上,铢积寸累,继续研究和探寻。

第三章 教育的人生哲学立场：
马克思的人生哲学启示

上一章对古今中外的人生哲学及其教育做了概括性的梳理，更具体、直观地呈现出人生哲学对教育的影响。不同的人生哲学会形成不同风貌的教育，导致不同的人生发展状况。当今我国教育需要以一种什么样的人生哲学为基础呢？我们的教育是否自觉具有人生哲学的视野？本章通过对古今中外的人生哲学及教育进行比较与鉴别，发现了历史的遗憾；通过对当今教育理论的反思，洞察到教育之人生哲学理论基础的缺席；并受马克思主义人生哲学的启发，最终确立了以马克思主义人生哲学为主导的、更具合理性的人生哲学为教育的基础。

一、历史的遗憾

对历史遗产只做陈述式的表达并不是目的，只有对其做历史的辨析，才能为今天的教育提供借鉴。以下主要是对中西历史上出现的人生哲学做一剖析，观其对教育产生的影响，以扬其所长，避其所短，为教育的人生哲学基础确立提供借鉴。

（一）中西人生哲学辨析

对中国人生哲学的剖析，主要集中于中国的传统人生哲学。这是由于中国传统人生哲学是中国精神的核心内容，许多思想家对中国传统人生哲学做过不断的充实和更新。以儒家人生哲学为主体的传统人生哲学一直是中国社会的主体哲学形态，也是构成中国人生活中的主要精神支柱。随着历史的发展，中国近现代出现了各种人生哲学流派，诸如进化论、无政府主义、科学主义、实用主义、生命哲学、自由主义、社会主义等，各有市场。但当时的人生哲学大都带有强烈的民族主义情绪，救亡图存成为压倒一切的中心主题，而且这一时期大多是来自国外的思想。新中国成立后，马克思主义的人生哲学成为我国主流的人生哲学形态，它以唯物与辩证、历史与现实、科学与民主、个人与社会、物质与精神相结合为基点，论证了人生观和价值观。相对于中国传统的人生哲学，马克思主义人生哲学从整体上看具有科学性与现代性,对中国人的人生模式产生了积极和重要的影响。但是,由于长期以来人们对马克思的教条式理解,马克思主义人生哲学也被不同程度地扭曲了,马克思主义人生哲学被理解为一种"无人"的人生观。对于马克思主义的人生哲学在本书随后的论述中会进行重新解读与发掘,这里主要讨论中国传统的人生哲学。

纵观中国传统人生哲学,可以将其看做是一种以道德为本的人生哲学。道德型的人生哲学认为,道德是人生的本质,也是生命价值的具体体现;人不是为生活而生活,而是要谨慎地选择道德理想,不断提高生命意义,以达到至善的目的;只有把道德作为直接目的,才是道义人生,而没有道德目的,就失去了做人的准则和规范。按照儒家的观点,不朽的人生在于立德、立功和立言,而这三者,以立德为先。道德理念是高于人的生命的,如"杀身成仁"、"舍生取义"便是证明。在这一点上,周国平的看法还是有一定道理的。他认为,中西人生思考的核心问题是不同的。西方人的人生思考的核心问题是:为什么活?或者说,活着有什么根据,什么意思?这是一个人面对宇宙时向自己提出的问题,它要追问的是生命的终极根据和意义。所以,西方的人生哲学本质上是灵魂哲学,是宗教。中国人的人生思考的核心问题是:怎么活?或者说,怎样处世做人,应当用什么态度与别人相处?这是一个人面对他人时向自己提出的问题,它要寻求的是妥善处理人际关系的准则。所以,中国的人生哲学本质上是道德哲学,是伦理。① 笔者认为,中国人生哲学主要体现了以下几个特征。

第一,从人性论的角度来看,占主导地位的性善论,是儒家内仁外礼、德治教化学说的理论基础,而性本善这一超验预设的证明比较困难,一般就是将天人合一、天道人道一体为主要根据,而这又是一个预设。性善论对社会人生的复杂现象解释力也很有限,不从人性内部的矛盾出发去解释人的思想行为和社会发展的动力,从而使儒家的道德心性论往往流于肤浅的清谈说教、回避真正的人性现实,结果便形成了看起来时时围绕人却又处处忽略人的思维怪圈。道家的"人法地,地法天,天法道,道法自然"更是取消了主体的自觉能动性。释与禅主张佛性自具,众生平等,即心见佛,实质上也是性善论的一种形式。中国人生哲学的主流倾向对人性中的矛盾和社会矛盾均采取掩盖和消解的态度,这抑制了社会和人的活力,而不是揭示和解决矛

---

① 周国平《中国人缺少什么》,http://www.sciencenet.cn/blog/。

盾,推动社会进步和人自身发展。①

第二,在人与自然的关系上,由于以道德为本位的人生哲学基本上是以"天人合一"的形而上学观念为基础的,因而,中国人一直强调人与自然的和谐统一,而很少强调人与自然的对抗,也很少强调对自然规律的认识和利用。即使有人主张对自然进行认识,这种认识的目的也主要在于陶冶性情,培养德操。因此,尽管中国有许多闪光的自然科学思想,但无论是宋明理学还是陆王心学,都只是把"格物"作为明心见性的手段,始终没能发展为完备的自然科学的理论体系,也不能用于对自然的利用和改造。这种思维定势使中国人认为,应当到内心去寻找天理,去发现宇宙的秘密。人们不是把自己的聪明才智用来征服自然,而是用于德性的培养、用于人际关系的处理。

第三,在人与人的关系方面,中国传统人生哲学一直轻视个人的主体性和独立价值,把人的主体性淹没在群体意识中,从而束缚了个体,也牵制了群体的发展。人被限定在"三从"、"四德"、"三纲五常"之内,既不直面人性现实,又回避社会矛盾,形成古典人文精神外在化、虚饰化的特点,缺少对人自身的真正终极关怀,人始终是五伦关系网中的虚点,是封建社会等级制中的被动客体;崇尚圣人,以圣贤为做人的榜样,没有给现实的个人留下广阔发展的可能性空间,使古典人文精神阐释的人始终是"平面的人";对人的理解往往脱离肉身的物质限定性而在浮泛的理想层面虚构,对现实的历史的个人与社会的研究不能深入。

中国人生哲学主张通过个人的身心修炼以适应和实现群体的要求,形成了重社会、重群体、重他人的群体精神,为中国封建制度提供了精神基础,因为修炼的目的就是存"天理"。所谓"天理",其实就是封建伦理道德或封建礼教,就是三纲五常,即君为臣纲、父为子纲、夫为妇纲,君臣有义、父子有亲、长幼有序、夫妇有别、朋友有信。这样就会使得真正的人性泯灭,个性丧失。然而,其所注重的群体精神也并非没有任何积极作用。中华民族曾经创造了世界一流的文化,在历史的风风雨雨中始终保持着民族的主体性,这种民族的主体意识增强了民族的凝聚力和认同感,在新的历史条件下,也有着现实意义和价值。其所强调的道德主体性也包含着合理的因素。在一定条件下,道德主体性思想对于启发人的心智、陶冶人的性情、培养人的德操起着重要的作用。历史上诸如"天下兴亡,匹夫有责","先天下之忧而忧,后天下之乐而乐"等精神品格,在当今也是应当继承的。那种与人为善、团结

---

① 杨岚、张维真《中国当代人文精神的构建》,人民出版社 2002 年版,第 66 页。

合作、尊老爱幼等高尚的精神同样是我们宝贵的道德遗产,这些品质已经融入了我们民族的血液之中,并且成为民族生活的高尚的道德基础。①"和为贵"的思想更有其内在的精神价值,使我们深知人与宇宙自然要和谐一体;国家之间要友好和睦、和平共处;人与人之间要和美谐调、相互理解;在个体生活中,追求一种平和、和乐、中和的境界。总之,在对待传统文化时,我们要从一个更高的角度、从人性和人生的需要、社会文化的全面发展以及文化自身的内在价值方面去认识它的意义与价值。

与中国的人生哲学不同,西方各国曾经出现过古希腊道德论的人生哲学、中世纪宗教论的人生哲学和近代的注重知识、科学的人生哲学。尽管在不同的历史时期,西方人生哲学的性质不同,但除了黑暗的中世纪之外,其都存在着一种无可置疑的基本倾向,即不同程度地都强调用知识来解决人生问题。②

第一,西方人生哲学重视知识在道德中的地位和作用。古希腊的人生哲学,虽然旨在用道德来启示和引导人生,但同时又强调道德是以知识为前提的。苏格拉底首先提出了"美德即知识"的命题。知识就是普通的善,道德是从属于知识的,一个人知善才能行善,相反,一切罪恶都来源于人的愚昧无知。近代西方更是注重知识,西方哲学家们极其关注知识的可靠性问题,并在科学的推动下不断发展。知识、科学突出地构成了人生哲学的本位。培根认为科学知识不仅是人类认识世界、改造世界的力量,而且能塑造人的性格、洗涤人的心灵,是人的善形成的本源。只有科学活动才是致善之道,它使人获得认识善的理性,从而克服情感的混乱和失调,扫除人生道路上的层层迷障。斯宾诺莎也认为求真与求善的过程是一致的,人的心灵一旦获得必然的知识,人就是自由的人,也就是有德行的人,有力量的人。康德以来的许多西方哲学家之所以孜孜以求,要解决的问题就是想把人类的知识建立在一个完全可靠的基础上,否则就放心不下。

第二,西方人生哲学认为智慧是一种主要的美德。赞颂智慧,崇尚智慧,是西方道德生活的一大传统。古希腊伦理学的四个主要品德是智慧、公正、勇敢和节制,其中,智慧被列为诸德之首,即是最高的美德。有智慧的人是凭借着他们的知识而成为有智慧的人,智慧与道德的联系在一定意义上表现为知识与道德的联系。西方人生哲学认为有智慧的人由于掌握很多知

---

① 陈根法、汪堂家《人生哲学》,复旦大学出版社 2005 年版,第 221 页。
② 陈根法、汪堂家《人生哲学》,复旦大学出版社 2005 年版,第 211-214 页。

识,所以他们没有伪善和虚荣心。智慧体现着人的主体意识,每个人都应该靠智慧去选择和创造人生,驾驭个人命运的主宰者是自己而不是别人,这就是西方人生哲学认定的一种美德。由此看来,在西方,智慧就是这样一个既包含着道德因素又包含着知识因素的范畴。

第三,追求"为知识而知识"的人生目的。知识不仅是赋予人智慧和道德的条件,而且是人生所应追求的目的。而知识作为目的,又常常是通过被引进幸福范畴而展现的,即幸福是人生追求的目的,而幸福的根源在于知识、科学。许多科学家、艺术家把不懈地追求知识看做是生活的意义和真正的快乐。这种人生哲学认为,求知过程本身是快乐而幸福的。人们对知识的追求,不同于占有其他物品,求知中获得的快乐和幸福是持续不断的,不会像满足于占有物那样转瞬即逝。居里夫人说过:"科学的探讨研究,其本身就含着至美,其本身给人的愉快就是报酬,所以我在我的工作中寻得快乐。"[1]为知识而知识的精神,是科学之母。这一精神经由文艺复兴和思想启蒙运动的弘扬,驱散了宗教神学的迷雾,成就了哥白尼、牛顿、达尔文等一系列科学巨匠,在几百年间,深刻地影响着人类的宇宙观,并发展了以知识、科学为本位的人生哲学。

以知识为本位的人生哲学,常常把人与自然、灵魂与肉体置于矛盾的对立面,从对立面的冲突中寻求自我实现和人的精神发展,因而不断要求改变外部世界,改善人的存在状况,增进人的自由和幸福,由此培养了人的主体意识和勇于变革创新的精神。从这个意义上说,以知识为本位的人生哲学是主体性意识发展的重要条件。主体性意识的发展,在西方直接表现为知识的增长,表现在对自然力的控制和利用上,表现在求真与求善的统一上。以知识为本位的人生哲学促进了西方科学与文化的繁荣,提高了人类控制自然的能力,唤醒了西方人的主体意识和人在自然面前的自信。由于知识与理性的内在关联,由于西方人的主体意识是以理性为核心的,因而随着"人是理性的生物"获得西方社会普遍的认同,理性精神被贯彻到西方社会生活的各个方面,理性也由此成为人的最高法庭。于是,按自己理性生活的人被视为真正有个性的人。一个人服从自己的理性意味着服从自己,服从来自灵魂深处的命令。这样,以知识为本位的人生哲学就产生了双重的社会效应。一方面,人确立了自身的内在意志,养成了自主自立的品格,采取自我奋斗的生活态度,富有主动性和创造精神。另一方面,随着人的主体意

---

[1] 陈根法、汪堂家《人生哲学》,复旦大学出版社2005年版,第214页。

识被强调到了极致,人过分强调人与自然的对抗,并把这种对抗作为人的内在价值的最高表现,由此打破了人与自然的统一,造成了人类生存环境的恶化。推及到人际关系上,人与人之间产生了强烈的竞争,造成了人际关系的冷漠,只是从市场交易上来考虑自己的身价。人们陶醉于对自然征服所带来的物质福利和片面追求物质欲望的满足,却忽视了个体存在的精神意义,忽视了个体自身的心灵冲突和丰富多彩的内心生活。如奥伊肯所认为的:在力量和内容方面,现代人生哲学体系大幅度地提高了人类生存的水平;但是,这是以牺牲人生的精神具体性为代价的。这些体系压抑着内在精神体验的生活,否认人类内在本性的问题。它们不知道如何以无限的东西或者人类本性来抓住人心,也不承认自由与命运之间的冲突以及心灵的内在发展。它们取消了人生深度,将生存转化为一系列单纯的现象。"如果生活本身没有内容和意义,那么,生活周围的所有成就对人将会有何益处呢?如果人类生存的进步与改善不能促成一种真正的精神文化以及人类内在精神的升华的话,那又有什么价值呢?"[①]

正是由于工具理性的片面扩张,价值理性被抑制,在造就了高度发达的物质文明的同时,也造成意义世界的坍塌,导致了人的超越性丧失和人生意义、人生价值的失落。现代西方学者普遍认为,人类必须重新建构人的终极关怀,重新寻回人的精神家园,只有这样,才能解决现代西方的种种危机,因而,产生了现代西方强调人的非理性的人生哲学(关于这种人生哲学的特点在第二章已有论述)。然而这种拯救危机的哲学过于痴迷于非理性,对人的精神、非理性因素做了非正常的、极端化的强调,往往把人的存在归结为孤立的个人的精神存在,而这种精神又仅仅是非理性的精神;认为只有这种为个人所独有的意志、无意识、本能、直觉等才是人的真正本质,才能表明个人真正存在的人生,而人的肉体存在与社会存在都不是人的真正存在。其割裂了个人与社会的统一,割裂了理性与非理性的统一,从而陷入了另一种形式的绝对个人主义。他们在强调一种价值、一种积极的东西的同时,又在否认另外一种价值、另外一种积极的东西,很显然,人在社会生活中面临的矛盾性关系、人在生存中面临的价值选择等问题,并没有在他们的理论中得到更好的解决。同时,西方社会的价值观始终是以个人主义为核心的,以追求个人的幸福为人生总目标,以个人奋斗作为实现个体价值的途径,这种社会

[①] 〔德〕鲁道夫·奥伊肯《新人生哲学要义》,张源、贾安伦译,中国城市出版社2002年版,第97页。

现实使得这种理论的实施具有一定的局限性。因而,现代西方人生哲学也无法解释"人一半是天使,一半是魔鬼",只能发出"人既不是天使,又不是魔鬼,人就是人"的叹息。①

通过以上解析,我们可以看出中西方人生哲学的缺憾,它们都是不完满的,都侧重于人性的某个方面,对人生的把握也都有一定的局限性,缺少对于现实的人及其活动的观照;从道德、宗教、感性欲望、人类理性或非理性等不同角度来规定人的本质,并以此为基础确立人生目标、追求人生价值、寻求人生意义,但都是在用社会意识而不是用社会存在来解释人生,这在很大程度上陷入了抽象思辨的怪圈,并由此引发教育对人生关注的片面性,直接导致教育的残缺。

(二)中西教育辨析

从总体特征来看,中国传统教育始终把谋求人与自然、社会的和谐作为人生理想的主旋律,反对人的独立意志和锐意进取,培养人的群体意识、顺从诚敬意识等。② 它对中华民族凝聚力的形成,中国民族性格的形成,热爱集体的情感的形成都发挥了很大的作用;但是它压抑了个性的自由发展,导致从众心理普遍,多元化和多样化价值观难以形成,人的创造性难以充分发挥,"千人一貌"现象严重,无论在教育内容上,还是在教育形式和方式的选择上,都雷同多而差异少。③ 在教育内容上,中国传统教育始终是围绕人的社会问题和道德问题而进行的,人们很少脱离道德意义来提出问题和思考问题,把伦理道德看做是全部教育的核心,这就使中国的教育在对人的道德精神世界的探求方面非常精细。但因过分青睐道德,中国传统教育具有单一性色彩,教育内容狭窄,对技术类教育的选取往往在迫不得已的情况下才去寻求和考虑。中国传统教育的目的在于培养谦谦君子,而不是掌握某种技术。在教育方法上,注重内心体悟,推崇融会贯通才能豁然开朗,疏于分析。中国传统的思维方向是自我反思型的内向思维,基本定势是情感体验型意向思维,目的和意义在于自我超越。虽然在中国传统教育过程中也强调主体的能动性,但这种能动精神强调的是内在的自我反省、自我超越;所提倡的躬行践履也是着重于自我道德和身心修养、修炼,甚至其科技观也是重智慧而轻技艺。中国传统教育中的"行"是指生活实践或指向内在的自我

---

① 叶启绩、林滨、程金生《20世纪西方人生哲学》,人民出版社2007年版,第334-338页。
② 许启贤《传统文化与现代化》,中国人民大学出版社1987年版,第89页。
③ 顾明远《民族文化传统与教育现代化》,北京师范大学出版社1998年版,第68页。

实践,而非西方重视的动手能力的实践。在师生关系上,中国传统教育尊师重道,崇尚教师的权威,学生从属于教师;教育缺乏民主性,教师对学生的新观点难以主动接受,学生缺乏主体性、创造性,缺少探索精神。最为严重的一点是,在中国人的理念当中,接受教育的强大动力不仅仅是为了追求道德的自我完善,更重要的是为了做官,为了改变自己的社会处境。"学而优则仕"一直是中国人的教育信条,它直接造成了中国人对应试教育的依赖和看重。这种残存的观念使教育培养出来的人很难适应教育和社会发展的需要,这也正是当前教育改革积极推进素质教育的原因。

就西方而言,人生哲学流派众多,对人的本质、人生的理解纷繁复杂,因而教育形态也是琳琅满目,若企图用某种简单的方式来概括它,都会显得捉襟见肘。为方便讨论,本书试着从宗教教育、理性主义教育、反理性主义教育等几大形态来对西方教育加以分析。

1. 宗教教育

西方一些宗教认为,人有原罪,需要赎罪和拯救自己,人的第一行为就是信仰上帝。然而人的生理能力的有止境性无法直接达到神的无止境性,这需要教育启发引导人体会神的蕴涵,帮助人形成一种向神展开的开放性,唤起人对无限目标的永恒追求,从而达到对自我、对神明的彻底洞察和领悟,完成作为人存在的同一性和完整性。"教育就是灌输宗教意图,完成人作为神存在的使命。基督教教育的正当与直接的目的是与神恩合作培养真正的、完全的基督教徒。"① 宗教教育教导人脱离尘世、追寻上帝、禁锢人的头脑、束缚人的创造力自不必说,其更是在中世纪导致了文化教育的普遍衰落。新托马斯主义根据科学技术迅猛发展的时代特征和当代社会的文明危机作了一定的应变和修改,使之具有较强的针对性和时代感,表现在教育上就是,新托马斯主义者既要发展人之为人的本质力量,又要把这种力量看成是上帝的恩赐和神性的表现;既要把神学看成是至高无上的学科,又不得不在公立学校中淡化神学的宗教意义,允许学生有不选修神学的自由;既力图恢复传统的自由教育精神,又不得不扩大人文学科的范围,并赋予其一些新的内涵。但这种思想仍属于中世纪的教育学说,与现代西方以科学和技术为特征的文化价值观在本质上是格格不入的,两者间的尖锐冲突难以真正调和折中,以精神的复兴来医治资本主义社会的痼疾并不能从根源上解决

---

① 单中惠《西方教育思想史》,山西人民出版社2001年版,第753页。

问题。① 当然,宗教教育对于人生而言,有时会是一种镇静剂。宗教在人生对于未知领域既定情况下的生存处境有时是予以积极关照的,它具有一种对于生命存在基础的关怀。② 宗教主要是对人的终极思想和情感关怀,使人获得心灵依托,但这种终极关怀是虚幻的,其人生观照的理论基础也是唯心的,尤其是在现代市场经济生活中,它的价值就相对更小。

2. 理性主义教育

理性主义教育作为近代发展起来的教育思想,是对古代哲学和教育思想的继承,同时又对后来的教育理论发展有着重要的影响。理性主义最早来源于希腊哲学中的"爱智慧",即通过理性达到完善,是解决实践问题的决定性原理,也是以人为最高和最基本目的的哲学任务。教育的功能是使人在多样化的世界中领会世界的共相,即普遍性的因素,使人过上幸福的、正义的、善的生活。教育的价值是唤起人的理性,帮助人去掌握概念;教育的实质是把握超感性的存在。这时所指的"理性"是理性与非理性的混沌的统一,理性并不是人的唯一特性。

近代启蒙理性完成了反封建、反宗教的使命,开始有了得意洋洋的气息。近代理性主义哲学相信存在一种合理的秩序,"这种哲学认为宇宙和人类历史是一种唯理的、有目的的秩序,由于这种秩序是理性的表现,它完全能够为理性所理解。这种哲学的任务在于清理奥秘和扫除迷信,用理性的光来辨明万物"③。反映在教育上,即强调纪律和服从,强调教育的控制性;教育逐渐偏离了人性的方向,表现出强制性和统一性的特征,学校中更多的是整齐划一,缺少多样性;教育为人设定了普遍的人格,人存在于人的概念之中,将人抽象化,忽视了人的情感、人格,抹杀了人的丰富性和多样性。如黑格尔认为,教育应该培养具有普遍理性的人。他曾说:"一个人受教育越多,他的行为中表现出来的特殊性、偶然性就越少";"教育是这样一个过程,通过它,反复无常的任性的欲望被理性思维所克服,理性思维成为习惯,由此,个体发现他真正的自由与同一性。"④ 这样,教育抽象地扩大了个人,却又泯灭了人的个性。虽然也有人注意到了理性的膨胀(如康德认为,科学在他那个社会中造成了视野狭隘、思想片面、缺乏崇高人生目的的一批人,他

---

① 洪明《新托马斯主义教育思想探析》,《福建师范大学学报》(哲学社会科学版),1998(1)。
② 檀传宝《试论对宗教信仰的社会观照与人生观照》,《浙江大学学报》,2003(2)。
③ 〔美〕梯利《西方哲学史》(增补修订版),葛力译,商务印书馆1995年版,第386页。
④ 夏正江《教育理论哲学基础的反思——关于"人"的问题》,上海教育出版社2001年版,第105页。

们可能对学术抱有热情,可是却毫无为他人谋幸福的观念,是一些自私自利、缺乏人类良心和真正理性的人,教育必须开发人类的自然能力,加强人格培养,按真、善、美的理想进行教育),但这些思想还是淹没在了理性主义之中。

随着科学技术的迅速发展,工具理性日益扩张,价值理性日益萎缩,"把理性从形而上学转化为工具理性的合理性",人时刻都面临着被标准化、物质化、功能化、单向化的危险。现代理性主义教育走向了功利化、精确化和模式化,变成了对人的控制,教育逐渐偏离了人,成为对人的物化活动。教育的功利性表现在,教育为了培养会自我算计的人,把自身降格成谋生的工具,而慢慢偏离了人文之道。教育在功利化的同时伴随着精确化和模式化。德国教育人类学家博尔诺夫认为,以科学的精确性,以一种纯然客观的态度对待教育的做法,忽视了人的内心世界的复杂性和人的潜在性,没有看到人不同于动物的能动性和主动性,甚至丧失了教育中贯穿着的、在交互主体性中形成的教育的爱。这种唯理性主义的教育"必然走向重认知,而不重情感和意志,最终因丧失学生的内在人格和精神世界的丰富性而生出成批的犹如一个模子铸出来的'机器人'","无异于以一种僵化的尺度去衡量充满生命活力的对象,无异于以鱼在岸上的存活时间去衡量鱼的生命力"。[①] 而且,由于技术的运用,教育自身体现出强烈的控制意识,现代教育不管是在宏观的教育发展规划中,还是在微观的课堂教学中都进行了精心的设计和规划,教育总是在遵照一种确定性的现代秩序观念。现代科技社会要求个体具有适应世界瞬息万变的能力,收集、处理大量复杂信息的能力,敏锐发现问题、洞察事物本质的能力以及解决问题的能力,这都需要发展理性思维能力。然而,社会也同时需要有意识、有价值、有趣味、有尊严、有烦恼、有问题也有希望的人,人的非理性因素也是不可忽视的一方面。

3. 反理性主义的教育

理性主义教育压抑了人的个性、压抑了人的自由,将人物化,必将导致一股反对理性主义的浪潮。自然,西方涌现了许多哲学家、思想家,力图重建人生哲学,由此,教育也呈现出另一番图景。他们虽然均以个人整体性的、具体性的生存抵制空洞的理智对人的抽象和过滤,都祈求人存在的内在完整性和具体性,但他们是从不同的路径出发而进行努力和尝试的。比如实用主义、存在主义、后现代主义等都提出了一些很有价值的教育主张。与

[①] 转引自:邹进《现代德国文化教育学》,山西教育出版社 1992 年版,第 163 页。

前面有关人生哲学的讨论相对应,这里只选取了存在主义教育为例进行分析。

存在主义教育思想强调人的"存在",注重个体自由、帮助个体进行自我选择,重视人格的培养,重视责任感的形成等,致力于树立"存在的人"的形象。它把思考的角度转向人的内在精神世界和意义世界,对满足学生内在精神需要、体验人生感受、获取生活意义具有重要的理论价值。然而,这一思想也存在着不容小视的缺点。第一,反对社会价值,往往把客观的真理、知识、文化传统弃之如敝屣,容易给人的精神带来更大的混乱,甚至带到濒临破灭的边缘;还由于它片面强调人的认识能力的局限性、事物发展的偶然性以及人的情感因素的作用,由此导致不可知论,甚至神秘主义。存在主义的教育思想惊人地忽视理性、知识教育,忽视自然科学、生产技术、专业知识、职业训练等,抵制社会价值和道德价值的教育,把儿童和青少年引向虚无主义、冒险主义和行动主义。① 第二,推崇个人的主体性、单个性、自由、自我设计、自我实现,势必陷入极端的唯我主义。存在主义教育充当了培养脱离社会、集体的极端个人主义者的手段。尽管它提倡"个人责任"教育,但这都不碍于唯我主义、个人主义的滋长。它的自由发展和自我实现教育,抵制了集体和集体主义教育,影响了教师积极作用的发挥,影响了教学过程的系统性、严肃性。第三,悲观主义色彩浓厚。由于其片面强调人生的不安、忧虑、无家感、孤独感,而且其关于死亡和不安的教育、关于人生的有限性、无常性的教育,会把儿童和青少年引导到悲观、厌世、绝望的心灵苦海。这种教育否定人类的光明未来、否定社会的进步对儿童和青少年发展的巨大激励作用。总而言之,存在主义教育思想中强烈的非理性主义、唯我主义倾向,使它既不能够正确揭示时代危机的根本原因,又不能提供解决这种危机的正确道路和方法。"虽然存在主义能在这个异己的、压抑的、动荡的世界中找到个人存在这个落脚点,但是由于它把人引向自己的内心生活,忽视了自己所经历的世界,从而使人无法在社会中有意义地塑造世界……人也不可能过着真实的生活。"② 这些局限性注定了它在教育实践中很难起到实际的指导作用,甚至会使以此思想为指导的教育改革带有很大的盲目性。

从以上对中西人生哲学与中西教育所做的简要评析可见,每一种人生哲学及教育都有其自身的优势,但也都受时代的局限不免留有遗憾。对于

---

① 崔录、王升平《存在主义教育思想批判》,《比较教育研究》,1984(4)。
② 刘放桐《现代西方哲学》(下册),人民出版社1981年版,第69页。

今天的教育,我们不能对前人的思想和经验进行简单照搬和挪用,否则教育改革将会只是一个口号。如奥伊肯所说:"教育改革是一个流行的口号,但是我们缺乏一种基于整个生活信念之上的教育哲学,甚至也不想费神来找到一种哲学。我们想发展教育,但是我们却未能理解教育的理念、可能性和条件。……我们必须找到一个新的出发点并完成一场革命,因此,教育必须在根本上有着不同的性质。"①奥伊肯认为,由于生活缺乏主要方向,时代缺乏对肤浅的超越,没有新的人生哲学诞生将会产生种种困难从而影响到教育。因此,需要继续探寻教育的人生哲学立场。

二、理论自觉的缺失

所谓理论自觉,是指理论能够清醒地认识和把握自身所处的时代环境和肩负的历史使命,能够以一种强烈的自我反思、自我超越意识摆脱旧有束缚,以指明前进的方向。简言之,理论的自觉就是理论主体具有明确的认知目标、价值取向和行动规循。教育的理论自觉就是对教育理论的反思,反思的目的是为了发现教育中存在的问题,并对教育问题进行寻根究底的追问。

(一)教育理论基础中人生哲学的缺席

第一,在教育的理论基础中通常强调心理学、生物学、脑科学等学科,将它们作为教育的基础理论学科。诚然,教育的发展离不开其他各学科的支撑,正是由于其他学科的日益进步、逐步丰富和完善,才使教育逐渐脱离日常经验,为我们从事教育活动提供一定的科学依据,使教育向科学化迈进。它们为教育、教育学科的发展作出了不容忽视的贡献,但却无法从"整体的"、"现实的"意义上把握教育中人的真实性存在和发展规律,从而也就难以达到在正确理解教育中人的基础上进行教育。

我国著名心理学家潘菽曾说:"教育和心理学的密切关系已成为一种常识。就教育方面讲起来,教育是一种实践的技术,一切技术都必须有科学的基础,而教育的一种主要的科学基础就是心理学。因为教育是培养人的,像农艺师培养禾苗和果树一样;而心理学则是研究人的基础学科。……教育有待于心理学的指导,而心理学也有待于教育所得的经验的帮助。"②教育学在其科学化道路上迈出的每一步都与心理学的发展密不可分。不同的心

---

① 〔德〕鲁道夫·奥伊肯《新人生哲学要义》,张源、贾安伦译,中国城市出版社2002年版,第367页。

② 黄济、王策三《现代教育论》,人民教育出版社2005年版,第106页。

理学派别往往有着不同的教育观和教育方法论,从不同的方面促进教育学的科学化。特别是在西方,有以官能心理学为基础的形式教育论、以联想主义心理学为基础的实质教育论、以实验心理学为基础的实验教育学,当代的行为主义心理学、精神分析学、认知心理学、人本主义心理学更是影响着教育的改革与发展。大部分心理学以科学求证的思维认识教育中的人,而且把人作为感知的对象去认识,尤其是比较偏重从人的某一方面来研究人。

  生物生理学特别是脑科学的研究成果,也为教育的研究和实践提供了理论依据。脑科学(或称神经科学)的主要任务是,了解脑内成千上万的神经细胞如何活动产生行为以及环境(包括他人的行为)如何影响脑的活动,最终以脑的工作原理来解释行为(包括复杂、高级的认知行为——感知、语言、思维、智力等)。[①] 其利用对人脑的结构和机能的研究成果,寻找学生语言、智力、创造力、情绪等的发展规律;认为教师对脑的理解越充分,就越能够设计更好的方案以促进学生学习的最优化;通过其他学科的支持,研究教育领域中的"事实"问题,进而通过对事实问题的研究,回答教育是什么以及它存在什么样的规律,以帮助人们更清楚地理解教育。然而,由于现代科学的迅猛发展,人们受唯科学主义思潮的影响日趋严重,不少人倾向于将全部教育理论等同于教育科学;注重研究教育中存在的客观规律以及人们在遵循规律的前提下从事教育工作的具体方式或手段,强调教育过程以及教育研究的技术性与应用性。[②] 这有种盲目追求教育科学化的倾向,因为教育领域中有许多问题并不是都能"量化"、"科学化"的。教育所面对的是人、人的生活世界,这不是一个能够客观化到让我们有条不紊地解剖、分析、观察、计算的领域。更为重要的是,教育作为人类获得生存和发展的独特手段,它是超科学的,凝聚了人类对自然、社会以及人类自身的全部理解,因而,教育必须关注人生历程的建构、人生意义的实现。

  第二,哲学作为教育的理论基础已得到认可,就像美国哲学家、教育家杜威所认为的,哲学是教育的理论,教育是哲学的实践。[③] 哲学作为世界观和方法论,它往往在理念或观念的层次上影响着人们的活动,其中包括教育活动。也就是说,哲学一旦形成,就会对实践活动起重要的指导作用,它对

---

① 杨雄里《脑科学和素质教育刍议》,《教育理论与实践》,2002(2)。
② 王坤庆《教育哲学——一种哲学价值论视角的研究》,华中师范大学出版社2006年版,第59页。
③ 〔美〕杜威《民主主义与教育》,王承绪译,人民教育出版社1990年版,第344-345页。

教育实践的指导是最一般意义上的指导,即教育与哲学的关系就是理论与实践的关系,并没有表现出对教育的对象——具体的人以特殊的关怀。改革开放后,教育学中不乏对人性、人的本质、人的发展等问题的探讨,但基本上属于哲学领域对"普遍人"的探讨,而且多是一种演绎推理式的探讨;都将教育问题,如教育目标、课程与方法等,附属于哲学范畴之内;而教育反倒像仅是附在哲学骨骼上的皮肉一样,只用来阐明哲学的原则。然而,哲学思考也许能为我们提供教育中人的一般性假设和对人的认识的大前提,却不能取代对具体教育情境中人的认识。从以往的哲学主题来看,虽然都与人有着极其密切的关联,但都是从人之外来探索与人有关的问题。古代的哲学属于本体论哲学,它认为在人之外存在着一个比人更高、更根本的存在,决定着人类的命运,人类的智慧就是要寻找和揭示这个决定人类命运的最高本体。近代哲学属于认识论哲学。近代以来,人类力量的不断强大使人成为世界的主体,这种主体的主要使命在于用人理性说明世界、解释世界。近代哲学的兴趣不再是寻找和揭示人之外的最高本体,而是研究和探讨人如何认识人之外的世界。[①] 在认识论哲学视野中,世界虽然可以被人们所认识,但这种对世界的认识仍然存在于人之外和人之上,成为制约人的本体性的存在。这些哲学都是对抽象的人性、人的形象的思考,而没有涉及个体人的生存与本质问题。以近现代意识哲学为基础来观照教育,主要强调的是教育的本质问题。对于意识哲学来讲,教育的本质是真实存在而且是确定无疑的。在柏拉图至黑格尔主义漫长的哲学发展史中,哲学的根本旨趣即在于获得那个现象背后的确定无疑的本质,因此,教育曾倾力于教育本质的逻辑建构。理解教育本质的目的是为了更好地完成对教育过程的掌控,但以知识论的方式寻求教育本质似乎没有出路,其认为对象的存在方式和本质不过是知识,教育的本质也只能作为"我思"的结果。意识哲学所关注的主要问题是教育"是什么",即教育的本质,而人生哲学观照下的教育主要思考教育"应该是什么",即关注教育的本体性,关注人的生存及人生智慧。哲学只有关注人的生存方式,探索人生价值和人生的意义,提出理想的人生状态,并以此来反思和批判现实,才能真正算得上对人的关怀;而这样的哲学就是直面人生的哲学,即人生哲学。教育作为关切人生存与发展的活动,与人生哲学具有最高的相关性。

第三,当人们将研究的视野从客体转向主体,从外界转向人自身的时

[①] 武天林《马克思主义人学导论》,中国社会科学出版社2006年版,第3页。

候,人学成了时代的主题。教育也积极、主动地以人学为基础,认为教育是培养人的活动,提出教育要以人为出发点等观点。但由于其仍然机械地以近代哲学的方式来理解人学,在对人学的理解上出现了偏差,尤其是没有正确理解马克思主义哲学。自20世纪上半叶马克思主义传播以来,开创了以马克思主义为指导进行教育学研究的学术传统。然而,由于历史与社会的原因,直到今天我们在运用马克思主义理论研究教育问题时,仍存在着诸多问题,如立场上的意识形态化大于学理研究,态度上的忽冷忽热、简单肯定或简单否定,方法上的机械照搬、演绎推理,内容上的随意剪裁、不求甚解等;认识不到马克思主义哲学是一种以人的解放为最高目的人学形态,从而导致没有把人作为最高目的,而只是停留在工具层面,使得教育的人学基础形同虚设;基于外铄论、决定论、认识论立场之上,把教育看做是外在于人的东西,仿佛人就被动地站在那个地方,等待着"教育"来填充。[①] 这种对人的静态理解,使教育缺乏对人的现实生存状态的关照,缺乏对人的精神与灵魂的关注,就有可能在培养人的旗号下消解了人。虽然其整天喊着培养人、重视人,然而,无论在教育理论层面,还是在教育实践层面,都存在着深层次的"人"的缺失。

　　教育对人的关注,无论是促进人的全面发展,还是发展人的个性;无论是发现人的价值,还是开发人的潜能、发挥人的力量;或是兼而有之,其最终的落脚点都是为了人有一个美好的、有意义的人生。那么什么才是美好的、有意义的人生?美好的、有意义的人生需要确立什么样的人生立场?教育要对此做出回答,就务必将对人的一切关注都转向对人的整体人生的关怀,只有关注人的生存和生活,教育的理想、愿望才能有所依附。在此意义上,教育就是关于人们为了生存、享受和发展而进行的认识世界、改造世界、生成自身的活动历程,这种活动自然需要人生哲学的指导。因为人生哲学就是关于人生的哲学理论,是系统化、理论化的人生观,它运用一般哲学的观点和方法,结合有关人生的科学知识,总结人生经验,并把经验、知识和哲理融为一体,解释人生的实存,阐明人生的价值,指出人生所能达到的境界,从而展示人生应当所为的生活。因此,以人生哲学作为教育的理论基础,则具有更现实、更具体、更直接的意义。

(二)教育应自觉具有人生哲学的视野

　　教育理论基础的缺失,在很大程度上是由于教育学研究者缺乏必要的

[①] 王啸《教育人学——当代教育学的人学路向》,江苏教育出版社2003年版,第6页。

理论自觉造成的。由于缺乏对教育理论的自觉反思,缺乏对时代环境的清醒认识和把握,因而,在面对教育中存在的新问题时,教育学研究者就无法摆脱旧有的束缚,看不到自身的局限,跳不出自身的圈子,也就难以完成肩负的历史使命。从教育理论自身发展的历史中可以看出,只有从其他人文社会科学以及一切与教育密切相关的科学理论中汲取营养,才会有教育理论的长足发展。因此,教育理论的反思就需要在一个更高、更广和更恰当的位置来审视教育问题,而不是仅从教育自身的角度来自我剖析。正所谓"登高而招,臂非加长也,而见者远"。从人生的视角看教育,给予教育一个更广阔的背景,可以避免仅从教育的规律方面来审视教育的事实,导致"不识庐山真面目"。而人生的视角所需的知识和背景就是人生哲学。教育要自觉以人生哲学为其理论基础,需要注意以下几点。

第一,应自觉意识到人生哲学对于教育的必要性。其实,人生哲学对于教育的必要性可以从教育与人生的关系中得到体现,这在第一章里已做过详细论述。教育并不只是在现实功利层面上带来直接的物质利益,更应该能从深层的意义上为人提供一种生存的理念、生存的态度、生存的姿态,为个体的人提供一种对待人生、对待世界的宏大的视野和广袤的背景。[1] 只有关注人生需求,从人的生存、发展和社会进步、发展的意义上来思考教育,确立教育的价值,我们才能以此为标准来衡量和批判教育的现实和引领正确的教育理念;也只有在广阔的视野上,才能增加理念引领的超前性和正确性。从另一方面来讲,真正的教育智慧,本来就蕴涵着深刻的人生哲学光芒,如何唤醒人心,完成心与心的"叩问";如何实现人性之觉悟,人情之通达,此乃地地道道的人生哲理、人生智慧。[2] 所以,一个对人生"有为"、"有用"的思想和活动,绝对不可能对人生毫无了解、缺乏认识,或者忽视和漠视。对于人生问题的思考总是伴随着对于教育问题的思考,对教育信念和教育智慧的追求也不能脱离对人生的终极问题的认识。教育信念的确立、教育智慧的生成,不仅是教育者对教育活动的深刻理解,更是教育者自己人生智慧和信念的渗透和融入。因此,教育基础理论的建构,不可能把人生哲学的知识、思想和理念"束之高阁"弃而不用,关注人生哲学是教育的必然。

第二,关注人生是时代的趋势。人们认识改造世界的次序表明,人的活

---

[1] 刘光义、陈卓《教育哲学对于人的使命之我见》,《零陵学院学报》(教育科学版),2004(2)。
[2] 桑志坚《论教育哲学的人生视野和社会视野》,《内蒙古师范大学学报》(教育科学版),2008(5)。

动的中心正在由客体转向主体,由自然、社会转向人生本身。人们从隐伏着的各种危机中终于发现,许多危机来自人们自身的活动失去调控,这些危机归根结底是人生的危机、主体的危机。人们力求变革,而变革的主体首先要求主体的变革、人生的变革。人的生存和生活,人们的一切活动、行为、思想、情绪、情感、意念、理智、性格,开始成为也理应成为特别关注的对象。教育不关注人生,不解决关于人生的问题,一切变革都很难发生真正的效力,一切危机都很难得到彻底的解决。事实上,种种有关人生的教育,在世界许多国家的教育思想和教育实践中都受到了普遍欢迎和高度评价。美国学者认为,未来的教育和教学,可以围绕人生的几个环节,如出生、童年、青年、婚姻、事业、退休、死亡的课程来进行。前苏联学者说,像爱情教育这一类现实生活的教育问题,不仅具有迫切的现实意义,而且是人们永远关注的一个重要课题。日本教育心理学家们肯定,学校的生活指导正在成为学校工作中不可缺少的一种职能,它对指导儿童和学生的生活起着很重要的作用。国内外有些学者和教育工作者提出,现代社会的人生过程就是教育过程,在一定意义上说,现代教育也就是"人生教育",学校班主任应该成为学生"生活上的顾问"。显然,面对这一国际性的教育潮流,面对现代教育、现代人生、现代社会的实际需求,人们的确需要严肃思考人生教育、正确理解人生教育、切实实行人生教育。① 虽然这里的"人生教育"主要指对学生具体人生问题的指导、对学生人生观的教育,但足以看出对学生完整人生的关注。

第三,要有理论选择的自觉。从古至今,纵横中外,对于人生哲学的探索不计其数,众说纷纭,莫衷一是,仁者见仁,智者见智。特别是 20 世纪以来,西方形成了许多的人生哲学流派,对包括教育在内的许多领域产生了国际性的影响,对此,我们同样无法避之。这些思潮的涌入,很可能冲击我们的视线,影响我们看问题的思维方式,这需要我们对不同的人生哲学进行具体的分析,辩证地看待它们。事实证明,每一种理论都具有自己的优势,同时也有其自身的局限性,没有一种理论能解决所有的人生问题。我们应学会在国际文化交流中汲取营养的同时,不能失去自己的根本立场。我国的教育是世界教育的一部分,但不是西方教育的一部分,更不是美国教育的一部分。我们拥有自己的历史、传统,拥有我们自己的实践和思考能力,因而,应当以独立批判的精神看待各种理论,否则理论研究必然迷失自我,最终将被淹没,文化精神便消散殆尽。当今,我们应当以马克思主义人生哲学为指

---

① 程达《人生教育论》,辽宁教育出版社 1989 年版,第 4 页。

导,建立教育的人生哲学理论支点。当然,马克思主义人生哲学不是僵死的教条,世界上没有一劳永逸的人生哲学。随着时代的发展,人生实践的丰富和完善,我们需要不断地建构适合中国实际的人生哲学,并以此来服务教育。

三、马克思主义人生哲学的启示

马克思主义人生哲学着眼于人的现实生活世界,关注现实中的人及其活动,以实践为人特有的生存方式,实现了人生哲学从本体论、认识论向生存论的转向,形成了"生存—发展"模式的人生哲学,对教育具有很大的启发意义。

（一）马克思主义人生哲学的超越

每一种人生哲学的旨趣都在于对人生目的、人生态度、人生价值、人的存在意义等问题的总体把握,但在历史发展的不同阶段中,人类自身的生存方式具有不同的内容和形式,人生哲学对人生目的、人生态度、人生价值、人生意义等相关问题的回答就会产生不同的答案。

从总体上看,历史上的人生哲学都以一种本体论的思维方式看待人生,以追求所谓的本体、实体为目标,将人的问题逻辑化、抽象化、概念化,并以此为基础来推演、解释人的世界,用人的概念来规约人的现实存在,简言之,就是以"我之所在"来论证"我之所是",从而对人的理解形成两种基本向度,一是把人的生存抽象为一种纯粹的精神实体,即超验生存观;一是对人的生存采取了简单还原的态度,在很大程度上蔑视人生存的神圣性,即自然主义生存观。这两种向度其实都只是把人的生存看成一种既定的、静态的"存在物",一种被解释的、被认识的客体,把人视为一种"现成"存在者,是一种摆在眼前的,可以用理性的、概念的方式来予以静观的对象;而没有从属人的、活动的以及人本身的社会历史条件等方面去面对生存,即都不是从实践出发去考虑"人"的生存问题。[①] 存在主义人生哲学虽然从个体生存的心理体验和生命活动的本能冲动等方向出发探讨人的生成问题,但却抛开了个人生存的宏观背景,使人成为一种无根据的、偶然性的存在。

马克思超越了本体论的哲学思维方式,扬弃了这两种基本人学态度,着眼于现实生活世界中的人,并以实践为人特有的生存方式,对人的解读具有

---

① 钟明华、李萍《马克思主义人学视域中的现代人生问题》,人民出版社 2006 年版,第 34 页。

现实性、真实性和全面性。在马克思看来，人通过自己的生存实践活动，不但创造了属人的自然界，而且创造了人本身，实践是人生存的本质。历史通过实践而展开，生命通过实践而获得其本质规定并实现其价值和目的，实践并不只是确证主体活动的优先性与优越性，实践观所蕴涵的是人、自然、社会、人类历史等要素的相互关联性。正是通过这种革命性的变革，哲学找回了现实的人及人的世界，找回了关注人的生存与发展的哲学理论。马克思主义人生哲学作为一种对人的问题的全新理解方式，实现了对历史的超越，以实践生成的思维方式取代了实体思维方式；从现实主体及其实践活动出发，突破了追求本体的外在型取向，确立起外部世界的属人意义，进而确立了属人世界的地位，从人的生存及其历史性的生存意义出发去理解一切存在及其价值，完成了人生哲学的生存论转向。

（二）马克思主义人生哲学的逻辑前提

马克思对人关注的角度、深度、模式有着其独特的个性，他关于人性、人的本质、人的存在方式的理解，是其思考人生问题的逻辑前提。

1. 解读人的起点："现实的个人"

西方社会从古希腊至近代以来，在对人的认识和理解上大体形成了两条认识思路，即人的主观化认识思路和人的客观化认识思路。对人的主观化认识主要包括：柏拉图的"理念人"、笛卡尔主义的"知识人"、存在主义的"孤独的人"；对人的客观化认识主要包括：亚里士多德等人的"政治人"、亚当·斯密的"经济人"、费尔巴哈的"自然人"。"理念人"把属于主观性的"理念"看做是人先验和永恒不变的本质，把变化的东西认为是不真实的，而人的生命就是一个不断消失的过程，进而蔑视生命。这就否定了现世人生的意义，从而把真理与生命严重对立起来。"知识人"认为知识就是理性，而理性的本质就是自我意识，人的一切活动都受自我意识的规定和制约。人的自我意识就是人的全部与本质，所以"我思故我在"。其对自我意识的强调可以突出自我与上帝的差异，但同时又把对人的认识放置于一个缺乏现实生活的基础之上，并导致"知识人"失去现实内容而呈现人的虚化。存在主义者把人看做是一种没有完成的存在，永远处于创造之中，是一种自为的存在。人的本质是自己创造、自己赋予的，一个人要成为什么样的人，完全是他自己决定的；人是主体，是自己的主人，同时人又是孤立无依的存在。"孤独的人"虽然认为人是宇宙中独一无二的，人可以自觉为自己谋划人生，但"孤立的人"没有人的社会属性，使人失去其一大半的现实性。"政治人"把人的政治本性作为认识人的起点，把人的政治本性的假设作为人的固定本质,从而得出"人性本恶"的结论。亚里士多德就认为人天生是一种政治动物。这一观念的缺陷在于把人的自然本性当做人的全部属性,等同于人的本质。"经济人"认为个人利益是人们从事经济乃至社会活动的出发点,每一个人自然是自己利益的最好判断者,应该让他有按自己的方式行动的自由;而自己的幸福可能要比世界上所有其他人的幸福更重要。行为最大化原则、自利原则和功利原则是"经济人"最主要的基本假设。亚当·斯密认为:"毫无疑问,每个人生来首先和主要关心自己"①,认为这是人永恒不变的本性。费尔巴哈的"自然人",超越了黑格尔"思辨的人",认为人是自然界的一部分,又是自然界的本质;既是自然界的产物,又是自然界的创造者;人可能通过自然而完善自身的本质,使之成为"人化自然的本质";同时,人具有类意识,每一个人不仅以他的个体为对象,而且以他的类、他的本质为对象。"自然人"已经具有感性个人的基本特征,认为世界是人的世界、人和自然、人和人的统一是哲学的最高原则,但由于其对实践活动的排斥,没有真正实现人与世界、自然的结合,从而使"自然人"失去了历史的丰富性和交往的生活现实性。② 这两条思路的共同缺陷在于把人的真实性归结为某种无条件的存在,从而使得对人的研究缺乏现实生活基础,以此为起点研究人,必然会使得对人的理解走向抽象和虚化。

马克思对此实现了历史的超越,他提出了"现实的个人"。在《德意志意识形态》中,马克思说:"我们开始要谈的前提不是任意想出的,不是教条,而是一些只有在想象中才能撇开的现实的前提。这是一些现实的个人,是他们的活动和他们的物质生活条件,包括他们已有的和由他们自己的活动所创造出来的物质生活条件。"③"现实的个人"最根本的规定在于他不是想象的结果,而是生活的生产者和创造者,是处在现实的社会关系和历史进程中的活生生的人。现实的人要取得实在的现实基础,必须与自然和他人交往,必须摆脱孤独状态而开放自我,实现人和自然、人和人的统一。"现实的个人"既是关系中的个人,也是具有自我超越和自我完善要求的人,是感性实在性和普遍超越性的统一;既是自然的、也是历史的;既是给定的,又是人自己创造的;既是可以通过经验观察到的,又是辩证思维的结果。现实的个人既是自我创造、自我生成的历史主体,也是受历史和自然规律制约的主体。

---

① 〔英〕亚当·斯密《道德情操论》,蒋自强等译,商务印书馆1997年版,第101-102页。
② 钟明华、李萍《马克思主义人学视域中的现代人生问题》,人民出版社2006年版,第4-5页。
③ 《马克思恩格斯选集》(第一卷),人民出版社1995年版,第66-67页。

概括地说,"现实的个人"是从事物质生产活动的或劳动的人,在一定社会关系和历史条件中不断生成的人。①

2. 解读人的核心:人的多重本质

马克思从实践、社会、个性三个向度来论述人的本质。第一,是人的实践本质。马克思曾说:"个人怎样表现自己的生活,他们自己就怎样,因此,他们是什么样的,这同他们的生产是一致的——既和他们生产什么一致,又和他们怎样生产一致。"②人能不断摆脱外在先验尺度的限制而处处运用自己的尺度,去创造自己的生活,通过不断超越、自我否定、生成和展开从而不断面向新的可能性。第二,是人的社会本质。"人的本质不是单个人所固有的抽象物,在其现实性上,它是一切社会关系的总和"③,表明人是在社会联系的总体化结构和历史发展的总体化进程中生成和发展的。人的社会本质说明人除了自由自觉的自我生存与发展之外,同时还是在社会总体结构中的生存与发展。人在自己的实践活动中不可以肆意妄为、随心所欲。马克思指出:"人们自己创造自己的历史,但是他们并不是随心所欲地创造,并不是在他们自己选定的条件下创造,而是在直接碰到的、既定的、从过去承继下来的条件下创造。"④社会关系对于当下的人来说,是一种既定的力量,它限定、规范和塑造着人的活动和社会关系以及人的个性,由此构成人的发展的现实空间,形成人的现实生活世界。人的本质不是某一方面的社会关系,而是一切社会关系的总和。一切社会关系,既包括人与自然的关系,也包括人与人之间的经济关系、政治关系、思想关系等。现实的人就是这一切关系的总和,是这一切社会关系的集中表现。第三,是人的个性本质。这是从个体的角度看待人,人是完整的个体存在物,是自然因素、社会因素和精神因素的统一体,体现着人的自主精神、能动性和创造性。人的个性本质的三方面内容是相互联系的整体,其中,自主精神是核心,"是个人存在的深层尺度"⑤。自觉能动性和创造性中都贯彻着人的自主精神,都是自主精神的展开和体现。人的个性本质表明了人应该是自由、自觉、自为的主体,人应该把物置于自己的控制之下,对物的追求就是人对自身全面发展的追求,使物

---

① 钟明华、李萍《马克思主义人学视域中的现代人生问题》,人民出版社 2006 年版,第 6 页。
② 《马克思恩格斯选集》(第一卷),人民出版社 1995 年版,第 67 页。
③ 《马克思恩格斯选集》(第一卷),人民出版社 1995 年版,第 60 页。
④ 《马克思恩格斯选集》(第一卷),人民出版社 1995 年版,第 585 页。
⑤ 王坤庆《论精神与精神教育——一种教育哲学视角的当代教育反思》,《华中师范大学学报》(人文社会科学版),2002(5)。

的价值从属于人的价值。人最终成为自己和社会结合的主人,成为自己本身的主人。人的实践本质、社会本质、个性本质三者并不是冲突和矛盾的,自由自觉的实践活动和现实具体的社会关系是把握人的本质的不同视角,每一种存在方式中的前者是对人的本质的一般规定,后者则是对人的本质的具体的、社会历史的规定;前者是后者的基础,后者是前者的展开。从实践活动理解人与从社会关系理解人,从根本上说是一致的。实践活动和社会关系的主体都是人,人既是实践活动的发起者又是社会关系的承担者,同时,人的实践本质与人的社会本质的统一集中体现在人的个性本质上。

3. 解读人的存在方式:人的二重性

马克思从主体和客体的双重向度指出了人的基本存在样态:自然存在和社会存在,并由此延伸出人的其他两重存在方式:肉体存在与精神存在、实然存在与应然存在。人的双重性存在方式反映了人的存在并不是固定的、本然的,而是不可限定的、处于不断变化的过程之中。在自然存在和社会存在、肉体存在和精神存在、实然存在与应然存在三组基本存在方式中,前者是后者的根据,没有前者也无所谓后者的存在,脱离了人的自然性、肉体性、实然性,人的生成就会成为一种纯主观精神的自我规定与自我创造,只能是虚幻的、不现实的。而人还需要从自然走向社会、从肉体走向精神、从实然走向应然,只有如此,人才能从非人化走向人化,从自在走向自为,从必然走向自由,才能不断提升和发展自己,通过实践活动改造世界。

(三)马克思主义人生哲学的生存—发展模式

由上可以看出,马克思对人的解读具有现实性、真实性和全面性,在此基础上,从实践和生存出发去思考和审视人生,奠定了其人生哲学的基调,即在实践的基础上,以生存—发展的方式来看待人生。

1. "生存—发展"模式的所指

"生存—发展"模式是对马克思主义人生哲学的概括。马克思哲学所实现的伟大变革,就是终结了无视现实的、从事感性活动的人,终结了具有抽象思辨色彩的传统本体论哲学,把从事感性活动的现实的人确定为新哲学的前提和出发点,把现实人的生存境遇和发展命运作为新哲学的主题,把人的能力的充分发挥、无产阶级的解放和每个人自由而全面的发展作为新哲学的价值目标。[①] 人的生存与自由和全面发展是马克思主义人生哲学的核

---

① 韩庆祥《马克思人学的总体图象(上)》,《中共珠海市委党校珠海市行政学院学报》,2007(3)。

心价值理念。他把人置于具体的实践活动和生活世界中加以理解,把实践作为历史活动得以展开的人的具体的生成活动,把生活世界作为人的实践活动得以展开、人的生存价值和意义得以生成的文化构成。同时,通过分析人在现实生活世界中的"异化"力量及其消除的外在物质条件来寻求向人的本质的逐渐复归,以最终达到自由而全面的发展,并把此确立为社会发展的最终目标。生存与发展构成了马克思人生哲学的两个基本点,并将此建立在"实践"的基础之上,以保有其观照的现实性、有效性、开放性。[①]

2."生存—发展"模式的体现

(1)马克思主义人生哲学对人生存的观照。

第一,对人的生存境遇的观照。19世纪以来,人的生存境遇面临重重危机。首先,马克思揭露了资本主义进行的原始野蛮剥削和殖民,极为同情无产阶级的悲惨命运和落后民族的生存困境,关注弱势群体的生存危机。其次,马克思还从实践的视角分析了人的风险生存环境。"他周围的感性世界绝不是某种开天辟地以来就直接存在的、始终如一的东西,而是工业和社会状况的产物,是历史的产物,是世世代代活动的结果……"[②]人的自然生存风险是人的实践活动的结果,人们怀着改造自然、创造有利于人的生活环境的动机,却带来了负面的结果。人类改造自然产生了两种情况:既带来了有利于人的生存的人化自然,又带来了不利于人的生存的人化自然。资本主义大工业机器生产显示了强大的生产能力,不断征服自然界,但人类对这种力量的不合理使用却破坏了人与自然间的平衡法则,使得环境恶化、生活质量下降、生存受到威胁,并且人与人之间斗争激烈、贫富差距拉大,人类的生存遇到了威胁。再次,马克思还指出:"生产的不断变革,一切社会状况不停的动荡,永远的不安宁和变动,这就是资产阶级时代不同于过去一切时代的地方。一切固定的僵化的关系以及与这相适应的素被尊崇的观念和见解都被消除了,一切新形成的关系等不到固定下来就陈旧了。一切等级的和固定的东西都烟消云散了,一切神圣的东西都被亵渎了。人们终于不得不用冷静的眼光来看他们的生活地位、他们的相互关系。"[③]他认为人的生存还存在着社会风险。最后,个人的生存也出现了危机。生产力的发展,社会关系的变革,使个人获得了独立自主性,但在市场理性的驱逐下,个人在社

[①] 钟明华、李萍《马克思主义人学视域中的现代人生问题》,人民出版社 2006 年版,第 68 页。
[②] 《马克思恩格斯选集》(第一卷),人民出版社 1995 年版,第 76 页。
[③] 《马克思恩格斯选集》(第一卷),人民出版社 1995 年版,第 275 页。

会中获得的只是发财致富的自由,个人的独立也只是在物的基础上获得的独立,只是资本的独立,个人的独立有些孤独;社会的开放,却带来了人内心世界的封闭;物质生存有了保障,但缺少了人间的真情;思想的解放、价值的多元却导致价值、伦理的相对主义;人生的虚无,精神的无寄托,人的生存意义成了问题。由此看来,马克思从个人、群体、人类几个层面关注了人的生存境遇。

第二,对人"自身的自然"①的观照。"人们为了能够'创造历史',必须能够生活。但是为了生活,首先就需要吃喝住穿以及其他一些东西。因此第一个历史活动就是生产满足这些需要的资料,即生产物质生活本身……"②"人们首先必须吃、喝、住、穿,然后才能从事政治、科学、艺术、宗教等等。"③生存是人类面临的前提性问题,没有生存,没有温饱,就没有人的全面发展。马克思还揭露了财富与人的发展之间的内在联系,他说:"如果抛掉狭隘的资产阶级形式,那么财富岂不正是在普遍交换中造成个人的需要、才能、享用、生产力等等的普遍性吗?……财富岂不正是人的创造天赋的绝对发挥吗?"④他认为生存绝不是一种静观式的认识论态度,而是一种实践态度,人类是在活动中解决自己的生存问题的。

第三,对人的交往生存的观照。马克思在各类著作中从不同角度、在不同程度上提及交往问题。早在《1844年经济学哲学手稿》中,马克思就反复提到了"交往"。他指出,人与自然的交往是人的生存的基本条件,人与人之间的"实际交往"是社会活动和社会享受的直接表现和确证。他在1846年12月28日致帕·瓦·安年科夫的信中写道:"社会——不管其形式如何——是什么呢?是人们交互活动的产物。……在人们的生产力发展的一定状况下,就会有一定的交换(commerce)和消费形式。在生产、交换和消费发展的一定阶段上,就会有相应的社会制度、相应的家庭、等级或阶级组织,一句话,就会有相应的市民社会。有一定的市民社会,就会有不过是市民社会的正式表现的相应的国家。""为了不致丧失已经取得的成果,为了不致失掉文明的成果,人们在他们的交往(commerce)方式不再适合于既得的生产力时,就不得不改变他们继承下来的一切社会形式。——我在这里使

---

① 《马克思恩格斯全集》(第二十三卷),人民出版社1972年版,第201页。
② 《马克思恩格斯选集》(第一卷),人民出版社1995年版,第79页。
③ 《马克思恩格斯全集》(第十九卷),人民出版社1963年版,第374页。
④ 《马克思恩格斯全集》(第四十六卷,上),人民出版社1979年版,第486页。

用'commerce'一词是就它的最广泛的意义而言,就像在德文中使用'Verkehr'一词那样。"① 由此可以看出,马克思使用交往概念时赋予了交互活动、交换和生产关系这三个方面的意思。在其 1845 年的《德意志意识形态》一书中,其对交往形式也有诸多的提法,对交往进行了多重划分。在交往的人群数量上,有个人交往和社群交往;从物质形态上,有物质交往和精神交往;从接触方式上,有直接交往和间接交往;从地域结构上,有民族国家间的内部交往和外部交往以及由此扩大形成的世界交往。在交往涉及的内容上,马克思还谈到了政治交往、经济交往、文化交往、军事交往等。同时他还提出了"交往形式"、"交往方式"、"交往手段"、"交往关系"等概念。

马克思非常重视人的交往生存。他认为,第一,交往对人的生存价值是明显的,人只有建立"普遍交往","狭隘地域性的个人"才能转变为"世界历史性的个人"。第二,人也只有在与他人联系的前提下,向他人展示出自己的需要,以此在满足他人需要的活动中获取自己的需要,以弥补自身的不足与欠缺。对任何时代、任何文化背景中的人来说,与人交往的需要都是普遍性的和社会性的需要。反之,个人一旦脱离他人、群体和社会,无论是心理方式还是行为方式都会受到极大的影响,甚至危及人的生存。第三,人都是处在一定交往关系中的人,人在发展自己的物质生产和物质交往的过程中,改变着自己的思维和行为。同时,马克思还认为,主体间的交往活动是一种以实践对象为中介的实践活动,人与人之间的交往活动、交往关系正是在人们改造自然的物质生产实践中产生、发展的,没有物质生产实践,交往就失去了其存在的基础。随着实践的发展,交往的形式和内容也会发生变化。

(2)马克思主义人生哲学对人发展的观照。

马克思十分关注人的发展,从人的现实发展状况出发,分析造成人片面发展的原因,并形成了马克思关于人的全面发展的学说。在马克思看来,人的自由全面发展构成了人生最理想的境界,它是所有人都应追求的终极目标和方向,并成了检验人生目的正确与否的根本标准。这是一种终极式的人生观照。

第一,马克思考察了社会的片面分工、私有制所带来的人的异化,并主要从劳动的异化方面来分析人的异化问题。在《1844 年经济学哲学手稿》中,他从四个方面分析了异化劳动:一是劳动产品的异化,即劳动所生产出来的劳动产品成为奴役和统治劳动者的异己的力量。"工人生产的财富越

---

① 《马克思恩格斯选集》(第四卷),人民出版社 1972 年版,第 532-533 页。

多,他的产品的力量和数量越大,他就越贫穷。"①"劳动所生产的对象,即劳动生产的产品,作为一种异己的存在物,作为不依赖于生产者的力量,同劳动相对立。"②二是劳动活动本身的异化,即劳动活动本身成为统治、压迫劳动者的异己力量。"他在自己的劳动中并不是肯定自己,而是否定自己,不是感到幸福,而是感到不幸,不是自由地发挥自己的体力和智力,而是使自己的肉体受折磨,精神遭摧残。""只要肉体的强制或其他的强制一停止,人们就像逃避瘟疫那样逃避劳动。"③三是人的本质的异化,劳动者被剥夺了自己的生活。"异化劳动把自主、自由的活动贬低为手段,也就把人类生活变成维持人的肉体生存的手段。"④四是人的异化的根源和扬弃异化的途径。在马克思看来,资本主义制度是人的异化的根源,人的本质的异化和异化的扬弃就构成了资本主义制度产生和消亡的过程,异化的扬弃就是共产主义的实现。马克思说:"共产主义是私有财产即人的自我异化的积极的扬弃,因而也是通过人并且为了人而对人的本质的真正占有;因此,它是人向自身、向社会的即合乎人性的人的复归。这种复归是完全的、自觉的和在以往发展的全部财富的范围内生成的。"⑤

第二,关注人的全面发展的内涵。人的全面发展表现为人的劳动能力的全面发展;人的社会关系的全面丰富、人的社会交往的普遍性;人的素质的全面提高和自由个性的形成。马克思关于人的全面发展的精神实质是使人在世界中确立自己的主体地位和价值,达到自我的实现,达到自主的活动和保证自己的生存,并最终求得个人发展和社会发展的和谐一致;并认为,人的全面发展是人的本性的内在矛盾引起的自我发展和自我完善的辩证过程,只有从历史的角度进行考察,才能理解人的全面发展的历史必然性。

第三,关注人的全面发展的实现条件。马克思非常尊重人的主动性、能动性、创造性,非常关切人的发展状态,并提倡创造条件使人摆脱束缚和压抑,获得人类生存发展的合理条件和组织结构,使人的本质力量得以塑造和弘扬,占有和享受自己的全面本质。首先,马克思非常关注人的自由时间。他认为自由时间是"不被生产劳动吸收的,而用于娱乐和休息从而为劳动者

---

① 《1844年经济学哲学手稿》,人民出版社1985年版,第51页。
② 《1844年经济学哲学手稿》,人民出版社1985年版,第52页。
③ 《1844年经济学哲学手稿》,人民出版社1985年版,第54-55页。
④ 《1844年经济学哲学手稿》,人民出版社1985年版,第58页。
⑤ 《1844年经济学哲学手稿》,人民出版社1985年版,第81页。

的自由活动和发展开辟广阔天地"的余暇时间,①是为全体社会成员本身发展所需要的时间,并明确指出,自由时间是人全面发展的基本条件。在自由时间里,人可以充分发挥其所长,挖掘自身潜能,使个性得到张扬,创造性得以最大程度的发挥,人在自由自在、无拘无束中发展自身,实现个性发展和各方面能力的全面发展。其次,人的生命质量的提高是人的发展的更为确切的标准。人有物质生活的需要,更有精神生活的需要;人有生存的需要,更有享受和发展的需要。"动物的生产是片面的,而人的生产是全面的……人也按照美的规律来构造。"②精神生活与物质生活相对应同时又高于物质生活,它主要指向人的发展。人的生命质量的提高包括物质生活的富裕,但更显著地表现为人的精神生活的发展。人的享受和发展的需要都主要体现在精神需要方面,精神需要中有一部分是属于享受的,更多属于人的发展的。越是高级的精神需要,对于提升人的生命质量的意义就越大。再次,马克思认为,实现人的全面发展的制度条件是共产主义社会。共产主义不但可以保障社会每个成员的物质生活条件,而且也为他们在精神领域发展自身的能力提供了自由时间和物质手段。只有共产主义才能最终解决人与自然、人与人之间的矛盾。他说:"代替那存在着阶级和阶级对立的资产阶级旧社会的,将是这样一个联合体,在那里,每个人的自由发展是一切人的自由发展的条件。"③

3. "生存—发展"模式的基石

马克思的超越就在于他从实践出发去审视人生,关注人的生存和发展问题,认为实践是人的存在和活动方式。"生存实践性"是马克思人生哲学的超越之所在,也是我们理解马克思人生哲学的基石。

马克思认为,"生存实践性"是人所特有的生存方式,人是感性地和实践性地确证和展现自身存在过程的特殊存在者,这是人的生命存在区别于动物的最本源性的分界点。"因此,他们是什么样的,这同他们的生产是一致的——既和他们生产什么一致,又和他们怎么生产一致。因而,个人是什么样的,这取决于他们进行生产的物质条件。"④"一个种的全部特性、种的类特性就在于生命活动的性质,而人的类特性恰恰就是自由的有意识的活

---

① 《马克思恩格斯全集》(第四十七卷),人民出版社1972年版,第215页。
② 《马克思恩格斯选集》(第一卷),人民出版社1995年版,第585页。
③ 《马克思恩格斯选集》(第一卷),人民出版社1995年版,第121页。
④ 《马克思恩格斯选集》(第一卷),人民出版社1995年版,第68页。

动。"① 这表明人是一种通过实践活动,面向未来,在历史中不断地生成自身、创造自身、超出自身的特殊存在。

第一,"人们为了能够'创造历史',必须能够生活。但是为了生活,首先就需要吃喝住穿以及其他一些东西。因此第一个历史活动就是生产满足这些需要的资料,即生产物质生活本身……"② 生存是人类面临的前提性问题,生存绝不是一种静观式的认识论态度,而是一种实践态度,人类是在活动中解决自己的生存问题的。马克思认为,人的"感性实践活动"的确切所指乃是人"本源性"的生命存在和活动方式。在此,"本源性"不是指时间的始末,也非逻辑的先后,而是指存在论层面的基础性。③ 正是人的"生存实践性"的存在方式构成了"世界"、"人"以及"人与世界"的奥秘和深层根据,"人"的实践性生存活动构成了"世界"最本源的原理和原因。人的现实生活世界完全是由人的实践活动所构造或组建而成的,生存实践活动通过把人的生命力量对象化,把自然界转化为自己的"无机身体",把自然关系变换为"属人关系",从而使整个世界"活化"起来并拥有了生命的光辉,它是一个超越了主客抽象的对立,把人与对象融为一体,并不断地把人与世界推向更高层次与境界的能动过程。④

第二,在实践基础上,人本身始终处于不断生成的未完成状态,人的生存必然是历史性地创造着和生成着、同时又不可能历史地完成的,因而,发展是人的实践与生存过程中的必然要求与趋势,是内在于人的生命活动的必然本性。生存是一种可能性的筹划,是向未来的展开,它的本质总是体现为动态性质的"有待去是",而不是现成的存在者。一方面,人作为实践的生存者,通过实践展开生存活动来改造外界对象的同时,不断进行改造自身的活动,提高人的主体能力,由人的片面和不自由发展向全面而自由发展转变。另一方面,人通过实践生存活动,能动地作用于外界对象使之按人的目的发生变化,从而适合于人、服务于人,成为人的本质力量的直观和确证。人通过自我创生和自我生成活动,不断地实现"自我超越"、"自我否定"、"自我扬弃",并因此实现着自身的发展,这是人独特的存在方式。

通过上面的论述可以这样认为,个体的生命活动就是个人的生存实践

---

① 《马克思恩格斯选集》(第一卷),人民出版社 1995 年版,第 46 页。
② 《马克思恩格斯选集》(第一卷),人民出版社 1995 年版,第 79 页。
③ 《马克思恩格斯全集》(第四十二卷),人民出版社 1979 年版,第 96 页。
④ 贺来《马克思哲学与"存在论"范式的转换》,《中国社会科学》,2002(5)。

活动,简言之,人生就是实践。这种实践活动包括三种最基本的形式:第一种形式是生存参与活动。它具体有三个层次,首先是人的生命活动参与到物质运动中,与万物共生共荣;没有这种参与活动,人的生命就会枯萎;其次是人为了生存必须参与改造自然界的物质生产活动;没有这种参与活动,人的生存就会受到饥饿的威胁;最后是人为了生存必须参与改造社会的社会交往实践活动;没有这种参与活动,人的生存就会孤独和空虚。第二种形式是生存体验活动。如果说生存参与活动是外向性的话,那么生存体验活动则是内敛性的。第三种形式是生存创造活动。它是在生存体验活动基础之上,形成对生存的反思并在反思的基础上选择自己的生存方式,确定自己的人生方向,创造自己的人生。

4."生存—发展"模式的当代价值

马克思主义人生哲学研究现实的人和人的现实,关注现实人的现实需要、现实矛盾、现实生存境遇,固守人的生存和自由全面发展这一核心内容。马克思对人生的观照仍然具有现代意义,现代人的生存内涵和困境还没有远离马克思对现代性的诊断和对现代人生的观照,马克思提出的人的全面发展学说也是现代人没有超越的发展目标。

马克思认为,在其生活的时代,资本主义制度虽然给人类创造了丰富的物质条件,但并没有给人类带来幸福和解放,相反,却给人类带来了灾难性的后果。他认为,阻碍人的发展的现实境遇是人的"异化",并通过对资本主义社会的揭露、批判,抓住当时社会的核心异化问题,提出了劳动异化理论,并指明人的异化的消除所要达到的目标就是实现每个人自由而全面的发展。当时马克思集中讨论的是劳动异化的问题,指出人的异化主要是劳动异化所造成的,并不是说人的异化没有其他形式。人的异化既不能局限于社会形态也不能局限于异化的重要形式——劳动异化。劳动异化是人的异化的核心构成部分,但同时也存在着其他并行的构成因素,而且这些因素的位置与作用会随着社会的发展而动态地变化。笔者认为,"异化"就是指主体产生的客体总是作为主体的对立面,成为一种外在的异化力量而反对主体本身,或者说是被创造者对创造者的排斥和危害。人类自觉的、有用的活动的结果总是超出人的预料和控制,成为凌驾于人类社会生活之上的敌对力量。在当代,影响人的异化的力量不断涌现,比如,马尔库塞、霍克海默等人对现代社会中的意识形态、技术理性、大众文化以及日常生活进行了深入的分析批判,指出意识形态的虚拟性与欺骗性;技术理性导致人与自然关系的破坏和对人的奴役;大众文化失去否定和超越的性质,蜕变成支持统治、维护现状与欺骗麻醉群众的文化工业。总之,意识形态、技术理性及大众文化在现代社会都成为了影响人的异化的力量,其影响也越来越凸显,我们需要从人的发展方式的层面,对这些问题进行全面深刻地批判,消除其危害人的发展的方面,完成人的解放的历史使命。①

总之,当今社会中,人们面临着诸多人生问题,存在着人生危机。在不同社会和历史阶段,人生问题的重点是不同的,人生问题会随着社会的发展呈现出不同的"问题域"。历史发展到今天,人的生存环境与生存境况有了很大的变化,人生基本矛盾具有了新的特性,人的理想与诉求具有新的目标和要求,人生价值观也呈现出多样性和异质化。在现代社会复杂的人生状况和社会环境中,人生问题斑驳复杂,但大体可以归结为人的生存与发展两大主题。现代社会中,人的生存问题包括生存环境的性质和特点,人的生存呈现出的现代性质,人与存在、真理、技术的关系,人在现代社会的生存方式和要求,人的虚拟存在与现实存在的关系,如何处理自我与他者的关系,在公共生活中如何处理个人权利与社会权利等问题。这是现代人生的基础性命题,是传统社会所不凸显的或是不存在的问题,是由现代社会的基本性质对人生提出的现代性问题。现代人的发展问题主要集中在人的价值的选择、确立与实现,人如何利用更多的自由时间保证自身的多方面发展,如何在传统文化与现代气质的传承和融合中获取现代文化品质等方面。现代人的发展问题是现代人生的核心性问题,是人如何在现代生存境遇中克服困难、解决问题从而向人的本质迈进的过程。②

由此可以看出,马克思主义人生哲学关怀人类的生存状况、关怀人类的精神困境、关怀人类的价值选择,即使在今天也并没有过时,对我们解决人生问题仍然具有重要的理论指导意义。这需要我们更充分地挖掘马克思主义的人生哲学思想,利用其思维方法研究人类社会目前所面临的问题。

(四)马克思主义人生哲学对教育的启示

马克思高度估计和重视教育对人的发展的作用。他认为,要使人获得一定的劳动技能和技巧,成为发达的和专门的劳动力,就要接受一定的教育和训练,并把教育直接和人的全面发展、和工人阶级乃至全人类的解放联系起来;还提出了唯有把教育与生产劳动相结合才能实现人的全面发展的思想。他的教育主张反映了他的人生哲学思想,二者具有内在的一致性,这里

---

① 钟明华、李萍《马克思主义人学视域中的现代人生问题》,人民出版社2006年版,第23页。
② 钟明华、李萍《马克思主义人学视域中的现代人生问题》,人民出版社2006年版,第67页。

不再赘述。以下主要是探讨马克思主义人生哲学对教育的几点启示。

1. 人的"完整性"、"具体性"

马克思对人的整体分析，旨在寻求完整的人，在对人的问题的考察中，他十分注重人的本质的完整性。在《德意志意识形态》中，他既从人和动物的区别上揭示人的类特性，说明人是人类学意义上的人，又从人和人的区别上揭示人的社会特性，说明人是社会的人，还从个人与他人的区别上揭示人的个性，说明人是具体的、有个性的个人。① 他从人的类特性、社会特性和个性的和谐统一中揭示人的完整性，说明人是一个完整的人。同时，马克思认为，人是具体的、可感的对象，而不是抽象的、超验的存在。第一，他不是把人看做僵化的实体，而是具有自主选择的个体，体现了人的自由性、主动性、创造性。第二，他把人看做与生活打交道的实践存在，在一定生活情境中的具体存在，体现了人的存在的多样性和丰富性。第三，他用联系的、发展变化的观点理解人，把人看成是人的活生生的生命活动过程，看成是人的个性生活的不断丰富和完善过程，彰显了人的价值与尊严。第四，他把人本身理解为一种活动，人是在具体的历史的社会实践活动中成为其人的。这就意味着赋予人以动变本性并以动变的方法去看待人，理解人，进而把人的动变本性看成是人的自我超越的直接表现。只有把人本身理解成一种活动，而不是实体，才能真正理解人。而且，人之所以成为人，是基于人的自我实现、自我创造和自我超越的生命本性，因而人是在具体的、历史的社会实践活动中成为其人的。

教育要从整体性上全面地认识人，而不是从某一个侧面、某一个维度去认识人；以动态的眼光把人看做生活实践中不断发展变化的人，而不是用静态的眼光打量人，把人看做按照固定轨道发展中的人，从而把学生看做是一个鲜活的、有血有肉的、生动的生命体，而不是一个规定了的抽象的实体。就像金生鈜教授所说的："教育理解人就必须理解'生活世界'中感性的人，而不是抽象的人，理解变化的、历史的、现实的、具体的人，也就是在教育中具体存在的完整的人。"② 所以，教育面对的人，不是有着特殊生理构造的纯自然生命个体，也不是有着独特内在心理活动的自我封闭的生命个体，更不是抽象意义上的精神或理性生命个体，而是现实存在着的、活动着的、有着

---

① 《马克思恩格斯选集》（第一卷），人民出版社1995年版，第23—86页。
② 金生鈜《理解与教育——走向哲学解释学的教育哲学导论》，教育科学出版社1997年版，第28页。

自我需要和独特个性的生命个体。

2. 人是受动性与能动性的统一

人的受动性是指人在认识和改造客观世界的活动中总是受到客观规律的约束,人是不能为所欲为的,而是受制约的、被动的,所以人的受动是不能消灭的,只能是承认、认识和利用它。人的受动性是意识到的受动性,而且是不断被利用的受动性。人的能动性是指人在认识和改造客观世界的对象性活动中,并不是单纯被动地适应客观世界,更不是听任客观世界固有规律的摆布,而是不断地超越客观世界,指向未来。人的能动性体现在两个方面:一是人在活动中具有积极、主动和活跃的自觉诉求,能够自觉地调动起潜藏于自身的生理、心理能量,最大限度地发挥自身的智慧和能力。二是人的活动具有目的性、计划性和选择性。当人意识到自己的受动,并认识、利用受动性时就表现出了其能动性;当人能动地选择目标、制订计划、发挥潜能时,计划、手段这些东西又源于现实。因而,能动性之中有受动性,受动性之中有能动性,人就是二者在实践活动基础上的辩证统一。正如马克思所说:"人作为对象性的、感性的存在物,是一个受动的存在物;因为他感到自己是受动的,所以是一个有激情的存在物。激情、热情是人强烈追求自己对象的本质力量。"①

教育的弊端就在于把人视为一种可控之物,用科学的方法来计算,用统一的模具加以塑造,通过标准化的教育,把人塑造为标准样式,而将学生的能动性、自我需要、自我选择等置之一旁,其自主性、能动性得不到发挥。学生的发展并不是趋向某一固定的、预设的目标而发展的过程,并不是一个完全依据外在力量便被塑造定型的东西,而是以其内在的能动性为驱动力、有着多种发展可能的生命体。教育的意义不在于显现学生可预设性的存在,而在于显现其不可预测的创造性。

3. 人是实然与应然的统一

人是现实的、可感的,而不是虚幻的、超验的。人一生下来就面临着一个无可选择的前提,生活在既定的世界里,这规定并塑造着人的具体历史。人总是活在当下所给予的世界里,这就是人的实然存在。同时,人能够按照自己的需求,通过各种实践活动去超越各种既定的关系,打破预成的生存方式,去实现所应是的目的。人是自我历史的创造者,是自己自由、自觉活动的产物,并向世界和历史无限敞开,蕴藏着丰富的发展潜能和无数发展的可

---

① 《马克思恩格斯全集》(第四十二卷),人民出版社1979年版,第169页。

能性,由此可以说人也是一种应然性存在。人正是在"是其所是"与"是其所不是"的矛盾统一中生存的。正如高清海教授所说:"'人'是否定之否定的存在,是多重性、多义性和多面性的存在系统,绝非单一、单义、单纯的存在,人存在于自我、小我、大我之中,具有生命性、非生命性、超生命性多重本质。表现为个体、群体、类多种形态,分属自然、社会、精神文化多重本性等。"①

因而,教育既要使学生学会适应,同时又要引导学生超越。教育既要使学生认清世界的本来面目,清楚地了解现实世界,熟悉自己生活中的各种生活方式和价值观念,学会认同自己的身份和在各种不同场合中所处的角色,能够适应当下的环境;又要引导学生在适应的基础上去创造、去发展,不断超越现实的既定性,追求发展和完善。

4. 人是个性与社会性的统一

在马克思的全面发展理论中,个人的全面发展是指个人能力的统一发展、个人社会关系的全面生成和个性的自由发展。这种全面发展是以两种基本形式呈现的:一是个人的社会化,二是个人的个性化。个人的社会化所揭示的是个人与社会的关系,是个人以社会为前提和条件成为现实中的个人,并进而成为社会发展主体的过程。个人的个性化所揭示的是个人与个人的关系,是个人区别于他人、形成个人独特性、并进而成为自我发展主体的过程。个人的社会化是个性化的前提和基础,个人的个性化则是社会化最终要达到的结果。人虽首先作为一个自然的生物体而存在,但其本质却是"社会关系的总和",这就决定了人的成长、发展过程实际上就是一个社会化的过程。社会化,意味着个体的人必须具有适应社会生存和发展的各种能力及素质,并能以主体的姿态在社会的生产和交往中展示自身的力量、体现自我的价值。然而,人的社会化虽指用社会来构成人的过程,却并不意味着以社会取代人的过程。也就是说,虽然社会构成了自我,但自我依然是一个独立的范畴,有其自身的规定性。人的社会化最终不是让个体的人成为社会的附庸,而是要其成为社会的主人,成为具有独立个性的人。因为只有独具个性的人,才具有更强的自我意识和自主能力,才能够更好地理解自己与他人、社会的关系,并进而成为自我和社会发展的主体,所以,人的发展同时还是一个个性化的过程。或者也可以说,人的社会化与个性化是同一过程的两个方面,即社会化总是具体个人的社会化,因而是具有个体独特性的社会化;而个性化总是在人的社会化过程中完成的,因而必然是具有社会属

---

① 高清海《人的未来与哲学的未来》,《哲学动态》,1996(7)。

性的个性化。如是,人的全面发展也就体现为个人的社会化与个性化的统一或一致。

5. 人的需要是生存、享受、发展需要的统一

马克思认为,人的需要从内容上看包括自然需要、社会需要和精神需要;从层次上看,人的需要可划分为生存需要、享受需要和发展需要。生存需要是最基础的;享受需要是人在满足生存需要的基础上形成的一种旨在提高生活质量、优化生存条件的需要;发展需要则是为了提高自我、完善自我、增强自由个性而产生的需要。生活实践中的个体,不仅需要满足自然生命体的物质需要,而且要满足追求生活意义、超越现实、完善自我的精神需要。物质生活的需要与精神生活的需要存在于每个人的人生过程中,而且交织在一起,缺少其一,人生就是不圆满的。

这样看来,教育既要发挥其工具性功能,教学生掌握求生的本领,满足学生的生存需要;又要实现其价值导向的功能,使学生领悟生存的意义,满足其享受、发展的需要。在今天的教育中,人更多地被当成一种工具和手段。从舒尔茨的"人力资本理论"到当代联合国教育科文组织所倡导的"教育先行"思想,以至到我们今天所提倡的"科教兴国",教育更多地体现着一种功利的、外在的追求,直接的目的就是为人的生活带来更多、更丰富的物质生活资料。我们不是纯粹反对教育的工具性,而是反对教育纯粹成了社会的工具,却遗忘了对学生发展需求的关照。即使我们所说的人的发展,也多是从政治、经济需求的角度而很少从人的生命发展、人的意义唤醒的角度来思考。即使说教育是为了人,我们所说的人也多是政治人、经济人、工具人,而很少想到是一个具体的、鲜活的个人。因此,我们必须跳出以往的教育的工具价值视角,重新回到人的本体价值立场上重新理解教育。人不是为了活动而活动,不是为了发展而发展,他们的活动和发展都是为了一个更根本的目的——为了自我的超越和自我内心的安顿。教育要在物质生活与精神生活之间不断保持和谐与平衡,促进学生的全面发展。

6. 人的自我价值是个人价值和社会价值的统一

人既是价值主体又是价值客体;既是价值创造者,又是价值消费者。把人当做价值主体和消费者,人在价值关系中是目的;把人当做价值客体和生产者,人在价值关系中又是手段和工具。因此,人的价值存在着价值主体与价值客体的区别,也存在着价值生产者和价值消费者的区别,这些区别可以归结为目的和手段的差别。在人的群体性和个体性的层面上,这种差别非常明显,价值主体和消费者既可以是个人,又可以是社会或他人;同样,价值

客体和生产者也既可以是个人,又可以是社会或他人。由此,人的自我价值也表现出两种形态。第一种是当个人作为价值主体时,社会或他人就成了价值客体。在这种价值关系中,人的自我价值就表现为个人价值。个人价值就是社会对个人社会需要和社会地位的满足。个人是目的,社会、他人是手段,人的自我价值的实现就表现为社会或他人对个人需要的满足。此时,个人只是价值消费者或占有者,自我价值仅仅是从个人的个体性方面实现的,因此,这是小我的价值。第二种情况是当社会、他人作为价值主体时,个人则成了价值客体。在这种关系中,人的自我价值就表现为社会价值。社会价值就是个人对社会或他人的贡献。社会、他人变成目的,个人成为手段,人的自我价值的实现就表现为个人为社会或他人创造价值,个人只有尽到自己的社会责任,才不愧为一个社会性的人;社会价值实现的是大我的价值。由此可见,人的自我价值应当是大我的价值和小我的价值的统一,个人价值和社会价值的统一。

教育一方面要注意培养学生的社会责任感、道德信念和集体主义价值观,使学生懂得奉献,回馈他人和社会;另一方面又要维护学生的权利,唤醒学生个人的权利意识,使其享受社会法律范围内的个人权益。

7. 人生是一个不断发展、完善的过程

人的发展是由生命个体的自然人发展为被文明世界所规范的文明人,最后由文明人发展到自由人的过程。自然人是率性而行、无拘无束的野蛮人,文明人是被文化世界的各种规范所约束的面具人,自由人是随心所欲又不逾矩的真实人。由自然人成为自由人是一个漫长而艰难的历史过程,也是一个充满着矛盾斗争和人性冲突的历史过程,其中若没有文化世界对个体生命冲动的压抑和克制,自然人就永远不可能生成为一个自由人。[①] 马克思把人类的物质生产劳动和群体的社会交往实践作为个体产生的社会基础。在此基础上,通过个体的生存实践活动生成个体的人。这种生成过程不是一次或一下子完成的,而是一个持续发展的历史过程。同时,人生是一个时间性的存在,人生的过程总是朝向未来的,人总是走向将来。因而,人生并不是一个恒定的、匀速的,人生没有固定的状态,没有确定的时间长短,人生总是一种趋向未来的可能性。

教育要以发展的眼光看待学生,把学生的发展看做是一个持续一生的、连续不断的发展过程,而不能将学生的发展孤立静止,为了眼前的发展而牺

---

① 武天林《实践生成论人学》,中国社会科学出版社 2005 年版,第 253 页。

牲或偏废长远的发展。教育应为社会的发展和学生的终身发展服务,为学生一生的发展奠基。在教育过程中我们应正确对待学生的错误,通过错误教育其成长,宽容学生的不足,知不足而使其不断改进;发扬他们的积极因素,克服他们的消极因素,使学生扬长避短不断完善。教育还要开发学生自身蕴藏着的巨大潜能,使多种潜在的发展可能性逐渐变成现实。教育的本意应在于使人之为人,教育应是一种以人为本的、体现生命关怀的事业。而且,这种状态是维持终身的,"我们可以说,人永远不会变成一个成人,他的生存是一个永无止境的完善过程和学习过程。"①

四、合理的选择

总体看来,马克思主义人生哲学代表了当代人生哲学的正确方向,其从社会、人类的角度,对人的自由解放和全面发展等问题做出了科学的回答。与其他人生哲学相比,它超越了资产阶级思想范畴,在超越的意义上代表了人类的未来,是克服、扬弃现代社会各种问题的正确思想和根本出路。但马克思人生哲学要完成这种超越,就必须与西方人生哲学、中国文化对话,只有这样才能获得新的发展境界。要建立一个高科技与高价值相统一的社会,全向度的人与全向度的社会相统一的新世界,只有发展的马克思主义才能承担与完成这个任务。毫无疑问,我们这里所说的发展的马克思主义是指真正的、本来面目的马克思主义人生哲学,而不是凭空设想的、主观臆断的,也不是教条式的、意识形态化的、机械的;而是开放的、兼容并包的,并不排斥人类的其他认识成果。

马克思哲学虽然对人的自由解放和全面发展等问题做出了科学的回答,但从世界历史各阶段的历史任务看,即从人类目前的生存现状看,人们所需要的似乎还是现代人本主义人生哲学对人生的看法。因为在今后很长一段时间内,人类无法实现马克思主义所提出的奋斗目标,实现人的自由全面发展和自由个性。在今天乃至今后很长一段时期,人类将面临世界历史带来的生存困惑,特别是全球化带来的资本世界化程度的提高,这可能会使每个人必然陷入全面异化状态。因而,现代西方人生哲学虽然不能超越资产阶级思想范畴,不能真正克服人的全面异化问题,而且使人的异化问题变得更普遍更深刻,但它们提出的问题恰好反映和适应了当代人们的生存现

---

① 联合国教科文组织国际教育发展委员会《学会生存——教育世界的今天与明天》,教育科学出版社 2003 年版,第 196 页。

状和需求,具有现实的说服力和思想影响力。①

有学者认为,由于马克思所处的时代还是人类对有意识、有目的的充满确定性的存在,对理性的道德的生活充满信仰的时代,还是个体的存在淹没于庞大的类存在的时代,这决定了马克思主义哲学的立足点只能是人类社会或社会化了的人类,他所强调的实践也只能是以类为主体的、有意识、有目的的实践。而那些与个体存在相关的人的非理性因素、无意识、潜意识活动便排除在马克思的视野之外,而这些恰恰是构成人的完整生命、生活所不可缺少的一部分。正是这一点,为西方马克思主义的理论提供了发展空间。西方马克思主义在很大程度上就是抓住了这个局限性才提出了自己的人学问题,将自己标榜成"马克思主义者"。武天林指出:"马克思的人学思想侧重于讨论人的社会性,并从社会、历史和实践角度分析人的本质生成和人性问题,对人的类本质和群体的阶级性等问题给予了充分的关注和研究,对个人问题虽然也有很深刻的见解,但却缺少系统的论述和内向的挖掘,以至于被萨特认为是存在着人学空场。"②学者的一个普遍看法是,马克思实践生成论注重的是个人生成问题上的社会历史根源性,但它对个人生成问题上的自然生物性以及心理因素的作用注意得不够,没有把人向下降低还原和向内开拓。其实,这些问题在马克思主义学说中已经包含,现在需要的是挖掘和补充,更需要结合当代人类的生存现实来发展。

尽管马克思主义人生哲学和西方人生哲学存在着很大的差异,但它们作为现代人学思想,在批判古代和近代的人学思想方面有着很多共同性,而且在一定意义上有互补性。有些学者把马克思主义人学称为"宏观人学",而把存在主义人学称为"微观人学",这在某种意义上是有一定道理的。马克思主义的研究从社会实践和社会历史的宏观角度将人向上提升、向外扩展;西方哲学的研究则是从心理学、生物学等微观角度对人向下降低、向内挖掘。这两个层次的认识只有辩证地统一起来,才能构成合理的现代人学。因而,现代西方的人生哲学对个体人的生存问题的研究成果,如存在主义的自由选择论、精神分析学派和人本主义心理学的自我实现论、社会生物论的自然天性论等思想,无疑对丰富、完善和发展马克思主义的人生哲学思想有着重要作用。

同样,以马克思主义人生哲学为指导,也不能割断与中国传统文化的联

---

① 武天林《实践生成论人学》,中国社会科学出版社 2005 年版,第 71 页。
② 武天林《实践生成论人学》,中国社会科学出版社 2005 年版,第 16 页。

系。人的发展、社会的发展离不开现实社会条件,同时又深受文化传统的影响。人的发展的许多方面,都深深地刻上了文化传统的印迹。"人们自己创造自己的历史……而是在直接碰到的、既定的、从过去继承下来的条件下创造。一切已死的先辈们的传统,像梦魇一样纠缠着活人的头脑。"[①]以礼乐合天地之化,本就是中国人一贯的追求,因此,我们应当在对传统文化的糟粕进行坚决剔除的基础上,吸收和发扬优秀的文化传统,在传统文化与现代气质的传承和融合中获取现代文化品质,加强社会文化的良性整合,为人的全面发展提供良好的社会文化环境。

总之,我们在考虑人、人生的问题时,应当把视野放开阔一些,注意马克思人生哲学思想和其他现代人生哲学思想的互补作用,吸纳现代西方人本主义思潮对人生问题的反思和批判成果。当代人最大的生存困惑,既有生存意义缺失造成的信念危机问题,也有生存状态紧张造成的心理疾患问题,只有通过对话和思想的撞击,才能催生出马克思主义人生哲学的新境界,才有可能为解决当代人生问题提出比较有益的思路;同时,只有把马克思主义人生哲学的基本思想与中国现代社会的新发展结合起来,才能为现代人生提供可靠、真实、科学的指导,才能建构出科学的、有针对性的现代人生哲学,也只有这样,才能为我们的教育奠定牢固的人生哲学根基。

[①] 《马克思恩格斯选集》(第一卷),人民出版社 1995 年版,第 585 页。

第四章　教育的困境：人生危机

　　将人生哲学引入教育的视野，期望教育拥有真正的人生关怀。因为现实教育不尽如人意，学生的人生危机使教育陷于困境之中。公平公正地讲，人生危机的产生并非单是教育所为，社会、教育、人生危机之间存在着恶性循环。然而，教育作为育人的事业，背负有不可推卸的艰巨使命，承担着自身特有的神圣职责。本章在归纳学生人生危机现象的基础上，主要剖析造成学生人生危机的教育因素。现实教育由于看待人及人生方式的缺陷、教育价值取向的唯功利化、教育过程的规训化、体制化等缘由，使教育结果出现了极端化，学生中存在生命意识淡薄、功利人格、人生意义缺失等现象。教育培养出了单向度的人，单向度的人之人生必然残缺不全。

一、教育中学生人生危机的凸显

　　心理学大辞典对危机（crisis）有两种解释：一是指人因受到某些强烈刺激而处于身体或精神崩溃边缘的状态，分生理危机和心理危机。前者指因生理性刺激而处于躯体疾病边缘；后者指因心理刺激而处于高度心理紧张状态。二是指"发展危机"。这是埃里克森提出的人格理论术语，指个体发展面临的转折点，是每一个心理发展阶段出现的特征性问题，具有心理社会性。此时，个体要在前进和倒退之间做出决定。若予以积极解决，则会增强自我，增加成功解决其他阶段危机的机会；若予以消极解决，则会削弱自我，减少在以后阶段成功适应的机会。[①] 这里所说的人生危机，包括阶段性发展危机，更是指学生在人生发展的道路上由于受多种因素的影响而在对自身与自然生命、与社会、与自我等各种关系的处理过程中所面临的一些困惑与问题。埃里克森认为，人对成功地解决发展危机、建立坚定的自我同一性具有先天倾向性，但危机的实际解决在相当程度上依赖个体心理社会经历的质量、个体对其经历的积极分析与综合以及对已有技能的积极利用。因而，我们需要关注学生的人生危机，并通过教育增强学生对危机的处理能力，使其通过接受教育不仅获得知识、技能的发展，社会适应性的不断增强，

---

①　林崇德、杨治良、黄希庭《心理学大辞典》（下），上海教育出版社2003年版，第1291页。

更获得个体自我认识的不断扩展,自我心灵世界的不断丰富,个体人生价值的不断升华。

(一)生命意识淡薄

学生自杀事件频频发生,当然,这是由多种原因、多种因素造成的。但从主体因素来讲,自杀者本人的生命意识淡薄、对人生缺乏深刻的认知则无疑是最根本的原因。

自杀是指个体蓄意或自愿结束自己生命的行为。从心理学角度看,正常人的自杀可以理解为个体在心理上陷入了无法摆脱的困境时所采取的一种自我防御机制。除正常人外,精神分裂症、抑郁症等精神疾病患者在病理激情、幻觉和妄想状态下都可能采取自杀行为。[1] 根据弗洛伊德的心理动力学理论,自杀是一个人经历强大的心理刺激时激发的内部冲突而导致的行为。这种刺激不仅可以使一个人倒退到更为原始的自我状态,也可使这个人将对别人的攻击、与社会的对抗内向投射于自己,形成自残或自伤。也就是说,自杀中的绝大多数人不是精神病患者而是面临强大的心理刺激、形成内部心理冲突的正常人。学生自杀,尤其是中学生,常常表现为两种类型:一是心理解脱型。这种自杀者往往是在遭受挫折和打击时,缺乏应付技巧,心理承受力差,陷入悲观、悔恨、恐惧、孤独等状态,无望、无助感强烈,认为唯有一死才能导致问题的最终解决,在非理性认知支配下,把自杀作为逃避现实,寻求解脱的手段。目前在学生中这种自杀类型比较多,超过半数以上。二是寻求关注型。有些学生遇到挫折和打击,一时激愤,企图以死来体现自己的价值和勇气,或者引起人们的注意和同情。

近年来,青少年自杀人数在逐渐增加,且有明显的低龄化趋势,有关青少年自杀的事件不断见诸报端。据北京大学儿童青少年卫生研究所2007年1月6日公布的《中学生自杀现象调查分析报告》显示:5个中学生中就有一个人曾经考虑过自杀,占样本总数的20.4%,而为自杀做过计划的占6.5%。该调查涉及中国13个省约1.5万名学生,和2002年所做的另外一项调查结果相比,中学生的自杀意念、自杀计划、自杀未遂等情况都比原来的结果增长了几个百分点。[2] 少年突然遭到意外事件的打击、人格和尊严遭到侮辱时易感到个人生活毫无价值和意义,可能导致自我伤害行为甚至自杀。"在人与人发生冲突或个人遇到严重挫折时,自我价值将受到严重威

---

[1] 叶俊杰《大学生自杀心理及其干预和预防》,《上饶师范学院学报》,2002(4)。
[2] http://bjyouth.ynet.com/view.jsp?oid=6012310&pageno=1.

胁,从而使人产生愤怒、焦虑、痛苦、孤独、无能为力、绝望的感觉。……他们便会产生一种渴望想象,渴望进入一种无痛苦、解脱了一切烦恼的'和谐'状态,而这种渴望和想象最终将导致自杀。"①2009年11月23日,搜狐教育中青在线—中国青年报报道,一名高中生(李某某)在遗书的第一页写道:"我曾向往的高中生活想不到要以这种方式结束。我带着憧憬来到这所梦寐以求的高中,迎接我的却是残酷的现实。"他诉说了自己在学校受到的不公正待遇,感到人生很荒谬,"我以自己的方式,寻求自己的解脱",于是选择了服毒自尽。② 关于此类自杀事件,可以在网上搜索到很多,如《不堪承受巨大学习压力花季少女相约跳水自杀》、《初二女生因公布成绩排名压力大在家服毒自杀》、《高三男生不堪心理压力回家次日服毒自杀》,等等。当今,学生自杀已是一个再也无法回避与忽视的教育问题,不仅是中学生,大学生的自杀率也在上升。据《新快报》报道,2009年4月22日,广东省召开高校心理健康教育工作会议,"会上透露广东今年共有26名大学生自杀身亡,另有5人自杀未遂,广东将筹建大学生生命力训练营并组建大学生心理专家库。广东省教育厅有关负责人在会上表示,从2003年至2008年年底,省高校发生学生自杀事件101例,研究生自杀率呈上升趋势。"③笔者获悉,在其他很多省市也存在类似的情况。

　　弗洛伊德认为,人有两种本能,一种是生的本能,一种是死的本能,它们分别形成人格系统中的建设性倾向和破坏性倾向。健康的人格取决于这两种人格倾向的平衡与中和。但是,当死亡的本能与破坏性的倾向过于强烈,生命的本能和建设性倾向无法起到平衡与中和作用时,人格就会出现病态,出现死亡或自我毁灭的可能。死亡的本能指向他者就成为杀人,指向自我就成为自杀。据此,笔者认为,自杀只是问题的一个侧面,在沉重的学业负担压力和书本知识至上的影响下,在对学生个性的严重压抑下,教育可能激发学生反常的心态,把学生吃苦受压的那种受虐特点激发异变为一种施虐行为,这就使得发泄对象变成他人。所以就出现了一些学生暴力与变相暴力增多,学生变得冷漠、自暴自弃,学生违规现象日益严重。

　　我国现行的学校教育中存在着一切以升学率、考试成绩为中心的现象,学生的学习压力过大,容易产生挫折感、失败感;应试教育压力下,教师教育

---

① 〔瑞士〕卡斯特《怒气与攻击》,章国锋译,生活·读书·新知三联书店2003年版,第94页。
② http://learning.sohu.com/20091123/n268384484.shtml.
③ http://www.jyb.cn/high/gdjyxw/200904/t20090424_266879.html.

方式又过于单一化,师生缺乏沟通和交流,一些老师很少去了解学生的心理状况,甚至为了分数常常忽视学生的人格、尊严。这都会给孩子带来无形的精神压力,当他们长时间无法排解压力或受其他诱因影响一时冲动,往往就会自寻短见。自然的生命是人存在、发展的前提,试问,没有了生命,还谈什么人生?

(二)人格功利化

就业系统愈来愈倾向于把正规教育程度作为挑选人员的首要标准。这意味着,为了保持在找工作的"长龙"中占一个好位子,一个人必须在教育阶梯上尽可能地往高爬;为了在那里保持一个好职位,就千方百计地争分数。这种倾向势必加剧教育中的竞争,使升学压力对小学生也产生了很大影响,这深刻地影响了教育过程,使学生倾向于为外部报偿而学习,产生浅薄的形式主义而损害了对真正教育价值的追求。很多调查研究表明,现代学生的功利性明显增强,这一点从日常生活现象中也得到证实。学生的功利性在学习动机、学习目的、人际交往等方面都有所表现。

首先,学生学习动机的功利化。学生的学习动机一般分为两种,即外部动机和内部动机。学习的外部动机,也是功利性的动机,是指学生学习的动力来自学习以外的因素,对学习的强化不包含在学习过程之中,而是出自诸如父母的要求、教师的约束、升学的压力、同伴的竞争压力、求职的需要等。学习的内部动机是指,学习的动力来自学习自身的因素,如出自对知识本身的兴趣、认知过程中的积极情感因素、获得知识的内在需要等,这是一种不指望"回报"、以求知本身为目的的学习动机。在这种动机状态下,对学习的强化直接来自学习过程本身,从而使学习具有了一种持久的动力。事实上,在学习过程中,这两种学习动机常常兼而有之,无法分割,都是学习活动所需要的,学生的内部学习动机和功利性学习动机结合在一起,相互促进,更有利于促进学习,提高学习效率。但调查结果显示,随着学生受教育年龄的增加,学生的内部动机有一种逐步减弱的倾向,他们对学习的兴趣越来越低,厌学的情绪日渐增强,而功利性的外部动机则成为主要的学习动机。小学生对学习本身还是热爱的,厌学的问题还不突出。从小学三年级到六年级,学生的内部学习动机强于外部动机,小学五六年级内部动机与外部动机的差异达到了显著性水平。从初中的情况来看,初一到初三,仍然是内部动机强于外部动机,但这种差异的显著程度已不如小学。从高一到高三的情况看,学生的内部动机进一步减弱,外部动机明显增强,外部动机强于内部动机的程度达到了显著性水平。从调查中可看出,学习兴趣变化的总趋势是很清楚的,那就是随着学生年级的上升,学生在学习过程中积极的情感体验越来越少,学生的学习兴趣越来越低落,厌倦学习的现象变得日益突出。①

第二,学习目的的功利化。福建省关心下一代工作委员会在全省各县(市)区 104 个调查点对 13697 名中小学未成年人进行问卷调查,统计分析之后得出《福建省中小学未成年人思想道德现状调研报告》。报告显示:未成年学生把"未来有个好职业、高收入、过舒适生活"作为学习目的的占 32.05%,把"为改变自己和家庭困难处境"作为学习目的的占 13.72%。②

第三,物役性日趋明显。在上述福建省的调查中,学生在对于"金钱"一项的看法上,虽然多数未成年人认为"拥有金钱的多少不一定能说明一个人成功的程度",但认同"有钱就能办到一切"的竟然占 54.4%。笔者曾在网上看到一篇文章,讲到美国体育使者男子明星篮球队到湖南湘西某市一中学访问,在车辆离开校园时,一美国球员打开窗户,向围观的中学生撒人民币。之后,许多孩子涌到美国人的大巴车前伸手要钱,造成现场失控。③

学生的人际交往上也带有功利性色彩。生生、师生之间的交往缺乏情感基础,不是心与心的交流,而是夹杂着明显的外在目的。在学生之间,往往学习成绩差、经常被老师批评的学生不受伙伴欢迎,朋友较少。家长反复强调孩子对朋友的"选择",是否有利于学习成绩的提高成为建立和巩固友情的条件和方式。更为严重的是,师生之间交往的功利性正有发展为物质性的趋势。④ 教师就像兜售知识的小商贩,"有偿家教"、"集资赞助"等现象已越来越普遍。教师对学生的关注简化为对分数、升学率的关注,异化为对奖励、晋升机会等关乎自己切实利益的关注。这不仅严重损害了教育者的形象,也给师生关系带来了不良的影响。这种现象在中学阶段较多。一些学校为了提高升学率,不惜以失去学生的道德、情感教育为代价。从学生方面来讲,往日师生关系的"良师益友"已被做了新的注解。在高年级,甚至大学,很多学生显得相当"成熟"、"世故",跟同学相处是为了以后办事情方便;跟老师拉关系、套近乎,是为了谋学生干部职务,为了考试及格;甚至在爱情观上,不少同学表现出物质的、世俗的态度,已经不再以爱情标准来择偶,倒

---

① 游永恒《论学生学习动机的功利化倾向》,《四川师范大学学报》(社会科学版),2003(2)。
② http://news.QQ.com,《福建省调研报告学生道德功利性日趋明显》,《中国青年报》,2005 年 01 月 14 日。
③ http://www.wyzxsx.com,狼孩与见钱眼开的学生,2009 年 5 月 24 日。
④ 安宝珍《初中生社会责任感的调查研究》,《教学与管理》,2007(4)。

像是失物招领、寻人启事,人成了物质载体,婚姻成了资产重组,认为没有感情的婚姻,可用金钱来弥补。

可以毫不夸张地说,当今不少学生把追求自身利益当做唯一重要的事情。他们接受教育就是为了个人的谋生和为未来做准备,以获得更多更好的实际利益。在他们的生命中体验的就是追求新奇刺激和庸庸碌碌的享受,他们的存在以物质和感官欲望的满足为中心。学生考虑的是他将来如何适应经济和社会的需求,学习知识的主要目的是将其运用到社会交换中,把金钱、权力、好工作等作为其追求的目标,不再关注自身的生活理念问题。当前,大学生逃课、忙碌于不断的考级,拿各种证书,就是一个明显的例子。成人教育的表面化、形式化,只求一纸文凭,也是一个表征。受教育者的学习只是为了增加就业的砝码,修习的课程是能为他们的将来带来幸福的课程,而把德性的追求和反思、批判性精神的培养抛之脑后。

(三) 社会责任感缺失

社会责任是指一个人对自己、他人、集体、社会、国家所承担的职责、任务和使命。社会责任感则是人们对这种责任的一种强烈的自觉意识和崇高的情感、意志,或者说是一个社会成员对自己、他人、集体、社会、国家所承担的职责、任务及使命的态度。社会责任感作为一种道德情感,是一切美德的基础和出发点,是人类理性与良知的集中表现,是社会得以存在的基石。社会中的个体应当选择对他人、集体、社会、国家有利的,舍弃对他人、集体、社会、国家有害的行为,并始终为有利于社会的事情而不懈努力。年轻一代是否具有强烈的社会责任感,直接影响着祖国的前途和未来,因为它是为祖国和人民献身的一种强大的内动力。社会责任感的培养作为教育的一项基本目标统一于培育完整的人的整体使命之中。

但目前很多学生表现出自私、冷漠:不愿意敞开自己的内心世界,不理解、接纳、同情他者,不愿意把个人渗入与其相关事物的真实关联之中,并在行动上作出积极反应;缺乏对家庭、班级、学校、社区等的责任;缺乏对个体不发生直接交往的社会他者的责任意识,如关心"希望工程"、救灾、国内外大事等;缺乏对个体生存其中的环境的责任意识;缺乏对社会、民族、国家乃至整个人类的责任意识;甚至更为严重的是,连基本的社会责任感都缺失。一项对初中生社会责任感的调查显示,初中生社会责任感的整体水平为中等,如果以百分制来计,大致在及格线水平。而且从年级发展趋势来看,随着年级的升高,初中生的社会责任感反而呈现出下降的趋势。另有调查从对社会责任的理解、社会公德意识、助人为乐、关心他人、见义勇为、奉献、集体意识七个方面考察青年的社会责任感状况,得出结论:青年都有一定的社会责任意识,但不是非常强烈,而且持比较现实的态度,对个人的利益、安危考虑较多。总的来说,他们的社会意识停留在不"损人"而尽量"利己"'的"不作为"层面,处于一种消极的状态,而没有达到主动助人、以社会为己任的"作为"层面。[①] 社会学家认为,人与人之间是在社会分工的体系中建立的一种互相需要、互相依赖的关系,对个人利益的关注,应该扩展为一种对社会的普遍的责任。社会责任感的形成和发展是学生逐步成熟的开始,因此,如何使他们的社会责任感不断增强,使他们关心社会的发展,并把它与自身发展紧密地联系在一起,成为一种坚定的信念和高尚的情感,是我们的教育义不容辞的责任。

(四)人生意义迷茫

动物只有本能,也只能依靠"生命本能"去维持"本能生命"。对动物来说,只有两件大事,保持个体生命,延续种代生命,此外无它,这就是它们生存的意义。而我们人呢?人具有超越性,人是超生命的存在,我们应该超越有限生命,寻找生存根基,找到人生的价值和意义;而不是靠生命本能的引导而活着,不是机械、麻木、受别人摆布地活着。而目前我国的一些学生对自己的人生很迷茫,下面的事实确实令人担忧。

第一,人生态度不积极。对一些中学生来讲,仿佛他们的人生中只有考试、成绩等字眼,尤其是高中生,面对高强度的学习节奏以及日益临近的高考,部分学生表现出学习压力过大造成的消极心理,人生态度比较消极。在调查中,对"你的人生态度"一题的回答中,表示"很乐观"和"很辛苦,但会努力奋斗"的学生共占43.7%,而选择"很悲观"和"听天由命"的分别占18.9%和37.4%,高达35.6%的学生表示"不开心"和"非常不开心";对"现在最需要的帮助是什么"一题,65.8%的学生选择"提高学习成绩"。学习几乎成了他们人生的全部,而其他的心理需要得不到满足。花季的少年,生活却没有生机与激情,没有希望与色彩。[②]

第二,对人生和前途表现出迷茫与困惑。很多人都听过这个故事,放牛娃在放牛—盖房子—娶媳妇生娃—放牛的轮回中度过一生。可能你会对此表示同情,紧接着觉得无奈,但很快又会认为这也稀松平常。因为你会想到的是我们的国家还不发达,人们还没有达到共同富裕,社会发展不平衡,地

---

① 李洁芳《青年社会责任感调查报告》,《青年探索》,2003(2)。
② http://www.hbhslz.net/news.asp?id=147,2009年黄石六中学生道德素质调查结论。

区间的发展存在着差异,边远山区人们这样的生活状态很普遍……然后忘却此事。然而,当你再看到下面的报道,恐怕就不会那么轻松与无所谓了。据报刊报道,这个对话在播出之后,引发了一个中学三年级学生对人生的思考,竟然触发了这位 14 岁少年的死亡。他从放牛娃的生活想到自己,他们的处境尽管不同,他有书读,是校级三好学生,但生活的残酷、未来的渺茫、生命的无价值,对他和对放牛娃则是同样的。所以,他服毒自杀了。他在遗书中这样写道:"我想到了自己——我为什么读书?考大学。考上大学又为什么?找一份好工作。有了好工作又怎样?找一个好老婆。然后呢?生孩子,让他读书,考大学,找工作,娶媳妇……生命轮回,周而复始。"①这位中学生善于动脑,思考了人生的问题。他已经觉悟到那种动物式的生命循环对人的荒诞性。他的思想本来是领先于其他伙伴的,只有思想深处产生矛盾,才能促进人的真正成长,但这位中学生解决困惑的方式却是以结束生命来摆脱对现实的觉醒。正是花季却已凋零,这是莫大的悲哀。这件事情值得我们去反思,尤其作为教育工作者,更应该去反思我们的教育缺少了什么?假如对人生始终缺乏自觉,人也会平静地生活下去;一旦对生活有了自觉,而又失去了生活的方向,人生陷入迷惘和困惑,那反而会带来很大的麻烦,因为人是很难头脑清醒地去忍受无意义的生活。那么,这个时候需要教育的介入,需要我们的教育做些什么。

第三,缺乏信仰。信仰引领着人去超越现有的存在,追求并趋附于它。信仰不仅充实和安顿人的存在,给人以存在的勇气,更使人提升着自身存在的境界,使人真正高尚起来。《新约·希伯来书》有言:"信就是所望之事的实底,是未见之事的确据。古人在这信上得了美好的证据。"②关于"信仰"问题,调查显示,有 54.4% 的人认为"不能没有信仰",但也有 13.36% 的未成年人认为"信仰是虚无渺茫的,不会带来实惠",31.97% 的人认为"信仰与个人生活好坏无关,没有必要信仰什么",两项相加达 45.33%。③ 据北京市中学生体质调研组对数十所中学的学生所作的心理卫生调查来看,当前中学生在生活上"常感到孤独的"占 11.3%,"有时感到孤独的"为 65.7%;"想远离亲友而独自生活的"占 37%;"对自己的未来很缺乏信心的"为 13%,

---

① 《中国青年》1997 年 9 期。
② 何光沪《信仰二十讲》,中国青年出版社 2008 年版,编者序。
③ 《福建省调研报告学生道德功利性日趋明显》中国青年报 2005 年 01 月 14 日。http://news.QQ.com。

"信心不足的"为25%;"不知道自己的学习是为了什么的"占7%。可见,为数不少的学生没有内在地感受并体验到生命的高贵,领悟到自身存在所具有的超越自身的高尚意义。

人生意义的迷茫、在现实世界的无奈与空虚,使得一些少年在现实生活中不知所措,因而,人生意义的缺失是青少年对虚拟世界依恋的一个重要缘由。网络给人带来了一个新的生存空间,它以全新的方式把人联结起来,不仅实现了信息双向、交流互动,加速了人与人、人与社会的交往,而且还可以超越传统的"在场"方式实现"缺场"交往,如网络商务、网络购物、网上拍卖、网上学习、网上影院、网上聊天、网上恋爱、网络游戏等,人进入了网络关系。网络世界是一个开放的、平等的世界,同时也是一个无中心的、失范的世界。网缘关系与以往的血缘、地缘、业缘关系不同,是一种通过虚拟空间形成的特殊人际关系。这种关系不再以性别、身份、职业、背景、地域为先决条件,每个交往者都可以同时与多个对象以多种角色进行交往。不仅如此,进入网络的人还可以把现实中的自我隐蔽起来,以一个与真实的自我完全不同的虚拟自我出现在网上,使人的行为虚拟化;也可以肆无忌惮地显示自己的内心世界,而不顾现实社会政治原则和道德规范随意表达自己的欲望、感受、思想和倾向。笔者认为,正是网络的这种特点,使青少年逃离真实世界,而只是分享着对话的逻辑,求得精神、情感、信息、符号的交流、沟通与理解。在虚拟世界中表达自己的意愿、宣泄自己的情感、满足自己的欲望,把交往活动仅仅理解为人与人之间达到了解和承认、躲避对现实生活的应对。而生活实践中的交往活动是人生存的手段和基础,青少年甚至很多成人沉迷于网络之中,忽视、逃避现实世界,使人生失去了源生性的存在基础。

二、学生人生危机的社会根源

(一)社会危机及人生危机

1. 时代状况

在西方社会,"理性"在很长一段时间里,被人们看做人性的显著表征;人被称为理性动物,认为理性的创造无条件地具有天然合理性。特别是在中世纪宗教文化转向近代科学文化的那个时代,人们把"科学理性"对宗教信仰的否定看做人性的伟大胜利,以为"理性"就代表了时代公平、正义的合理意识,把它推崇为现实社会的最高审判官,一切都要提到这个法官面前进行重新审查和通过。这种所谓的"理性批判时代",实际上是无批判地让理性去独断地支配一切。对理性的张扬确实给人类带来了福祉,比如,科学理论的发展,生产技术的革新,市场贸易的繁荣,交往范围的扩大,生活内容的丰富等等。但随后人们便发现,这一切的发展都是有代价的。随着物质生存空间的扩张,生活意义的世界却遭到空前的挤压,人变得愈来愈功利化,内在世界愈来愈狭小,与外部世界的关系愈来愈疏离;由于技术理性的统治,代替宗教压抑的又是一种新的文化暴政,一切都被纳入程式化、技术化、标准化、计量化的结果,使生活愈来愈像机器运行,人性与物性之别日渐泯灭。

尼采借狂人之口宣称"上帝死了",这样一来,人们就必然陷入这样一种处境之中:一方面,人失去了超验的约束,获得了向往已久的自由,可以毫无约束地同这个世界打交道;另一方面,人失去了超验的约束,人生也就失去了原来所具有的明晰的、确定的意义和方向,人由此失去了内在的坚定性,重新陷入迷惘、茫然和无所适从之中。于是,作为万物之尺度的人最终失去了自身存在的尺度。在广袤的大地上,人感到自己只是一个孤独的存在者,一个无家可归的流浪者。荒谬与虚无感成为人心中挥之不去的阴云。在当代,人们更是遭遇着虚无。"在这个时代里,相对主义的酸消解着人间天上的所有权威和律令,导致了一切合法化基础的动摇。对于欧洲人来说,这一状况意味着曾经作为他们理论和行动的合法化依据的价值体系丧失了存在的合理性,人的生命由此而陷入了生命中不堪承受之轻的信仰失落和无根的精神焦虑之中。"[①]人们在告别了旧的时代并经历了太多的精神震荡之后,当代人类还远没有在精神上获得一种内在而坚定的价值信念,各种价值理念均粉墨登场但又都如过眼云烟,飘忽即逝。在相对主义的时代里,似乎一切的一切都具有理由也都值得选择,同时又没有一种东西比另一种东西更有理由值得选择,于是,在经历了"生命中不堪承受之重"之后,人们又陷入了"生命中不堪承受之轻"中。在当代,人的问题已经上升为当代哲学的主题。人在当代的发展状况使人的问题在当代获得了全面展开的可能性,人的问题也由此越发地突出和严峻。"人从来没有像现在这样成为有疑问的,他不再知道他是什么并知道自己不知道。由于不能确定自己的道路,由于自己有疑问,因此,他以无比的忧虑研究它自己的意义和实在,研究自己来自何方、走向何方。"[②]正因如此,当代哲学日益自觉地把人的问题提升为自己的主题,从人的观点出发来理解人和关心人,以人的方式解决人的问

---

① 王艳华《信仰的人学价值意蕴》,吉林大学博士学位论文 2004 年,第 3 页。
② 〔德〕兰德曼《哲学人类学》,张乐天译,上海译文出版社 1988 年版,第 47 页。

题,成为当代哲学的自觉追求,这就使得当代哲学在越来越大的程度上更为深刻地表现出人学的性质。

2. 中国图景

中国的现代化是在世界的大文化背景之中展开的。作为世界一员,其不可能不受到整个人类历史进程的影响。当中国走向工业文明的时候,其必须接受一个相伴而生的沉重事实:我们不得不经历西方社会在现代化过程中曾经经历过的、并且仍在经历着的工业文明、理性文化模式的困境——人的物化。当代中国的社会转型虽与西方发达国家具有不同的性质,但在某种程度上,中国当代所存在的问题与西方的现代性危机具有一定的一致性。人在展示自己的本质力量的同时,也陷入了深层的文化困境和文化冲突,并由此带来了严重的人性危机。日益加深的人的物化的生存困境、人与自然的生态关系的破坏等,开始展示出工业文明理性文化精神的局限性和内在缺陷。这种种事实,正在中华大地上飞快蔓延。如何在现代化过程中尽量减少人的物化程度,如何使人性不断得到涵咏和提升,正是当代中国面临的一个严肃而又矛盾的问题。

中国现代化的真正启动是在中国社会经济极其低谷的时期,解放生产力,解决贫困问题成为当务之急。因此,在物质文明与精神文明的天平上,本能地追求物质文明有某种不可遏制的急迫性。中国建立市场经济意味着重构我们的经济生活和精神生活,但目前的情况是,虽不完善但已具雏形的市场经济已经瓦解了旧的精神观念,而与市场经济相适应的观念体系尚未建立起来,这在一定程度上导致生活的终极信念的丧失和心态的失序。市场经济不仅仅是一种经济安排,而且是一种生活方式,市场化的改革必然带来整个社会结构的变化和人们自我心态的调整。从总体上看,这种变化是积极的、向上的,是在为每一个人的生存拓展空间、提供更多的选择性。但市场化过程同时也在消解那些崇高的价值,使一切事物及其秩序都服从于资本增值的需要。对于没有宗教传统的中国人来说,精神生活有被经济过程碾碎以至于无可收拾的危险,目前我们正在经历这种危险。① 市场化改革对精神生活过程造成了极大影响。中国在相当封闭之后实行对外开放,"物极必反"的心态,使一些人把西方崇拜当成了一种时髦,中国人尚未来得及对"何为现代化"进行深刻的理性反思就进入了所谓的"现代性的轨道"。市场化改革促使经济领域自由选择的出现,生产行为逐渐走向私人化,公共

---

① 杨岚、张维真《中国当代人文精神的构建》,人民出版社2002年版,第446页。

权力从微观经济领域逐渐退出,人身控制的解除和普遍的交换带来人们信仰的变化。市场经济又遵循着利益原则,"它表现为形式上的等价交换原则和实质上的利益最大化原则。日常的等价交换行为通过商品将人们联系在一起,经济利益的理性化计算是市场经济社会的日常意识,物质利益结构是社会组织化的基础,而人与人之间的联系不过是这一物质的外壳。每个人按照利益最大化的原则行事,就我们正在经历的市场化过程来说,商品交换过程实际上在塑造着人们的心态和行事方式,利益原则在诸多场合规定着日常事务的处理方式。资本变成存在的事物存在的根据,不存在的事物不存在的根据,也是存在的事物如此这般存在的根据。在资本追逐利润的需要面前,生命、尊严、自由、人权全都贬值了"[①]。

总之,现代人在处理自己与世界的关系时,出现了三重疏离。一是人与自然的疏离,后果是环境恶化、生态失衡;二是人与社会的疏离,导致人与他人、与群体关系的失衡;三是人与自己精神家园的疏离,带来人的理想、信仰危机。正是这三重疏离,使得当今社会的人们面临着诸多人生问题,存在着生存与发展的危机。

(二) 社会危机、教育危机、人生危机之间的恶性循环

现代社会里人们生存意义的危机及对重建人生精神家园的渴求,在教育领域中也同样得到体现。在一定意义上说,现代教育中教育理想的缺失及教育对终极关怀的漠视,正是对人类生存危机、信仰危机的反映与折射,即社会的危机导致教育的危机;而从另一方面讲,现代教育出现的诸多弊端,又是导致现代社会生存意义危机、信仰危机等人生危机的众多因素之一。"教育是一个民族的'神经系统',是一个民族的传统和期望的最好的表达。"[②]因此,教育比其他社会文化领域更能充分地表达时代精神状况。社会的危机导致了教育的危机,而教育的危机将推动整体时代的危机,这就是社会、人生、教育之间的无限恶性循环。

随着科学革命和产业革命的成功,在西方,人们逐渐认为,只要大力发展科学技术,便能解决人类所面临的一切困难和问题,诸如政治危机、社会问题、宗教信仰问题、饥饿、贫穷、疾病、失学、迷信和旧习惯势力、贫富差距等,使人类能过上幸福美满的生活;然而,结果却是,现代人征服了空间、征

---

① 杨岚、张维真《中国当代人文精神的构建》,人民出版社 2002 年版,第 448 页。
② S·拉塞克、G·维迪努《从现在到 2000 年:教育内容发展的全球展望》,马胜利译,教育科学出版社 1996 年版,第 1 页。

服了大地、征服了疾病、征服了愚昧,但是所有这些伟大的胜利,都只不过在精神的熔炉中化为一滴泪水! 随着工业的发展,教育以空前的规模和速度发展起来。教育越来越强调科学知识、科学方法在社会发展和人的发展中的巨大作用,尤其强调科学知识在社会发展中满足社会对功利性的追求。在这种追求中,人自身的价值被这种功利性价值所取代,人完全成了社会价值的载体,成了实现社会价值的"社会"人,而不是为自己和谐发展的"个性化"的人。在这种思想影响下,教育充满了功利性,利益至上,效率为先,突出教育实践的目的性和效用性。现代教育抛弃了古希腊所追求的人的和谐发展的理想,也抛弃了文艺复兴时期人文主义教育家们所提倡的"巨人"理想而把教育定位于为社会现时的政治、经济服务,为个人的谋生、找工作做准备。教育没有把学生看成人,而是看成了物。教育的目的不是为了人格的完善,而只是批量地生产着人力工具。人生追求的标准是人所拥有的财富、社会地位等外在的东西,而不是人生的意义和价值等内在的东西。人把自己当成了工具和手段,而非价值和目的。20世纪60年代以来,西方教育中暴露出来的问题越来越明显,社会对教育的指责和批评日益强烈。在学校里,一些学生对学校和教育的不满和抱怨也日趋增多,学生逃学、厌学,甚至自杀现象频频发生,学生道德水准下降,心理疾病增多,违法犯罪率高居不下,校园暴力不断见诸报端。针对这些问题,1967年联合国教科文组织国际教育规划研究所首任所长菲利普·H·库姆斯(Philip·H·Coombs)首次提出了"世界教育危机"的概念,并在当年于美国的威廉斯堡召开了首次"世界教育危机"国际会议。

在中国,随着科学的不断进步,技术发展的日新月异,市场经济体制的形成,人们的思想意识发生变化,维系中国社会稳定的文化道德秩序在一定程度上瓦解,以往神圣性的价值信念与精神权威在一些人心中也已倒塌。中国人从对狭隘群体的习惯性依附和抽象的价值观念的盲从中解放出来,对神圣和崇高价值体系的追求越来越让位于对富强和幸福等价值的追求。教育呈现出了唯功利主义、科学主义的倾向:一些中小学为了升学率而教育,一些大学为了迎合社会职业需要而不停地增补或消减专业设置。教育过程只重知识的传授与技能的训练,较少考虑学生健全的心灵、促进学生精神上的全面发展。一些学生成了考试的机器,丧失了精神生活的空间。教育较多考虑到学校的声誉、办学的利益,在一定程度上忽视了学生的成长、漠视学生的个性。这种现象使人不禁想起诗人艾略特的一段话:"个人要求更多的教育,不是为了智慧,而是为了维持下去;国家要求更多的教育,是为了要胜过其他国家;一个阶层要求更多的教育,是为了要胜过其他阶层,或者至少不被其他阶层所胜过。因此,教育一方面同技术效力相联系,另一方面同国家地位的提高相联系……要不是教育意味着更多的金钱,或更大的支配人的权利或更多的社会地位,或至少一份相当体面的工作,那么费心获得教育的人便会寥寥无几了。"① 如果我们还没有认识到这种教育弊端,还对这种现象表现出漠视与麻木,那是很令人痛心的。

在这样的教育熏陶下,为数不少的学生出现了人生危机,甚至出现了令人触目惊心的极端结果,像高清海教授所说的,出现了人格失范。所谓人格失范,是指伴随市场经济的迅速发展,学校青年"因社会改革和重组带来的种种道德冲突、价值困惑而导致的边际人格乃至病态人格"②。从积极方面看,人格失范,尚有摆脱传统、寻求新的目标、产生与现代社会相符合的新生道德等因素;但从消极方面看,人格失范往往带来较多的"负人格"效应,青年学生失去信仰、缺乏理想、追求物质享受和精神空虚等问题仍较严重。这部分人,在文化上往往追求低品位;在学位上只敷衍几门实用技术性课程;而在事业上则又一切向钱看。有的人甚至走上了违法犯罪的道路。③ 除了人格上的缺失,一些学生中还存在着生命意识淡薄、社会责任感缺乏、心理疾患、人生意义的迷失等人生危机。毋庸讳言,这些倾向已使我国教育面临着巨大的挑战,学校教育如何正确引导和帮助青少年一代的健康成长已是一项艰巨的任务,教育该如何观照人生已是迫在眉睫的时代课题。

三、学生人生危机的教育缘由

虽然"在当下的时代里,并非仅只教育无家可归,教育的无家可归乃是由于时代精神的无家可归"④,然而,时代根基的丧失并不必然决定教育要漂浮无据,而是更应该找回自己存在的根基。学生所产生的人生危机,虽不仅仅根源于学校,需要为此买单的也不仅仅是教育,但学校作为育人之地,教育以育人为本,教育者作为灵魂的工程师,对此无法漠视。拯救学生从根本上说还是要靠教育的行动,但如果没有理论上的自觉,没有对危机的迫切认识和深刻理解,没有对教育现有生存方式的反思检讨和彻底批判,我们的

---

① 〔英〕托·艾略特《艾略特诗学文集》,王恩衷译,国际文化出版公司1989年版,第204页。
② 高清海、余潇枫《"类哲学"与人的现代化》,《中国社会科学》,1999(1)。
③ 高清海、余潇枫《"类哲学"与人的现代化》,《中国社会科学》,1999(1)。
④ 高伟《生存论教育哲学》,教育科学出版社2006年版,第19页。

行动只能是盲目的、无方向的、局部的、经验的。从现实当中感受学生的人生危机是远远不够的,而必须唤起人们的危机意识,寻找到学生产生人生危机的教育缘由,才能产生拯救学生的行为,承担教育应该承担的使命。

(一)教育对学生"完整人生"的离析

雅斯贝尔斯尖锐地指出:"当代教育已出现下列危机征兆:非常努力于教育工作,却缺少统一的观念;每年出版不计其数的文章书籍,教学方法和技巧亦不断花样翻新。每一个教师为教育花出的心血是前所未有的多,但因缺乏一个整体,却给人一种无力之感。"[1]他把这种教育称为"放弃了本质的教育",并认为要想改变这种状况,"人的回归"才是真正的条件。笔者认为,他所谓的"人的回归",就是指使人成为一个完整意义上的人,并享有完整的人生。

1. 解读人生的思维方式

从哲学层面看,思维方式就是关涉总体的世界观和方法论的综合性概念,即哲学观察、思考和把握世界及其发展的基本模式,也是我们思考、认识和解决问题的根本观点和最高方法。哲学思维方式是思维方式的最高层次。从本质上说,它是人的生存方式、实践活动方式的一种哲学表现,人如何生存、如何活动就如何认识自身,对人的不同理解在很大程度上又决定着对思维方式的不同理解。同时,一定的哲学思维方式反过来又会成为人们理解自身的一个立足基点和思维模式,它决定着如何解释人、如何说明人的本质和人的发展规律等问题。思维方式是哲学世界观的根本,思维方式的不同将导致对人生认识的差异,这也正是为什么会有前面章节所论述的如此丰富的人生哲学的实质性根据。正如高清海先生所指出的:"思维方式是无形的,它却像'灵魂'一样贯彻并支配着哲学的整个内容。"[2]可见,思维方式与人的生存和发展方式息息相关,因此,我们可以说,思维方式是无形的,它像灵魂一样支配着人生哲学的整个内容,影响着人们对人生的认识,同时影响着人们的人生。

思维方式在人的认识活动中起着根本性的作用。当前的教育对人及人生的理解背后隐藏着其思维方式,这种支撑性的思维方式就是本体论式的思维方式。本体就是事物之根源、中心。"所谓本体论,顾名思义就是试图

---

[1] 〔德〕雅斯贝尔斯《什么是教育》,邹进译,生活·读书·新知三联书店1991年版,第46页。
[2] 高清海《哲学思维方式的历史性转变——论马克思哲学变革的实质》,《开放时代》,1995(6)。

从人所从来的终极存在、始初本基中去理解和把握人的存在本性、行为依据以及前途命运的一种理论方式。从这种理论方式来看,人的本质不是人的本身,事物的本体也不在事物本身。他们共同由一种超越于他们之上的存在所规定,这种存在就是本体。"[1]本体论式的思维方式相信外在的权威力量掌握着命运、先在的本质规定着一切存在,认为要理解事物的存在状态,首先得认识决定它的那个先在本质。由此,便形成了从古代延续至近代的以追求终极存在、永恒本体和绝对真理为目标的哲学思考方式。这是一种由预设的本质去解释现存世界的前定论思维方式,是一种从初始本原去推论现存事物的还原论思维方式,是一种从两极观点追求单一本性的绝对论思维方式。所以,传统哲学总是把过去看得比现实更重要、把本质看得比存在更重要、把原则看得比生活更重要;遇事不是先看现实,而是追问它的过去、寻求抽象原则、探讨概念规定。这一思维方式具有准宗教性质,在本质上就是教条主义的。[2]

　　本体论式的思维方式的主要特征可以概括为以下几点:第一,认为"本质先定、一切即成"。其认为万事万物之后、之上都存在着一个恒定不变的本质,这个本质决定它们"是其所是",并且这个本质是通过一定方式可以认识的,人类认识的目的就在于揭示事物的本质。这是一种绝对主义的思维倾向。按照这种思维方式来思考,事物的"存在"预先被规定和包含于本体的"本质"之中,要认识事物的存在,必须首先去把握那个规定着它的本质的本体。本质决定着存在,本体也创造了事物,因而,要理解事物,首先必须去把握它的先在本质。第二,在发展观上是预定主义。"预定主义又称为原子主义或基础主义,是一种'先在决定论'或'种子说'。它主张任何事物的发展均有一定规则,在发展之先,事物发展的路径和结果就已被先在决定,只要把握事物发展的初始状况和演化规律,便可以推论出事物的整体发展进程。"[3]本体论思维无疑是现成论的。在现成论的视野中,一切事物的发展是确定性的,因此是可以加以控制的。第三,在方法上,采用一种还原式思维或单向思维。其认为无论多么复杂的事物都是由简单的要素构成的,因而可以还原为简单的要素。所以,它要了解一个事物,就是采用"还原"的方

---

[1] 高清海《哲学的憧憬——形而上学的批判》,吉林大学出版社1995年版,第24页。
[2] 高清海《哲学思维方式的历史性转变——论马克思哲学变革的实质》,《开放时代》,1995(6)。
[3] 李文阁、王金宝《生命冲动——重读柏格森》,四川人民出版社1998年版,第5页。

式，首先就是去追寻它的原初存在、原初状态、原初构成、原初根源，也就是找出本体之"本"。程序就是把复杂的、高级的事物进行分解，还原为一些简单的、低级的要素，从这些静态要素中抽象出某些要素作为事物的本质。还原的过程是一个"一"分解为"多"，然后是"多"还原为"一"的过程。

本体论思维方式在漫长的哲学发展中曾占据着主导地位。任何在历史上曾打下过深刻印记的事物在当时的条件下总是有其合理性的，对于本体论思维方式这样一种曾深刻地影响过哲学思维方式的理论模式，我们也不能持全盘否定的态度，而是应该承认它在哲学历史上是产生过巨大影响和作用的一种思维方式。"本体论思维方式对于'本原'的渴望与追求，体现了人寻找'精神之乡'的激情和梦想，体现了对人的完整性的渴望和建构。"[①]这种对事物本原的追求，是希冀寻找一个能够给人安身立命的基点；通过研究世界本源，为世界寻找一切知识奠基的"阿基米德点"，为人生指示可靠的前进目标和人生指南。然而，很明显，这样的思维方式、对待事物的态度，只是也只能是适应那时的人的生存状态及其现实需要，在人的关系进一步发展、人的力量成长壮大以后，它就不能满足人们的要求。随着自然科学的发展和人类社会生活的变化，它终究要被新的哲学理论和思维方式所取代。

2. 本体论思维方式对"人生"的割裂

具有理解人与人生的愿望和意向，并不一定能够保证认识到活生生的人，不一定能够把握人的生存和发展需求。实际情况往往是，由于对人认识的片面性，虽抱着理解人的无限热情，其结果却恰恰可能"误解"了人、"扭曲"了人、肢解了人的完整人生。"本体论思维所经历的就是这样的一个命运，虽然说它具有认识人的冲动，但它不可能在真实的基础上完整地把握到现实的人。"[②]在本体论思维方式下，教育割裂了学生整体的人生。

本体论的思维方式经常舍弃具体去追求一般，用一般来代替具体和个别，具有抽象性；它把一个浑然一体的事物的各个方面通过概念分成许多独立的内容，彼此可以互不相关，具有隔离性；因为抽象与隔离，有一些概念就要凝固，概念要界定清楚，内涵就要稳定，一旦确定之后就容易具有凝固性。[③] 这种思维方式在解释事物时常遮蔽事物的非本质属性及其相互关系，使我们认识事物带有片面性；在用于价值决定时，常压制甚至牺牲那些

---

① 车玉玲《总体性与人的存在》，黑龙江人民出版社 2005 年版，第 3 页。
② 高清海《人的'类生命'与'类哲学'》，吉林人民出版社 1998 年版，第 108 页。
③ 李德顺《21 世纪人类思维方式的变革趋势》，《社会科学辑刊》，2003(1)。

异质性价值欲求；在用于实践操作时，那些在理论上被逻辑地遗漏或忽视的非本质因素在实践中必然要暴露出来，致使实践活动注定要遭到层出不穷的例外因素的干扰，其结果不是实践背离自己的初衷，就是实践因初衷不改而失败。

按照这种思维方式，教育无法理解丰富的、变化的、完整的人生。教育致力于人之"是其所是"的知性追问，就忽略了人之"是其所应是"的生活向度。失去了人的真实生活，脱离了人所处的具体处境和背景，离开人的具体环境去谈论人，必定使人抽象化，成为脱离了丰富多彩的生活世界的超验存在。在人的发展上，教育忽视了人自身的能动性、创造性，人成了一个封闭、单一的客体而工具般地被动存在，失去了活生生的、自我发展、自我创造的主体地位，从而不能把握自己的未来与人生。人的生命是一个由多重矛盾构成的否定性的统一体，是自然性与超自然性、肉体与灵魂、感性与理性、情欲冲动与理想追求等多重矛盾关系的统一体，也就是说，人的生命是一个丰满的存在。然而，本体化思维方式在理解人时，却总是把这一多重性的生命还原成单一的、终极性的因素，简化和削减了人生的丰富性。人生的多重性、矛盾性与这一思维方式之间存在着必然的冲突。从它出发理解人，人必然失去其矛盾本质而成为平面化的人，人生必然是不完整的、单向度的。

我们不能只停留在知晓"人是教育的出发点"这一常识性的命题上，更重要的是如何看待人的问题。本体论的思维方式用把握物种的方式来认识人，其结果不可避免地是人的物化和人的失落。高清海先生认为，本体论思维实质上就是物种的思维方式，它们认识"人"时，在思想上表现出了相同的程序。"第一，使用求同法或求异法，找出人区别于物的属性或特征，把人和其他物区分开来……第二，从人的众多特性中找出人之为人的永恒本性或本质……第三，找出人的本原，也就是人的'原型'，也就等于实现了对人的完全把握。"[①]其实，抹杀了人的丰富性和流动性，就会在人的完整性的寻找中失去人本身。如果把人当做物来理解，就会像肢解动物一样"肢解"人，人的身体、心理、智力、情感、德性、理性、自由等被分开对待，都未放在一个整体的人身上看待，其结果是培养出的人必然没有情感、没有灵魂、没有价值、没有责任感；丰富多彩、复杂多样、变动不居的人生就会变得死气沉沉。

总之，本体论思维方式下的教育对人生的看法是一种绝对主义的、预定主义的、功利主义的。它认为，学生只要掌握知识、技能而成"才"，只要能解

---

① 高清海《人的'类生命'与'类哲学'》，吉林人民出版社1998年版，第114页。

决好生存问题,就实现了美好人生,而全然忽视对学生的人文关怀,忽视对学生充盈生命力、积极人生态度、人生价值、人生意义的观照,因而,势必会割裂学生完整的人生。

(二)教育的功利化趋向

这是就教育的价值取向而言的。不少学者将教育价值分为两大类,即教育的内在价值和教育的外在价值,亦称之为教育的理想价值和教育的工具价值。布鲁巴克指出:"内在的价值就是我们不是因为它们对于另外某些事物有用处,而是因为它们本身就具有好的价值。它们的价值并不是它们对于另外一些在它们本身之外并且超过它们的价值有什么好处,而是它们本身所固有的。""工具的价值就是我们因为这些价值对于某种事物有用处而判断它们是好的那种价值,它们的价值依赖于它们去达到另一种价值时所产生的后果。"[①]通常,教育的内在价值是指教育重视个人、个性发展的价值,一切教育活动或教育内容都是围绕人的发展这一理想目标而确立的;教育的工具价值则是指教育对社会发展的积极促进作用,特别强调教育培养的人要合乎一定社会或阶级的需要,教育价值的大小是以促进社会生产发展的速度和文明进步的程度来衡量的。这两种教育价值并不是分离割裂的,而是存在着密切的关系。比如,对教育与人的发展关系的认识,不仅有赖于人们正确理解教育与社会之间的价值关系,而且还有赖于人们对自身发展目标的价值认识;教育的工具价值最终通过教育的理想价值来实现。这两种价值都是教育所应追求的。

尽管教育不能不考虑当下的、现实的需要而确立近期的、现实的教育价值追求,但不能以此就断定教育的终极价值追求就是虚妄的。首先,教育的终极价值追求是衡量各种具体的教育价值追求的最终尺度。离开这一尺度,我们就无法对某种具体的教育价值追求作出最终肯定的或否定的判断。其次,由于教育的终极价值追求是人类教育活动力求实现的最高价值,因此,它一旦被我们所认识和把握,就对人类的教育活动起指引、导向作用。再次,由于教育的终极价值追求具有普遍性和持久性,代表了人类自身发展与完善的最高境界,所以,它对于各种具体的教育价值追求之间的对立与冲突具有统一和调节作用。而当代教育一味地追求教育的工具价值,体现出

---

① John S. Brubacher, Modern Philosophy of Education, 3th ed., New York, 1962. pp. 101-102. 王坤庆《教育哲学——一种哲学价值论视角的研究》,华中师范大学出版社 2006 年版,第 182-183 页。

教育的功利主义价值倾向,其本质在于片面强调教育为个人和社会现实发展需要服务的价值,并把这一价值推向一种极端的状态,从而完全抛弃、背离了教育自身的终极价值追求。鲁洁教授曾这样分析教育的功利化:"近一个多世纪以来的教育主要宗旨只是教人去追逐、适应、认识、掌握、发展这个外部物质世界,着力于教会人的是'何以为生'的知识和本领,它的最基本的缺失就在于它放弃了'为何而生'的教育,不能让人们从人生的意义、生存的价值等根本问题上去认识和改变自己;也必然前提性地要抛弃塑造人自由心灵的那把神圣尺度;把一切教育的无限目的化解为谋取生存适应的有限目的。"①王坤庆教授更是犀利地指出:"到目前为止,一切社会形态的教育,我们可以理解为实质上是一种维持人类生存的教育……这种生存价值在近代社会的发展达到了登峰造极的地步,甚至一个国家、一个民族把教育作为立国之本,把教育视为经济起飞的先决条件,把教育列为物质生产过程中第一位的知识工业基地……"而教育的发展价值、教育的享受价值只是在这一过程中或多或少地得到了体现。②

教育价值取向的功利主义,使教育在实际活动过程中产生了一系列问题。著名日本学者池田大作评价功利化教育时说:"现代教育陷入了功利主义,这是可悲的事情。这种风气带来了两个弊病,一个是学问成了政治和经济的工具,失掉了本来应有的主动性,因而也失掉了尊严性。另一个是认为唯有实利的知识和技术才有价值,所以做这种学问的人都成了知识和技术的奴隶。由此产生的结果是人类尊严的丧失。"③由于工作的优劣和受教育程度直接相关,所以当今教育中出现了严重的"文凭症"。唐纳德·多尔在其《文凭病》中指出:文凭症即拼命地追逐一纸文凭的现象,目的并不是为了文凭所标志的内在的教育价值,而只是为了将来市场和社会威望的价值。一方面就业与文凭高低密切相关,刺激了资格螺旋上升的趋势,抬高了各种工作所要求的文凭水平;另一方面,对文凭的需求促进了教育的快速发展,因教育资源有限,就难免以牺牲质量来换取数量,证书的教育价值从而随着它们的市场价值的降低而降低。一纸文凭等同了学问,学问失去了尊严!同时这种教育带来了受教育者人格的扭曲,这在前面也曾提到过,学生学习

---

① 鲁洁《通识教育与人格塑造》,《教育研究》,1997(4)。
② 王坤庆《教育哲学——一种哲学价值论视角的研究》,华中师范大学出版社 2006 年版,第 225 页。
③ 〔英〕汤因比、〔日〕迟田大作《展望二十一世纪——汤因比与迟田大作对话录》,荀春生等译,国际文化出版公司 1985 年版,第 60 页。

本身不成为其目的,考试得高分、高分可升学、升学继续求分、高学历、高职称、高待遇等才是目的。在如今的大学校园里,已较少听到大学生去谈论人生、人性、理想、信念和价值观等一系列关涉人生意义的话题。他们关心最多的是外语四、六级能不能通过,能否顺利地拿到计算机等级证书以及是否有机会考取研究生。一些知识分子已经篡改了知识分子本身的内涵,社会道义泯灭,在金钱名利的诱惑下,他们丧失了自我,甚至出卖自己的灵魂。有的人由此成为追逐欲望的工具,从而丧失了人之为人的内在价值和品行,丧失了人的尊严!

(三)教育的伦理问题

教育应该是道德的,道德性本然地蕴涵于教育的理念和各项实践活动之中。教育所关注的是对人类社会的知识和经验的传递以及对受教育者的培养。这种传递和培养应是仁慈的、公正的、诚信的、宽容的,而不是充满着虚伪、欺诈、偏袒、嫉妒甚至违背人性的、残忍的不道德的观念和行为。我国教育在产业化过程中,轻视了教育的人道性,甚至出现了严重的教育失德现象。试问,这样的教育会给学生的人生带来什么影响?

1. 异化的教育产业化

教育产业化起源于 20 世纪 50 年代的美、英两国。最早是斯坦福大学为了解决科技成果转化为生产力的问题,专门开辟了一个以斯坦福大学和伯克利大学为核心的斯坦福工业园,使自己的教学、科研成就与工业园的发展双向互动、互相促进,后来建成了举世闻名的硅谷科学工业园。20 世纪 80 年代以来,西方发达国家各级各类教育的市场化倾向和特征越来越明显,成为教育改革的一个突出现象。哈佛、剑桥等国际著名大学也纷纷效仿,并取得了显著的经济效益和社会效益。[①] 随着教育产业化的发展,它的内涵也越来越丰富,美、英两国教育产业化的主要内容有:一是教育、科研、企业一体化,利用大学的科技优势和实力;二是深挖教育的潜力,努力扩大招收海外学生的规模,美英各类学校招收的留学生都必须缴纳十分昂贵的学费,加上这些学生在留学期间的生活消费,就形成教育产业的巨大收入;三是以教育带动第三产业的发展,除了形成高新技术工业园区外,还带动高校周边以教师、学生及其家属为服务对象的服务业的繁荣。[②]

20 世纪 90 年代,在亚洲金融风暴之后,教育产业化被引进我国。在国

[①] 邱燕《伦理视域中的"教育产业化"》,南京师范大学硕士学位论文 2007 年,第 5 页。

[②] 邱燕《伦理视域中的"教育产业化"》,南京师范大学硕士学位论文 2007 年,第 6 页。

外教育产业化的过程中,政府始终坚持承担发展教育事业的主要责任并且完全负担义务教育的教育经费,而高校也始终坚持作为保存、发展和传播文化遗产的公共机构这一根本原则,绝不允许动摇学校传播知识、追求学问的神圣地位,更不是构筑其商业地位。而在中国,一些地方,学校的教育产业化恰恰相反,几乎已将产业化等同于"商业化"。这一单纯从财政视角考虑的教育改革,致使冒出了择校、学费涨价、扩招等现象,教育俨然变成了"摇钱树";教育围绕着学校创收、经营、转制、收费、产权等问题,以增长和效率为追求。教育产业化在我国一些地方已经异化了。

教育产业化冲击了教育公正。教育产业化的根本目的在于通过引入市场机制改变政府干预过多的治理模式,增强高校适应市场需求的能力,提高教育的效率和效益。但教育市场化只有在市场经济发育成熟的条件下进行才能真正谈教育资源的合理化配置,才可能避免造成社会公正失衡的恶果。中国缺乏这一土壤,教育产业化在一定程度上使教育变成了拉动内需以完成一些所谓的GDP增长指标的手段;将市场经济运行机制和规则移植到教育中,教育资源由市场供求与价格机制配置和调节。通俗地说,教育服务是商品,教育服务的需求和供给通过市场交易实现。不少家境贫寒的学生不得不选择一些师范、军事院校以及收费略少的专科学校,从而影响了他们根据自身爱好对发展方向的选择权。有的家境贫寒的学生,甚至从根本上就因高收费而被拒之高校大门之外,痛失进一步学习深造的机会。

教育产业化一度成为国内一些中小学乱收费的挡箭牌。他们在日常教育政策中,把学生作为创收的财源,违反规定,巧立名目多收多占的现象大量存在,给学生、家庭带来巨大的经济压力和心理压力;教育产业化甚至成为某些地方官员减少基础教育投入的"理论依据",政府不仅要对学校"断奶",而且要让学校创收,向财政上交。同时导致的连锁反应是教育系统贪污贿赂等职务案件频频发生。1999年10月联合国教科文组织在巴黎召开了首次世界教育大会,大会一致认为"市场规律和竞争法则不适用于教育"。教育不是经济的一个分支,教育过程、教育目标、教育结果都不能与经济相提并论。教育产业化是对教育自身内在规律的一种违背。

2. 教育失德现象

今天我们一些标榜着以人为本的教育改革恰恰遗忘了人:学生分数、升学率都和老师的利益挂钩,也和学校的声誉利益直接联系起来;学校教育夹杂着成人的功利性目的,学生成为成人实现某种目的的工具。更让人惊讶与愤怒的是,竟然有学校为了自身利益做昧着良心甚至违法的事情。

中国教育部学生司副司长姜钢透露,2009年高考报名人数约为1020万,比2008年约减少40万;另有84万应届毕业生不参加高考,占应届毕业生总人数的10%。① 学生弃考应该有多种原因,但令人诧异的却是,有些学校为提高升学率,学生"被自动"放弃高考。据调查,部分学生弃考,是由于一些学校迫于升学率的比拼压力,给部分升学无望的考生做思想工作,劝其放弃高考。事实上,学校出于升学率考虑,动员部分"高考无望"的学生放弃高考,已经是公开的秘密。

在2009年6月14日的《武汉晚报》上有这样一则消息:松原高考舞弊走向产业化。据报道,在高考期间,吉林松原兜售作弊器材现象极其严重,经营已成规模化、网络化、组织化,一些高三教师也公然倒卖作弊器材,牟取暴利;在松原,集体抄袭试卷的"买场"现象非常盛行,高考现场甚至出现考生试卷被抢走抄袭的事件。对此监考老师称"不敢太深管"。② 据报载,像高考舞弊这样的事件,在广东电白等地区也发生过,在规模和影响方面,都有过之而无不及。该报道的作者单士兵认为,一方面,高考本身负载着极其复杂的利益博弈。那一纸高考试卷,包含的既有考生的个体利益,也有学校与地方利益。围绕着这些利益的实现,必然演化出林林总总的复杂的博弈。另一方面,高考从来不只是教育部门的事,而是牵动着社会各个部门、各个领域,这注定高考的运行必然受社会整体生态影响,如权利生态、道德生态、法律生态等,都可能在高考中聚焦。

据报载,2006年4月桂林市舞蹈中等职业学校从桂林市大河乡中学等学校招生。新生上学才半年,学校就提出要送孩子去杭州实习。10月9日和10日,22名女生被学校分批送上了火车。到了地方才真相大白,原来所谓的实习,就是到演艺吧去当陪酒女。③ 经广西壮族自治区教育厅和桂林市教育局核查,情况属实。学校为了牟利,竟然做出这样惨无人性的勾当,挂着教育的旗号干非法的事情,让人闻之瞠目。他们用学生的尊严和未来换取利益。对于那些在无知中继续选择这种生活的学生来说,她们将会形成什么样的人生观?而对于那些逃离者,这段经历,将会在她们以后的人生路上留下怎样的阴影?

---

① 《全国84万应届高中毕业生放弃高考》,http://news.163.com/09/0603/02/5AROBFUU0001124J.html。
② 《武汉晚报》2009年6月14日星期日19版。
③ http://www.jyb.cn/xy/xylb/xycz/t20061121_50316.htm。

教育象征着人道,学校被视为净土,然而教育中却存在着林林总总、形形色色的丑态、怪相。教育为了单纯的经济利益而失去自身的尊严与德性,这必然会引起广大学生及其家庭的忧虑感和挫折感,冲击人们对教育的信念。就像库姆斯在他的《世界教育危机:系统分析》中所说的:"早期天真时代笼罩在教育上的兴奋感已转变为现时代对教育的'信念危机'。"更令人担忧的是,若教育出现了伦理问题,经它熏陶的学生将会怎样?谁对学生的人生负责!

(四)教育生活的僵化

教育是人的实际生活的一个有机组成部分,是人类个体和群体的一种特殊的存在方式。换言之,教育是人们的存在和活动过程,也是教育中的人共同构建和享受的生活。在此意义上,人接受教育本身就是人的一种特殊生活方式,这种特殊的生活过程就是教育生活。因此,李小鲁认为,教育的目的不仅仅在于"文化复制"、确立社会秩序和个人价值观念,而是应在教育生活的过程中帮助受教育者和学习者建构起自身所希望的生存世界。① 马克思曾说过,"个人怎样表现自己的生活,他们自己也就怎样",个体有怎样的生活方式,他们自己也就有怎样的生活境界。生活方式是人生最直接的外在表现,它表现着人们一定的生活态度、生活信念和价值观念;同时,它又直接影响人们的思维方式、行为样式与审美价值取向,对人的生存、发展及人生理想境界的建构具有直接性的影响,使个体很容易形成符合这种生活方式所要求的理论和意识形态,从而影响整个人生。教育过程中生活状态的单调化、方法的技术化、制度的机械化、非人性化,使学生的教育生活僵化,直接扼杀了学生丰富多样的现实人生,使学生"同质化"、"平面化"。

1. 教育生活的单调乏味

2005 年 9 月,国家统计局和教育部联合开展了"中小学学生学习生活状况专项调查",在全国 4 个直辖市、26 个省会城市和 5 个计划单列市共 35 个城市调查了 410 所中小学,发放学生、教师、校长、家长等各类问卷 8 万余份。② 调查内容包括中小学学生在校内外和假期的学习生活状况、教师的工作情况等。调查表明,学生学习压力大、课业负担重、发展目标单一、缺乏实践体验、学历期望及职业期望与现实差别大、对考试及成绩排名等心情矛

---

① 李小鲁《教育作为人的生存方式》,广东教育出版社 2007 年版,第 95 页。
② 素质教育调研组《共同关注——素质教育系统调研》,教育科学出版社 2006 年版,第 135 页。

盾、对父母和教师有更高要求、对未来生活有较多担忧。在我国现有的教育模式下,应特别引起注意的是,学生学习时间过长,学生的身体长时间处于疲劳或半疲劳的状态已是一个普遍的现象。在一些城市的重点中学,各种形式的补习和强化训练已使这一问题达到了十分严重的程度。现在,城市中学86%的学生睡眠不足,重点中学中甚至有97%的学生睡眠不足。很多学生几乎是在生理极限状态下学习。更重要的是,这种状况还给学生带来了一种普遍的心理疲劳感。长时间的身心疲劳,使他们对学习、对生活产生了厌倦感。

海门市的一项调查也表明学生睡眠时间严重不足,特别是初中八年级的学生睡眠不足7小时的比例竟达63%;一天中课外体育活动少于1小时的学生达77%。父母与孩子经常聊的话题中聊"考试考得怎样"的占78%;对考试公布名次感觉压力很大的学生占66%;每天自由读书的时间少于1小时的学生达44%;每周参加课外辅导班和特长班近50%是语文、数学和英语。而教师与学生一样,也是辛苦一族。教师每天工作在10小时以上的占70%,其中初中教师每天工作在12小时以上的占29%;对教师这份工作无所谓和不喜欢的占50%;认为初中的各种考核、评比消耗大量精力,让教师疲于应付的占67%;学校用学习成绩给教师排队使其压力很大的占79%;而教师在一年里阅读书籍在3本以上的不足50%。教师表现出精神压力大、工作时间长、专业发展缺乏,导致近1/3的教师认为"不太喜欢"或"不喜欢"教师这个职业,产生了职业倦怠。[①]

教育本应该通过组织丰富多彩的活动,来促进学生的多样化发展,使学生在广泛的活动中,学会去认识世界,了解社会,认识自我,初步理解人生,建构自我内在的精神世界。而当今教育将分数作为至高无上的追求,成绩成为衡量教育品质的标准,师生为成绩而疲于奔命。枯燥乏味的生活很可能使他们情感衰竭、缺少活力、失去热情,对生活产生消极体验。这样的教育何谈为孩子的生命奠基?

2. 教育生活的程序化

教育生活被理解为一种技术过程,这从课堂生活状况可略见一斑。"把课堂看成车间、作坊,试图用一种完美的技术来控制这个空间,以提高整个教育工作的效率。通过对教师的行为方式的技术设计来控制学生的活动,学生实质上受到双重的控制,一是知识的控制,一是教师的控制,而教师也

---

① 许新海《教育生活之危机与救赎》,苏州大学博士学位论文2009年,第38页。

受到教学法专家的控制。这样,教学法专家、教师、学生这一控制持续贯穿于整个教学过程之中,使得教育变成了一架高效运转的机器,每一个人都是这架机器上的零部件。"①然而,教育的过程不是合理技术的应用,而是在复杂的情境中生命之间的交流、对话与感动。教育失去了丰富的情感维度和生活内容,将给人带来精神上的奴役和贫困。

科技时代,教学开始追求效率至上,呈现出整个过程的可计算性、可预测性、可控制性。教师将种类繁多、琳琅满目的知识在信息技术的支持下,按照"高效标准"准则,以统一教学内容和方法、统一课件、统一教案"电灌"给学生,学生接受的也是明确的、规格一模一样、千篇一律的"食品"。几乎所有的教学过程都可以量化和程序化。例如,教师的讲课话语量、幻灯片的放映时间、网络学习的时间监控和限制都是可以估计和固定的。在教学评价方面,学生的学业被统计量化,好坏优劣都可以测量。整个教学过程都是预设的、机械的,教学具有目标操作化和过程程式化的特点。如今,技术化教学在国内的课堂也是非常普遍的。在这种课堂生活中,学生的自主性将逐渐消磨殆尽,学生面对的是"没有意外惊奇"的世界。

这种在教学过程中过度倚重科学和技术的倾向,被人称为"麦当劳化"。"麦当劳化"(McDonaldization)由美国马里兰大学教授、著名的社会学家乔治·里茨尔(George Ritzer)提出。"麦当劳化"是指一个社会经历着快餐餐厅特色的过程。里茨尔在1993年出版的《社会的麦当劳化》一书中把"麦当劳化"界定为:快餐餐厅的准则逐渐主宰包括美国社会及世界其他更多领域的过程。②"麦当劳化"追求的是"高效"、"可量化"、"可预测"、"可控制",我们的教学与这种追求惊人的相似,因此,这种比喻还是非常形象贴切的。这是典型的"工具技术理性"在现代社会的体现。技术化时代的现代教育无法避免"麦当劳化"的浸染。教育成了机械的训练和外在的规范,成了大批"复制人"的生产加工线,人成了技能的动物。"现代学校教育在其进程的深层所遵循的也是工业社会大规模复制的逻辑——这种教育从内容到教育方法都采用了工业社会的标准化管理方式,对所有受教育者都采用同样的事先套装好的教育课程和教学方法,甚至包括一整套的审美与价值体系也事先

---

① 周浩波《教育哲学》,人民教育出版社1999年版,第64页。
② 转引自:沈骑《唯技术化·麦当劳化·去技术化——课堂教学技术化倾向的反思》,《教育理论与实践》,2009(8)。

成套地包装在其中。"①美国教育哲学家奈勒(George Kneller)指出:"我们的儿童像羊群一样被赶进工厂,在那里无视他们独特的个性,而把他们按照同一个模样加工和塑造。我们的教师们被迫,或自认为是被迫去按照别人给他们规定好的路线去教学。这种教育制度既使学生异化,也使教师异化了。"②

如海德格尔所说的,技术(这是工具理性的重要标志之一)展现的世界之存在,已经完全齐一化、功能化和固定化了。技术的框架把世界按照技术的本质来进行规定,同时,人也被技术所框定、所限制,人只能被技术地展现,技术成为一切事物的霸权,它已经远远不是人使用的手段了。教学的"麦当劳化"没有给学习者带来交流、互动、对话和思考的机会,致使学习者消极、无奈和无助,教学缺乏生气和活力。这些都将导致教育的去人性化,并且使师生之间的人性化互动消失于无形。但在哈贝马斯看来,只要人类还需要通过社会生产来维持自身在严峻的客观世界中的存在,那么要寻求某种"人道"的科学和技术是不现实的。他认为问题的本质并不在于科学技术本身,而在于科学技术之中蕴涵的工具理性具有全面取代人类理性广博内蕴的倾向。③ 因而,那种认为自然科学和工具技术是唯一正确的、先进的思维模式,希望通过一定的"技巧"和"方法"来解决所有问题的愿望,真的值得我们认真反思。否则,整个丰富的教育实践将被降格为狭隘的技术实践。

3. 教育生活制度的非人性化

学校教育制度作为基本的学校教育运作方式,直接决定着学校教育的构成要素间如何发生作用、如何生成教育功能。学校教育运作的展开是在一定的运行机制与体制的制约下实现的。班级授课制、分班分组制、日常时空的组织安排、考评制度、班级与教学管理制度、教育中的模式与规律等,在不同层面、不同领域构成学校教育"制度"的面目。从历史的角度看,学校教育的发展史,就是一个不断建立制度、完善制度的过程。可见,学校教育运作的基本机制安排与体制保障是不可缺少的。但我们应当清楚,制度所提供的是基本保障,而不是全部的样式设计,否则就会走向"制度化"。我们不能用一套固有的模式、规则去规范动态的学校教育生活,而需要以"价值"的眼光去发现动态中的生命资源,以自身的创造性应对学校教育的动态性。

---

① 项贤明《创新教育"三段论"》,《比较教育研究》,1999(增刊)。
② 转引自:陈友松《当代西方教育哲学》,教育科学出版社1998年版,第119页。
③ 范捷平《德国教育思想概论》,上海译文出版社2003年版,第22-24页。

从立体的层面看,就需要意识到不同层面制度间的相容性、配套性;从动态的运作过程看,就需要意识到制度的激励、保障、调控的功能实现。一套相互协调、灵活运作的制度,将使学校教育运行得更为高效,更有利于实现学校教育的价值。① 而我们今天的学校制度不是这样。一些学校过分追求科学化与规范化,规范化被人们视为衡量一所学校现代化水平高低的要素。学校的规章制度都多如牛毛,条例无处不在,监控滴水不漏,教育过程充满强制、监督、训练和检查。通过制定严格的规章制度,设立班级、小组等各级组织,一级对一级负责,这种管理制度是对人的自由的羁绊。

这让人想起法国思想家福柯所描述的:学校像其他社会机构一样是一个弥散着权力监视的"全景敞视"建筑,四周布满权力的眼睛,对每一个个体进行监视和规训。教师毫无疑问就是充当这一监视和规训任务的人。教师又是如何去完成这个角色的?一是空间分配艺术。将学校规定为封闭的空间,以保证纪律的实施。教师给每个学生指定座位,分配位置。二是对活动的控制。制定一个时间表,对学生的活动进行安排控制,对每一个动作都进行时间性的规定。三是将教育活动按照时间、序列进行分解。活动的序列化,使得权力有可能控制时间,能在具体的每一时刻进行具体的控制和干扰。四是将所有学生按年龄序列"部件"巧妙组合起来,学校变成一个学习机器,不同水准的学生的所有时间被恰当地结合起来,在整个教育过程中不断地加以利用。同时结合一种紧密的命令系统,教师与受训者之间是一种传递信号的关系,保证每一个动作准确无误。②

好的制度能够有效地促进人的发展;坏的制度则限制、妨碍人的发展,甚至使人扭曲和变形。学校教育制度要体现人的本性。制度的设计、安排和运行以现实的人为中心,为了人而存在,为了人的发展而存在。制度为了人,就是制度要尊重人的存在、价值和意义,尊重和保障人的生存和发展的基本权利。制度应尊重和引导人按照人性的规律去生活,避免使人的生活沦为各种意识形态的官僚主义操作,使制度遮蔽人性。制度还应特别强调要扩展人的自由。因为自由是人的首要的、最基本的权利,也是人的最高价值。制度的运行要为人的发展创造尽可能大的空间,就是制度应以丰富、提

---

① 李家成《学校教育是制度保障下的生活——对学校教育"制度"的认识》,《当代教育论坛》,2003(5)。

② 〔法〕福柯《规训与惩罚》,刘北成、杨远婴译,生活·读书·新知三联书店1995年版,第343页。

升和完善人性为己任,通过制度安排和运行为人性丰富内容的展开和持续、健康、全面的发展提供可能的生成空间,通过不断革新而为人性的不断生成和完善提供保障。总之,其是为人性的不断自我超越、否定提供机制和环境,同时,尽可能地消除对人性的发展和丰富带来消极影响的专制和禁锢。学校教育制度要体现协调性,即制度所包含的各种价值的协调。促进人的全面发展的制度所追求和实现的共同价值是多样的,如果各种价值之间不能协调发展,只突出某一种价值,那么就会出现价值替代和抑制的现象。学校教育制度要体现开放性,即制度要适应人的发展,无限地向世界开放和生成,自主地、创造性地自我生成。制度的一个重要任务就是要影响和倡导一种理想与现实相统一、超越意识与超越能力相统一的人。① 总之,学校应当从能否促进人的全面发展的价值维度来衡量制度是否良好,制度应当体现人的本性、协调性和开放性。

教育生活的僵化是学生特殊人生阶段的大不幸,因而,教育生活应当是另外一种样态。在教育生活中,人与人之间存在着积极的交往与互动,包含着创造的可能性,有新的成长机遇。许多新的思想、新的观念、新的生存状态、新的成长层次将可能涌现出来,教育生活在不断生成着"新人"、"新物",也同时生成着新的"教育生活",它们在活动中共同生成。作为资源而存在的教育生活,不再仅仅是凝固的资源,而是不断生发、不断更新、不断显现出的生命资源。在这种生成性中,教育生活具有了"永恒的新奇性",也就意味着生命具有获得生命资源的永恒的可能性,为个体生命的存在开辟更丰厚的土壤。②

(五)校园文化的衰落

校园文化是整个社会文化的一部分,是社会文化的亚文化。校园文化是经过长期的历史发展积淀而形成的全校师生的教育实践活动方式及其所创造的成果的总和。校园文化包含了物质层面、制度层面、精神层面和行为层面。物质层面即外显层,主要是指物质形态及主体活动形式,如校园环境、建筑风格、教育设施、教育活动等;制度层面即中间层,主要指学校的历史传统和制度文化,包括学校历史发展过程中形成的思想观念、特征、管理

---

① 钟明华、李萍《马克思主义人学视域中的现代人生问题》,人民出版社 2006 年版,第 29—30 页。
② 李家成《学校教育是制度保障下的生活——对学校教育"制度"的认识》,《当代教育论坛》,2003(5)。

制度和规范等;精神层面即核心层,主要是指师生认可的价值观、发展目标、治学态度以及文化生活。校园文化的核心是精神层面中的价值观、价值判断、价值取向、教育理念,它得到全体成员的认同并随着学校的发展而日益强化,成为学校主体的精神源泉。① 其实我们前面谈到的教育的思维模式、价值取向、教育生活状态、制度等已经构成了校园文化的基本要素,它们在一个学校的长期积淀就会形成该校的校园文化。

文化人类学家本尼迪克特指出:"个体生命史首先是适应他的共同体世代相传的方式和标准。从他出世时候起,他出入其中的风俗习惯就塑造他的经验和行为。到他会讲话时,他已经成为他所属文化的小小创造物,到他长大并参加它的活动时,它的习惯就是他的习惯,它的信念就是他的信念,它的不可能就是他的不可能。"②他的论述说明了文化对人从生到死整个一生的影响作用。当然,我们并不认为文化具有如此强烈的决定作用,因为人不仅从外部汲取文化,而且也反作用于文化,但却不能否认文化对人的熏陶作用。我国古代教育家荀子也说过:"蓬生麻中,不扶而直;白沙在涅,与之俱黑。……故君子居必择乡,游必就士,所以防邪僻而近中正也。"③他认为,人生活在什么样的风俗中,就难免会有什么样的习性,同时提醒人们要对文化环境进行谨慎的选择。同样,以育人为本的学校,校园文化的形成与建设,必须注重对良莠不齐的社会文化进行选择。校园文化与社会主流文化有一致的地方,也有不同的地方。一致的地方是学校文化总是处在社会政治经济文化的影响之下,社会文化的任何变化都会迅速地反映到学校文化中来;学校文化总是反映着整个社会主流文化的基本精神。不同之处在于学校是培养人才的地方,学校的群体以教师、学生为主体,因此学校文化总是有选择地接受、传播、批判社会文化。教育应选择有利于学生身心发展的社会主流文化的基本精神,批判和剔除有害于学生发展的社会非主流文化。

在物质文化层面上,我国大多数学校特别是城镇的学校都拥有优美的自然环境,注重校园的绿化与美化,学校基础设施建设也比较齐全。然而,一所学校更要有文化的蕴涵、文化的底蕴。文化的蕴涵越深厚,学校的基础

---

① 顾明远《论学校文化建设》,《西南师范大学学报》,2006(5)。
② 〔美〕露丝·本尼迪克特《文化模式》,王炜等译,生活·读书·新知三联书店1988年版,第2页。
③ 孙安邦、马银华译注《荀子·劝学篇》,山西古籍出版社2003年版,第3页。

越深厚。文化的蕴涵是学校的灵魂。学校文化的核心是学校的办学思想、教育理念、价值观念、思维方式,是学校的精神文化。我们的学校在办学思想上"越来越关注自己所获得的经费,越来越关注自己满足个体和社会世俗性发展的能力,越来越从这种世俗性需要的满足来变革自己,从而忽视甚至放弃了自己传统的人文关怀和人文追求"[①]。自然,这些学校的教育理念就是把目标放在追求升学率上,忽视学生体质、情感、审美、道德等方面的发展。学校的精神文化还体现在学生观、师生观上。教育者要树立人人都能成才的观念,热爱每一个学生,哪怕他身上有不少缺点也不能歧视任何学生;师生关系应是平等的、民主的、互相理解和信赖的、和谐的。所有这些都应该是学校文化建设中需要建立的观念。然而,个别老师把学生分成三六九等,嫌贫爱富,偏袒包庇有钱的学生,这样还能教书育人吗?

若校园文化从整体上失去人文教育的精神陶冶意义,其结果将是,现代学校教育最大限度地满足了个体和社会世俗性发展的要求,但是却导致了个体的人格危机、精神危机、德性危机以及由此产生的严重片面发展和畸形发展;学校培养了一些有知识、有能力,但在人格、精神和德性上却有很大缺陷的"空心人"、"单面人"、"非道德的人"。[②]这些都是校园文化单向发展的结果。

通过本章的分析,问题变得更加明晰。传统的思维模式导致教育对学生"人生"认识的肢解,功利性的教育价值取向以及由此带来的异化的教育产业化,教育失德现象,教育生活的单调化、程序化、控制化,校园文化的衰落等一系列问题酿就了学生的生命意识淡薄、功利性人格、社会责任感缺乏、人生意义迷茫等人生危机。教育是一个培养人的事业,是一个通过培养人让人类不断走向崇高、生活得更加美好的事业。面对它该承当的责任范围、能承受的负重能力,教育将何去何从? 如何通过自身价值的实现来关注人生? 这正是下一章想要进一步探讨的问题。

[①] 李珂《走向和谐的校园文化发展——现代教育人文危机的视角》,《绥化学院学报》,2009(4)。
[②] 石中英《知识转型与教育改革》,教育科学出版社2002年版,第115页。

第五章 困境的超越:观照人生

学生人生危机的凸显,反映出教育对学生人生观照的缺失。本章旨在以马克思主义人生哲学为指导,探索教育如何来观照人生。从宏观的层面,笔者试图通过教育对学生的生命关怀、现实关怀、精神关怀,从而使学生关注身体健康、形成生命意识,实现交往生存、走向公共生活,发挥潜能、提升人生境界;从微观层面,尝试改革学校生活。最终达到学生人生的充实、平和及超越,使学生享有健康人生。

一、教育引领健康人生

在马克思主义人生哲学的指导下,笔者借助生物—心理—社会医学模式对健康的认识,形成对健康人生的理解;并认为教育的理想状态与健康人生的需求相互契合,具有内在的一致性,教育应当引领健康人生。

(一)健康释义

谈健康人生,首先要对"健康"有一个统一的认识,它是健康人生的前提性概念。健康是我们日常生活中常挂在嘴边的一个词,然而它的内涵却不像我们平时理解得那么简单,特别是它与其他词汇结合在一起,比如健康行为、健康心理、健康生活方式、健康人格等,就颇有专业术语的味道。而且,随着时代的变化、科学的发展,健康的概念也在不断丰富和完善。

起初,在人们的意识当中,健康是与疾病联系在一起的,是运用生物与医学联系的观点认识生命、健康与疾病,认为健康是人体、环境与病因三者之间的动态平衡,这种平衡被破坏便发生疾病。这种以维持生态平衡的医学观所形成的模式,即生物医学模式。这样,所谓人的健康就是指人体各器官系统发育良好、功能正常、体质强壮、精力充沛并具有良好劳动效能的状态;常以人体测量、体格检查和各种生理指标来衡量。舒尔茨在人力资本投资当中也提出健康投资。健康投资是指通过对医疗、卫生、营养、保健等项服务进行投资来恢复维持或改善提高人的健康水平,进而提高人的生产能力。[①] 生病时间的减少和生命的延长能提供更多的工作时间,更健康的身体和旺盛的精力使得每个工时的产出增长。显然这都是一种单纯生理意义上的健康观念。

当然,在现代,认为身体"无病"就是健康的健康观,已被多数人认为是一种对"健康"的不全面理解。这种认知只是道出了关于"健康"的生物学特征,而没有涉及"健康"的社会学特征。1948年,世界卫生组织(WHO)的宪章中规定:"健康"是指"身体上、心理上和社会性完全处于良好状态,而不仅仅是没有疾病或不虚弱。健康是不管种族、宗教、政治信仰和经济状况如何,是人人赋有的基本权利"。1964年,世界卫生组织更具体地提出了健康的标准,有如下10条:①精力充沛;②乐观处事;③睡眠良好;④适应能力强;⑤能抵抗一般性疾病;⑥保持标准体重;⑦眼睛明亮;⑧牙齿完整;⑨头发有光泽;⑩肌肉皮肤弹性好。[②] 1978年,WHO在《阿拉木图宣言》中再次明确指出:"健康不仅是疾病与体弱的匿迹,而且是身心健康、社会幸福的完善状态。"它把人的健康与人的生理、心理状态和对社会的适应三者融为一体,形成了三维健康观,认为健康是身体、心理和社会适应的完满状态。1989年,WHO又根据现代社会及现代人的状况,认为健康的内涵应包括"躯体健康、心理健康、社会适应良好和道德健康"四个方面。这种认识实现了对生物医学模式的超越。人类学、社会学、社会心理学与精神病学的研究和实践,使人们重视社会文化和心理因素对身心健康的影响,传统的生物医学模式逐渐被生物—心理—社会医学模式所取代。这一模式认为导致人类疾病的不只是生物因素,而且还有社会因素和心理因素,因而治疗方法除了传统的生物学方法以外,还应当包括社会科学法和心理学方法。生物—心理—社会医学模式的研究对象不仅是自然的人,还包括人的状态和人所处的环境。医学必须建立在人与其生存环境和谐适应的基础上,并改善人的生存状态;而不仅仅是简单的治病、防病和促进健康。

基于以上认识,我国学界对健康的理解也逐渐完善和规范,《心理学大辞典》对健康的解释为:在身体上、心理上和社会功能上的完满状态,而不仅仅是没有疾病和虚弱的状态。它与疾病之间没有绝对的界限,而是处于同一连续体之中,中间有各种移行状态。在评价个体或团体的健康时,必须考虑到生理、心理和社会三方面的标准:①生理标准。身体强壮,各系统功能

[①] 李亚慧、刘华《健康人力资本研究文献综述》,《生产力研究》,2009(20)。
[②] 李蔚《心理健康的定义和特点》,《教育研究》,2003(10)。

良好且相互协调,目前的检查手段不能发现病理改变。②心理标准。心理功能正常、协调一致,主观感觉良好,精力充沛、情绪稳定、应付环境自如,有积极的人生观。③社会标准。行为符合社会规范、有良好的人际关系,家庭功能和职业功能良好,能享受生活和工作的乐趣。①

就目前来看,从以上三个方面来判断健康已达成共识,似乎对健康的认识已有了统一标准。但仔细推敲,三个标准中关于心理、社会标准的规定,带有很大的主观经验性质。随着社会进步,健康问题已日益受到大众的极大关注。健康观在不断转变,由自然哲学模式、生物医学模式向生物心理社会模式的转变过程中,心理健康几乎成为日常议题。但心理健康的定义、标准是什么?这又是一个仁者见仁,智者见智的问题。

心理健康所探讨的内容完全涵盖于人格特征之中。人格(个性)是个人的心理面貌(行为和思想),即个人的一些意识倾向与各种稳定而独特的心理特性的总和。这里首先指明了人在认知过程中逐渐形成了态度和行为上的稳定特征。说它是意识倾向性,体现在个体身上就是人格倾向性,包括需要、兴趣、理想、信念和世界观等。此外,还包括人格特征:气质、能力和性格。如此说来,心理健康无论从什么角度、范围论述都是为了说明个人的心理面貌。所以,心理健康所研究的内容都在人格倾向性和人格心理面貌之中。但是,并不等于人格这个个人的心理面貌的全部都是心理健康的内容。② 因而,在心理学历史上,不同学派对人格的研究反映了他们不同的心理健康观念。①精神分析理论创始者弗洛伊德认为,它是本我、自我和超我三者的和谐统一。健康的人格结构是平衡的,自我有足够的力量鉴别现实,协调本我、环境以及超我之间的冲突,因而能够满足需要,对冲动进行合理控制和选择,较少压抑自己的感情,能将更多的时间和精力投入到建设性工作。新精神分析学派对弗洛伊德的生物决定论提出批评,更强调社会文化因素。如阿德勒认为,健康人格即指具有社会兴趣,尊重他人的存在价值,对其有手足般的感情。阿德勒强调社会兴趣,认为这是个人成长的重要目标,只要拥有社会兴趣,就不会非理性地同他人竞争。荣格认为,健康人格即意识到被压抑的"阴影"方面,并表现于自己的生活方式中,以超越最初获得的那种"社会化",发现自己被压抑的原因。里奇认为,健康人格是没有"肌肉盔甲",从压抑中解放出来适当表达自己的感情。②人本主义者认为,

---

① 林崇德、杨治良、黄希庭《心理学大辞典》(上),上海教育出版社2003年版,第589页。
② 李蔚《心理健康的定义和特点》,《教育研究》,2003(10)。

健康人格意味着视自己是一个自由的人，而不受控于他人；表现出"存在的勇气"，能了解并表达自己的感情和信仰，并勇于承担行为后果；能意识到自己的局限，视自己的生命以及如何看待生命为"自己的责任"。如艾利斯认为，健康人格是能自我肯定、有信心尝试促进成长和发展的生活方式。罗杰斯认为，健康人格是主动的、独特的，能充分实现其潜在能力。马斯洛认为，健康人格就是迎接挑战，充分发挥潜能，获得自我实现。③行为主义者认为，健康人格就是胜任和自我控制，而这种适应能力以必然性的强化规律为基础，只要遵循这种规律，就可能使需要得到满足而避开危险。①尽管不同的学派有不同的理解，但总体来说，大多都认为，健康人格是指个体需要得到满足，内在感到协调，社会适应良好，并在意识、能力、情感等方面获得较好发展的行为模式和思维方式。共同特征是能自我抑制、有个人责任心、有民主的自我兴趣和崇高的理想。

针对我国特有的社会历史和文化背景，有研究者提出，由于过去人们长期以来只注重心理健康的生存标准（众数标准），强调个人对社会的适应，强调与社会上大多数人的行为表现一致，顺应主流文化，所以，现阶段，在注意生存标准（众数标准）和发展标准（精英标准）协调的同时，应当给后者以更多的关注。还有研究者认为，心理健康本身是多种因素综合作用下的一种状态和过程，仅用几个方面分别描述再简单相加的方法是不适当的；心理健康本是一个具有动态性特征的概念，它是一种不断完善的状态，而不是指十全十美的绝对状态。有的学者认为，把系统论的观点运用于心理健康标准的研究中是很必要的，个体的心理是个统一的整体，由于整体并不等于部分的机械和，某个部分的损坏也并不意味着整体功能的破坏，一些心智方面存在缺陷的个体，如果能得到成熟平稳的情感意志过程的控制，也是完全可能保持心理健康状态和适应生活的。江光荣教授认为，心理健康在本质上可以被认为是一种状态，个体心理经历着平衡—不平衡—平衡的循环过程，是一个由低级的适应水平向高级的适应水平不断推进的过程，是一个动态的发展过程。刘华山教授提出"心理健康是一种状态更是一个过程，心理健康说到底是一种人生态度"②。

看来，由于社会时代的不同、个体发展阶段的不同，并不存在恒定的心理健康定义及标准。不过，从以上观点可以看出，人们对心理健康的理解有

---

① 林崇德、杨治良、黄希庭《心理学大辞典》（上），上海教育出版社2003年版，第589页。
② 田宏碧、陈家麟《中国大陆心理健康标准研究十年的述评》，《心理科学》，2003(4)。

着共同的趋势。随着时间的推移,人们已不满足于消极保持心理的正常状态,不只局限于治疗和预防心理疾病的发生,而是从积极方面研究心理健康问题。特别是从成熟的、正常的成人那里研究心理健康,而不是只从精神病患者那里研究心理健康问题。心理健康成为从消极保持、预防、治疗到有意识控制自己、正确了解自己,立足于现在、朝向未来、渴望在生活中的挑战和新的奋斗目标,从而形成推动自我成长的最佳心理状态。

(二)健康人生的内涵

"健康人生"是"健康"与"人生"组成的复合词。对健康人生的理解,应基于对健康概念的把握,基于对人生的解读。因而,在对健康,特别是心理健康有了一定认识之后,要探讨人生的维度,以构建健康人生的内在结构;探讨人生的境界,以说明健康人生的层次性以及确立健康人生的底线层次。

1. 人生维度与健康人生的内在结构

笔者从马克思主义人生哲学的生存—发展观出发,完整地、辩证地认识人生的不同维度,从而建立完整的健康人生结构。生命首先是一个自然的物质存在,这是人存在的物质基础,否则,就没有人的存在,而只能异化为想象中的上帝和神灵。但人又不只是肉身,因为人有思想,能够有意识地支配自己的生命活动,因而人又是一个精神性存在。这样的精神既包括真理,又包含着激情、直觉、意志、信念,是认知与情感、理性与非理性的统一。人的精神并不是自发地从人的肉体中产生出来的,它之所以对人的肉体具有某种超越性,是因为它是在人的社会性生产和交往活动中,作为自然与文化、个体与族类的矛盾关系的交叉而出现的。精神性的出现离不开社会活动和社会交往;人是社会的人,是一个社会存在。因此,从静态上看本体生命的存在,人实际上具有三重生命,一是自然生理性的肉体生命;二是关联而又超越自然生理特性的精神生命;三是关联人的肉体和精神而又赋予某种客观普遍性的社会生命。精神生命作为一个中介,将肉体的自然生命和社会生命紧密地连接在一起。① 人就是由这三重生命构成的具体而完整的生命存在,人的这三重生命是一个互为前提、互为因果、循环往复的生命流程,实现着人与自然、人与自我、人与社会的交换和协调。

以上三个方面的统一就构成了一个人完整的关系世界。人的关系世界就是构成人的生活世界的关系,关系性是人在实践活动中生成的,并标志人

---

① 张曙光《生存哲学——走向本真的存在》,云南人民出版社 2001 年版,第 199 页。

的存在样式和存在特征的属人特性。健康人生就是人的关系世界的健康与和谐。

第一,健康人生是人对自然生命的关怀。生命关怀是人对生命本然的自觉尊重。尊重生命包括尊重人的生命和对非人的生命给予一定程度的尊重。尊重人的生命就是尊重人的生命形式,尊重人类每一个个体生物学意义上的生命存在和健康利益;对个体而言就是保持自身生理的健康,生命力的旺盛和坚韧。尊重自然,以生命本身特有的方式对待自然。人首先是自然存在物,这就决定了人是自然界的一部分,人的生命肉体遵循自然界的内在规律,人要维持生命存在就必须从自然界获得物质能量。而人又区别于其他动物,人的物质活动是自由自觉的生产活动。因此人自然需要的满足就不可能是一个自然过程,自然界在人的眼里也不可能只是能满足人的自然需要的纯粹自然。这样,人要想保持人对自身存在的合理性认知,只能在满足自身自然需要的同时尊重自然,即以"自然的方式"实现人的愿望。人尊重了自然,就尊重了人的自然需要的满足,从而也就筑成了健康人生的生命基石。①

第二,健康人生是人与社会的和谐互动。人与社会的关系表现在两个方面。一方面社会是由个体组成的,人自身的发展将社会推向更高的发展层次,可以说,没有人就没有社会,没有人的发展就没有社会的进步;另一方面,社会是每一个生命个体存息、发展的空间,是体现人的意义与价值、丰富性与创造性的舞台,只有在社会中生活的人才是真正意义上的人,可以说没有社会就没有人。人的存在就是二者的统一。在人的社会实践活动中,个人与社会的关系表现为个人如何处理与他人、集体的关系,具体包含着权利与义务、自我与社会、物质与精神、奉献与索取等矛盾关系。人类发展史也表明,人类社会是在个人与社会的辩证统一中不断前进与发展的,是一个不断解决矛盾的发展过程。因而,现实生活中,如何处理人与社会的关系不仅决定着一个社会的性质与发展方向,而且也体现着生活实践中人的素质的高低、人生境界的层次。健康人生取决于能否正确地处理这些关系。人对社会生活资料的索取、占有和消费,是为了人的自我创造、自我丰富和自我完善,是对自我价值的肯定,而不是自私自利的利己主义,不是享乐主义。对待社会及他人的关系时,能在与他人的交往、沟通、互动中建立良好的情

---

① 张向葵、丛晓波《关于心理健康的哲学思考》,《东北师大学报》(哲学社会科学版),2004(2)。

感联系,适应社会环境,还要有社会意识、社会责任,满足他人、群体和社会的需要,体现人的社会价值。自我价值需要与他人、群体、社会的价值需要互相融合,实现彼此的统一。总之,人能按照社会的期望与要求实现自我的关系世界,得到他人与社会的认可。

第三,健康人生是人对人生意义世界的追寻。对人生意义的追寻体现了人的超越性本质,是人的价值生命或精神生命的形态。人是富有理想的开放性存在,总是不满足于已经存在的现有关系状态,并按照理想和追求去生成新的生活世界。从这个意义上来说,人永远都在途中。人的生活世界的生成性及人实践活动的创造性的本质就体现在,人总是在"打破平衡—寻找平衡—达到平衡—再打破平衡"的过程中发展人的各种"关系":对自然界的认识与改造,对自我的评价与调控,对他人的态度与交往,对终极意义的追求与信仰。① 人对生命的自然形式的超越和对永恒生命精神的追寻,表现为人与自我的关系,即自我意识的建构与完善,具体表现为自我认知、自我反省、自我评判、自我实践、自我超越。生活世界的有限性,使人总是追求自己的欠缺之物,追求更善、更真、更美的东西,在对终极意义的追寻过程中,实现理想与现实、目的与手段的完整统一。人什么时候真实领会了生命的意义,什么时候就会获得心理的充实、欢愉、宽容与坚强;人在什么程度上领会了生命的意义,也就在什么样的状态下存在与追求;人在什么意义上领会了人生的真谛,也就在什么样的生活世界中展现睿智、丰盈、健康。

以上三种关系既彼此独立又相互渗透、彼此依托,共同编织成人的生活世界之网,通过人的社会实践活动表现出来,其中一种关系的不和谐状态会直接影响其他关系的平衡,从而打破人的关系世界的和谐。只有实现人的三种关系世界的共同和谐,才能拥有健康人生。而一旦某一关系打破了人的关系世界的和谐,作为现实生活世界中的人就会处于非健康状态。另外,健康人生是一个动态生成的历史过程,具有社会性、文化性和历史性,不同的社会形态、不同的文化传统、不同的历史阶段,健康人生会有不同的涵义。然而这三方面应该是健康人生所固有的内在结构要素。

2. 人生境界与健康人生的层次

有人根据人生价值存在的方式和特点,把人生价值划分为绝对价值和相对价值两大部分。人生的绝对价值,是指人生的人道价值。每个人的生

---

① 张向葵、丛晓波《关于心理健康的哲学思考》,《东北师大学报》(哲学社会科学版),2004(2)。

命存在本身具有相等的价值以及都有做人的资格、自由、权利、平等、尊严等内容。人道价值不因各人的地位高低、能力强弱和贡献大小而不同,也不因种族、民族、性别和年龄的差异而改变。因为任何人的生命存在本身,从根本上讲,都是人类存在和发展必不可少的前提条件,具有同等的必要性。任何人生实践活动都承担着一定的使命,发挥着独特的功能,对人类社会整体而言都一样的必需。人生的相对价值,包括人生的自我价值和社会价值,它因条件因人而异,是在现实生活中衡量和判断人生价值大小的标准。① 因而,不同的人有不同的人生价值。就人的精神状态而言,不同的人其精神状态也不同。一个身处荒村、日出而作、日落而息的孤老,与一个处于高度发展、丰富多彩的社会之中的专家,其精神状态是不可同日而语的。但我们不能认为孤老的人生就没有专家的人生健康。因而,人生境界的不同使得健康人生具有层次性。

人生境界是在知、情、意统一的基础上,追求真、善、美相统一的过程,是真、善、美的统一。人生境界作为一个整体是不可分割的。作为主体的人是集知、情、意于一体的人,求真、向善、审美既是主体掌握客体的三种相对独立的方式,又内在地统一于主体的活动之中,构成人生活动的完整系统。人生境界层次划分也应从真的境界、善的境界与美的境界三个维度来解析。② 同时,每一个维度又有不同的层次。

所谓真,是从认知范畴上说的。它是指人的主观认识与客观事物的本质和规律相符合,人的思想和行为与客体本质的高度统一。也就是说,真是指人的认识能够正确地反映客观事物的本质和规律。一般来说,人对于客观事物的知识具有感性经验知识、科学理性知识与哲学反思知识三个层次。因而表现到主体的真境界上,也会表现出经验境界、科学境界与哲学境界三个层次;③所谓善,是指人们的行为符合社会的需要以及处理个人与社会需要之间关系的准则。善的境界是指人对善之价值的自觉性程度和对实现善之价值的意志性程度。由于对善的自觉程度与实现程度的主观差异性,表现在人的善境界上也体现出不同的层次性。据此,可以把主体善的境界分为伪善境界、他善境界、我善境界、至善境界四个层次。④ 而基于人的美感

---

① 靳安广《人生价值的结构》,《理论探讨》,2000(5)。
② 靳安广《人生价值的结构》,《理论探讨》,2000(5)。
③ 单连春《人生境界论》,东北师范大学博士学位论文 2006 年,第 52 页。
④ 单连春《人生境界论》,东北师范大学博士学位论文 2006 年,第 54-55 页。

基础上形成的人的自由状态构成了人的美境界。根据人对美的认知体验程度,我们把主体的美境界分为三个层次,即耳美目美境界、情美意美境界、心美神美境界。① 尽管把人生境界划分为真、善、美不同方面的不同层次,但由于生活世界的多样性、复杂性,使我们无法把这些区分一一具体对应到个体的生活世界中去。人生境界是一个在不断满足需要的基础上不断递进的历程,因而根据人对自身需要的"觉解"程度我们可以把人生境界划分为四个层次:一是自发的本能境界;二是功利的生存境界;三是自觉的理性境界;四是自由的审美境界。②

人生境界的内在结构形态以及层次形态也可以通过人的实践关系体现出来。人与自然、人与社会、人与自我这三重关系就是人生境界的外化,这样更有助于我们分析健康人生的层次性。

在人与自然的关系上,人之为人的前提就是人自然的肉体生命。人要活着就必须占有物质力量满足自身基本的生存需要。当然他所拥有的物质力量的可能性越大,就越加坚实地实现了和谐生活状态的第一个前提。然而更重要的是,并非人占有的物质力量越多,人就一定越健康;并非一切占有物质力量的活动方式都是健康的。所以,人对待自然的方式就出现了两种形式:功利式和伦理式。

在人的社会实践活动中,个人与社会的关系表现为个人如何处理与他人、集体的关系,具体包含着权利与义务、自我与社会、物质与精神、奉献与索取等的矛盾关系。比如,从奉献与索取的角度来看,有的人只是把社会当成实现自身利益的对象与工具,把社会仅仅看成是他索取的对象,完全把人与社会的关系物质化,这些处理人与社会关系的行为表明他停留在一种自私自利的功利境界。笔者认为,即使这样的人能适应社会、在社会中生存,但不能算拥有健康的人生。有的人坚持自身的利益与社会的利益相统一,当自我价值与社会价值相矛盾的时候,能自觉地牺牲自身的利益而保障社会的利益,做到先公后私,因而他处理人与社会的关系坚持的是一种先公后私的道德境界;有的人坚持崇高的社会理想,热爱祖国,对人民、对他人充满炽热之情,对真善美和谐统一有执著的向往和追求,因而他处理人与社会之间的关系坚持的是一种大公无私的审美境界。③ 当然,由于职业的不同和

---

① 单连春《人生境界论》,东北师范大学博士学位论文 2006 年,第 57 页。
② 朱平《论人生境界》,《中州学刊》,1998(3)。
③ 单连春《人生境界论》,东北师范大学博士学位论文 2006 年,第 65 页。

人的能力的不同，对于社会的奉献存在着差异，有的人可能做出惊天动地的壮举，有的人只能是默默无闻地付出。但是，不管人们的能力如何，不论人们从事的职业怎样，只要他对社会尽职尽责，并且作出了相应的贡献，他的人生就是健康的。人与社会的关系，不仅包含着怎样处理奉献与索取的关系，同样还包含着怎样处理个人与集体、物质与精神、自我与社会等相互之间的关系。对每一种关系的处理，都能反映是否健康以及健康的层次。

　　人与自我的关系同样可以体现出健康人生的不同层次。人类的自我精神活动主要表现为三个方面的内容：首先，自我的求真性。自我的求真性既是一种知识境界，也是一种道德修养境界。追求"真"可以转化为无穷的实用财富和功利价值，可以造福于人类和推动社会的文明进步，可以净化人的心灵和完善人的德性，可以确证人的本质力量。其次，自我的向善性。自我的向善性可以调整行为主体之间的合作关系，保持社会生活安定有序，也可驱使行为主体按照一定的社会规范行事，以保证自身活动目的、活动方式、活动过程及其结果的合目的性与合规律性，还可强化行为主体的社会责任感、义务感和使命感，坚定自我扬善抑恶的进取意志和内心信念，提高自我的理想境界，塑造自我的理想人格。再次，自我的审美性。对美的追求与选择，有利于全面强化自我的本质力量，激发自由探索精神和带来无穷的创造力量，可以促使自我的身心发展，陶冶自我的道德情操，升华自我的精神境界，提高自我的文明程度，从而塑造更加完善的自我世界。①

　　虽然人生境界的不同层次可以反映人生健康的层次性，但并不是说人生境界的层次就直接等于健康人生的层次。人生的境界反映的是人的存在状态、生存质量的层次，它包括了健康人生；但健康人生有其底层限度，它拒绝人生境界的最低层次，即本能境界与纯功利境界。

　　以上内容是从结构性及层次性来解析健康人生的内涵。简言之，健康的人生形态，是人们为了生存、享受和发展而进行的认识世界、改造世界的活动历程的普遍模式，是以生活中的积极因素为主导、消极因素为辅助而发生、发展起来的平衡、协调、适应、有序的人生动态结构。与此相反，无从达到生存、享受、发展的人生目标，对世界的认识是盲目的、扭曲的、误解的、荒谬的，对世界的改造是随意的、草率的、污损的、破坏的，活动因素中积极部分与消极部分是位置颠倒、结构紊乱、冲突、不适、无序的，这一类人生模式是病态的、异常发展的。

---

①　单连春《人生境界论》，东北师范大学博士学位论文 2006 年，第 66 页。

(三)理想的教育是引领健康人生的教育

教育始终在探讨人的问题。人是生成性的,只有在人生的时间和空间里才能体现人的鲜活性、生成性、具体性,因而,教育关注人就应该关注流变的人生,这样教育才能摆脱抽象地谈论人、规定人的现象。然而,人生是个包罗万象的东西,社会生活中存在着百态人生,其优劣程度参差不齐,因而教育要引领学生的健康人生。同时,教育的理想与健康的人生二者之间具有内在的一致性,进而,理想的教育是引领健康人生的教育,教育的理想就是引领学生的健康人生。

1. 理想的教育与健康人生的内在契合

有学者认为教育具有层次性,并将其做了划分,认为教育至少可以划分出两个不同的层次来。第一个层次的教育是关于知识、技能、技术、阶级意识等的教育,是浅层次的教育,是训练劳动者(力)和培养人才的教育。第二个层次的教育是深层次的教育,是针对人的心灵深处进行的教育,是关于精神的教育、关于人生的教育、关于灵魂的教育、关于生命的教育,在于培养一种思想、一种精神、一种胸怀、一种人生境界,使人成为一个真正的人,具有健全人格的人,能够透彻领悟人生的真谛与生命的意义,从而能够把个人生命的意义与社会责任感、使命感联系起来,自觉地去奋斗。第一个层次的教育追求的是教育的工具价值,第二个层次的教育追求的是教育的本体价值。两个层次的教育之间没有绝对的界限。第二个层次的教育不是空中楼阁,它必须以第一个层次的教育为前提;仅仅停留于第一层次的教育,教师只是教书匠,教育只是他们的职业而不是事业,教育是他们谋生的手段。只有包含了第二层次的教育,教师才是太阳底下最光辉的事业,才是人类灵魂的工程师。[①] 其实,真正的教育应该是一个多方面、多层次的完整体。从功利和效用的层面理解,它是人谋生的手段;从智慧与艺术的层面理解,它是为了养成学生人格的艺术;还可以将教育理解为化育天下的德操,这一层面上,教育就关乎心灵、启迪人生。因而,真正的教育应该是物质与精神、事实与价值、理智与情感、现实与理想、外求与内省、功利与审美等对立范畴的辩证统一体。并且,只有当教育能在这些对立范畴的两极保持张力、协调一致时,教育才是完整的、具有生命力的;这样的教育活动才能成为真正有价值的社会实践,完成其使命。否则,教育存在的合理性终究会遭到质疑。

---

① 张正江《做事求真做人求善人生求美——真善美教育论纲》,《教育理论与实践》,2005(10)。

关于健康人生,我们刚刚讨论过,人生需有生存、有享受、有发展,有生命活力、有社会价值、有人生意义,有求真、有求善、有求美,因而,健康人生也是多方面、多层次的和谐统一,它与理想的教育具有内在一致性。

2. 教育应引领健康人生

教育对于人的培养,主要在于引导人们去改变现实的生活条件,去开拓广阔的活动范围,去发展对于世界的实际关系,一句话,去引导整个人生的自觉发展。从实质上说,教育是引导人生发展的社会活动。自觉的教育引导人生自觉发展,盲目的教育引导人生盲目发展;正向的教育引导人生朝前进的方向正向发展,逆向的教育引导人生朝倒退方向逆向发展。教育是一种"人的活动与为人的活动的统一",必须立足于人与社会的现实性,这是教育"安身立命"的根本;同时,教育又处处体现出超越实然状态的"应然逻辑",在教育的价值理想中预示着一个"可能的世界"。教育不仅要关注人的"是其所是",更要关注人的"是其所不是";既关心人的生命、现实生活,又表达着对完美人格、崇高人性的向往。恩格斯曾经将人的需求分为生存需求、享受需求和发展需求。生存需求是人作为生命个体存在的基本需求,与动物的这种需求所不同的是,人是通过自觉的劳动获取这一需求的满足,而动物只能依赖自然环境满足其生存的需求;享受需求是建立在人的生存需求得到基本满足之后产生的较高层次的需求,使人享受肉体和精神上的快乐与舒适以及对高质量生活的需求;发展需求是人表现自己生命力和体现自身生命价值的需求,是人类最高层次的需求。[①] 教育就是个体人生生存、享受、发展的奠基过程或实现过程,观照人生因此成为教育的根本使命。教育使个体发现自我人生的应有之意蕴,从而在个体自我认识的完善中扩展个体与自然、与他人、与社会、与整个世界的关系,由此而扩展个体人生的精神内涵,把个体积极融入他人、社会、民族、国家的价值体系之中,将其引向对健康人生的追求。

3. 健康人生的教育与全面发展的教育

我国的全面发展的教育缘起于马克思关于人的全面发展学说。马克思从社会分工出发考察人的异化发展,以人的能力发展为核心,以追求全体社会成员全面发展为理想,并以人类发展的历史性为基础,提出人的全面发展的社会条件及途径。在他那里,全面发展是人的全面、自由、充分发展的有机统一,它既包含着人的发展的具体内容,即个人能力的统一发展、个人社

---

① 《马克思恩格斯全集》(第二十二卷),人民出版社1979年版,第243页。

会关系的全面生成、个性的自由发展等;同时又向我们揭示了作为个体人的发展是有着广度不同、程度不等和个别差异性的发展。简言之,马克思关于人的全面发展学说博大精深,内涵丰富,且具有特殊的时代和文化背景。在此意义上,全面发展的教育无异于健康人生的教育,健康人生的教育也追求人的全面发展。

但我国教育现状中的"全面"全然不是那么一回事。关于全面教育中"全面",在我国多呈现出加法思维的认识方式,即从最初的德智体"三育说",到德智体美"四育说",再到德智体美劳"五育说",甚至还有"德智体美劳军法说"等,而且还有继续添加下去的趋势。①

首先,德智体美劳几育能否囊括人的素质的全面发展?随着时代的变化,社会发展对人的素质的要求越来越多,比如人的法律意识、安全意识、生态意识、心理素质、交往能力、处理信息的能力等又该具体到那一育呢?为了适应社会对人提出的很多新的要求,教育曾一度采取的行为就是将它们纳入德育范畴,这样,德育的概念越来越模糊,德育的内容越来越庞杂,德育的任务越来越重大,德育的结果越来越低效。其次,是否对学生分别进行德育、智育、体育、美育、劳动教育就可以促进学生的全面发展呢?有的学者认为,在一定程度上,我们的智育给予学生的只是一些知识、部分技能和部分能力;我们的德育给予学生的只是一些阶级观念、政治思想和行为规范;我们的美育给予学生的只是一些音乐、美术等的常识和相关的技能、技法训练;我们的体育也无视学生的身体差异及体育精神而给予他们单纯的动作训练;劳动教育则更多表现为一种形式。而至于科学精神、人文素质、道德修养、社会责任感和义务感、民族使命感、审美人生等内容至多只是"渗透式",甚至忽略不计的教育。再次,很多人把全面发展中德智体美劳的理论分类与课程设置中的学科分类混淆起来,并由此将五育与学科教育对应起来,认为语文、数学等学科是智育,思想品德课是德育,音乐美术课是美育,体育课是体育,劳动课是劳动教育,错误地将理论思维中的抽象范畴人为地实体化。

看来我们对全面发展学说的理解及实践都存在着极大的偏差。同时,当代人生存于多样、多元、多变之中,面对无序的"杂多",特别需要有一种"一"作为生活的支撑和发展的向导,这种"一"既指个人应对外部世界所需的"大智慧",又指提升自我生命质量和完善自身所应具备的观念、意识、理

---

① 瞿葆奎《教育基本理论之研究(1978—1995)》,福建教育出版社 1998 年版,第 627 页。

想、信念等,它不是要人面面俱到,不是要人随波逐流、丧失自我。很显然,人的这种生存境遇对"全面发展教育"的要求,就不能只是随外界环境的变化而进行修补、添加,而必须立足于人的内在完整性,探寻使人获得整体发展的有效之路。①

4. 健康人生的教育与幸福教育

人的生活以追求幸福为目的,教育又以人的生活为目的,由此,教育的理想状态应该是幸福教育。这是一个符合逻辑的命题,也是无数人追求的理想。问题的关键是,究竟什么是幸福呢,教育想达到一种什么样的幸福状态呢?

幸福的无法言说性,导致幸福教育命题的虚幻性。人们认为幸福首先是一种主观的心理体验,每个人都是根据自己内心认同的幸福观来感受幸福的。鹏鸟南飞,击水三千里,扶摇直上九万里,但只能飞于枝头或草丛中的蝉和小鸟却无法体验那种翱翔的幸福,反而发出"飞那么高是何苦呢"的感叹。此人的幸福有可能是彼人的痛苦,这种感受具有不可替代性,因而,说不清楚某个事情到底是不是幸福。我们时常讲,"痛并快乐着","痛苦一阵子、幸福一辈子",幸福、痛苦、不幸没有界限吗?于是人们又追加了对幸福的解释,认为"幸福不是我们以往理解的愉快、高兴。只是当人性得到肯定时的一种情感状态,与情感内容并无直接联系,它既可以表现为高兴、快乐、愉快,也可表现为不安、悲恸、气愤,还可表现为悲喜交加、苦乐兼具"②。有人把需要得到满足后而产生的幸福快乐看做是人生的目的,但也有人认为这只表达了人生中直接的、特殊的、表层的目的,缺乏对人生间接的、根本的、共同的目的和意义加以思考。幸福、快乐固然是人生的需要,但为了实现自己人生目的的人,可能会成为一个"痛苦的苏格拉底",而不会做"一头快乐的猪"。钱钟书先生曾在《论快乐——写在人生边上》中写道:"穆勒曾经把'痛苦的苏格拉底和快乐的猪'相比较。"爱因斯坦在《我的世界观》中曾经说过:"每个人都有一定的理想,这种理想决定着他的努力和判断方向。就在这个意义上,我从来不把安逸和享乐看做是生活的目的本身——这种伦理基础,我叫它猪栏的理想。照亮我的道路,并且不断地给我新的勇气去愉快地正视生活的理想,是善、美和真。"进而,人们对幸福的解读又加了"意

---

① 刘黎明《基于马克思主义的教育学中人之问题再认识》,华东师范大学博士论文 2007 年,第 99 页。

② 刘次林《幸福教育论》,人民教育出版社 2003 年版,第 36 页。

义"的要素,认为这样才可以有长久的幸福,有病态心理的人的愿望得到满足是不是幸福呢?来源于不合理欲望之快乐幸福吗?人们认为前者是不幸福的,后者是虚假的幸福。认为单纯主观体验是靠不住的,进而又给幸福加了伦理的限定,主张幸福不仅是某种主观意向被满足的结果,它取决于生活能力的发挥,强调幸福的生活意义性。因而有人提出:"幸福要求在心理学的体验上加上伦理学的限定,只有当需要受到全面人性的指导时,其满足才产生真正的幸福。同时,也只有产生了主观体验的伦理价值才能是幸福的。"[1]但是,我们是否想过,幸福也许是很简单的事情。当你感受到幸福时,还忙着考虑它的伦理价值吗?人们总是忙着界定幸福的概念,或拓宽它的宽度,或挖掘它的深度,这实际上是一种对多元体验进行强制性统一的做法。笔者认为,无论如何,幸福感总是基于感受主体的价值体系和标准,而不是基于他人的标准。虽然幸福的获得要以一定的外界条件为基础,但更重要的是人自己的感受性和生活态度。因而,幸福是美好的,但幸福是无法具体定义的。笔者也同意"状态论"的看法:幸福是一个抽象的概念,从来都不是一个事实,它是一种一开始人人都以为能够达到最后没有一个人敢说自己已经拥有的东西。

　　幸福教育就是人心中的一种美好,是一种永恒性的、纯粹性的渴望,是人们对教育的一种乌托邦精神。乌托邦精神体现着对此时此地不具有实现可能性的价值理想的追求,其内涵是追求完美的精神、批判的思维和乐观的生活态度。[2] 幸福教育的乌托邦精神是教育价值理想中一种可贵的品性,但作为一种对现实世界的远景式的观照和召唤,它的期待并不一定全部是现实生活的合理化。对它的误用可能给教育带来异化或破坏。幸福教育的遥远性与教育的现实状态之间可能存在着一定的紧张关系,如果人们始终无法感受到这种终极性的东西,则会对此产生怀疑,甚至全面拒斥,导致乌托邦精神的崩溃。同时,教育的乌托邦精神可能带来教育功能的泛化现象,将教育从社会系统整体中抽离出来,孤立、抽象地讨论教育,有可能重新陷入"教育万能论"的泥沼。对教育期望的增多,从表面上看或许意味着教育地位的提升,但实际上,教育功能边界的丧失极有可能导致教育的异化。当教育作出更多超越自身能力的承诺后,其将会面临越来越多的批判,承受不

---

[1] 刘次林《幸福教育论》,人民教育出版社 2003 年版,第 36 页。
[2] 孙元涛《乌托邦精神与教育——关于教育价值理想的哲学思考》,《高等教育研究》,2006(1)。

堪承受之重。①

总之,幸福教育或者类似其他某种教育,无论在教育前面加一个什么样带有褒义性质的限定词,都是对教育的一种美好期待,表达了对教育的一种价值追求。然而,这个限定是否是一种基于现实基础上的理想限定,能否去言说或在什么程度上言说,能否真正触及教育实践,则造成了它们与健康人生教育之间的差别。健康人生教育关注人的生存与发展,是现实与理想、个人与社会、个性与社会性的辩证合理的统一。而且,笔者认为,"健康人生"的内涵不仅有个体的标准,而且有社会、他人的标准(如生命力、社会价值等),是相对客观的,在教育实践当中是明确可行的。

二、教育对人生的三重关怀

人生就是现实的人在现实生活世界中追求生存、发展、自由的过程。为此,人只能靠其知识、思想和智慧来把握自然、社会、精神实践,洞悉人生发展的本质和规律,发挥潜能,营造自身生存和发展的条件、环境、世界,并在此基础上获得提升。教育应该从自然生命、社会生活、精神状态之间的辩证关系中达到对学生人生的整体认识;通过对学生的生命关怀、现实关怀、精神关怀,使学生体认生命、形成生命意识,实现交往生存、走向公共生活,发挥潜能、提升人生境界,最终达到人生的充实、平和及超越,使学生享有健康人生。

(一)个人存在形态的三重性与教育的三重关怀

马克思将现实的人的存在分为三重存在形态,即个人的人类性或类存在形态,通过人与自然的关系来考察;个人的群体性或社会存在形态,通过个人与他人的关系来考察;个人的个体性或个体存在形态,通过个人与文化世界的关系来考察,主要体现为人同自己的主观世界的关系。

首先,现实的个人是指可以经验到的有血有肉的生命个体,是人的最原始、最基础的存在形态。正如马克思所指出的:"全部人类历史的第一个前提无疑是有生命的个人的存在。因此,第一个需要确认的事实就是这些个人的肉体组织以及由此产生的个人对其他自然的关系。"②这种形态只是自然人,与自然发生直接关系,吐故纳新、新陈代谢、生老病死等。只有当自然

---

① 孙元涛《乌托邦精神与教育——关于教育价值理想的哲学思考》,《高等教育研究》,2006(1)。

② 《马克思恩格斯选集》(第一卷),人民出版社1995年版,第67页。

人成为人类社会的成员,成为类存在物,具有人类性,被人类所创造的力量所武装时,个人才能作为人同自然发生主客体关系,通过人类化的过程才能变为人。其次,"个人是社会存在物。"[①]"自然界的人的本质,只有对社会的人来说才是存在的;因为只有在社会中,自然界对人来说才是人与人联系的纽带……只有在社会中,自然界才是人自己的存在的基础。……社会是人同自然界的完成了的本质的统一。……个人是社会存在物。"个体的人通过社会群体化的过程,接受社会群体文明、掌握社会群体规范、参与社会群体改造社会的活动,处在社会群体所创造的社会关系之中,处于一定的社会地位,获得社会角色或身份。再次,人还表现为精神性存在。个人作为独立的思考者、批判者,对人类和群体所创造的社会文明进行批判、改造,创造新的精神文化,对自己的世界观或思想进行改造。在这个过程中发现新的理想,树立新的信念,开拓新的视界,提升自身的精神境界。

人的三重存在形态既可以区分为三个相对独立的层次,即人的人类性、社会群体性、个体性,同时又是相互联系的统一整体。对于现实的个人而言,人的三重形态中最根本、最基础的存在是个人的类存在,它决定着个人的社会存在与个人的精神存在;人的社会性在人的三重存在形态中起着中介作用,把人的类存在和个体存在相联系,即在历史发展过程中个人通过社会关系联合起来形成了类。类存在是人的无限存在形态,这种形态不是自然形成的,也不是一下就能够实现的。它必须通过社会群体形态来逐步落实、体现和实现。人的精神存在既是人的类存在和社会存在的派生物,又是创造人的类存在和社会存在的精神原动力。

根据人的存在形态的三重性,教育应该从自然生命、社会生活、精神状态之间的辩证关系中来达到对学生人生的整体认识,因而,教育应通过对人的生命关怀、现实关怀、精神关怀来实现对学生人生的观照。下文将从这几个方面进行论述。

(二)生命关怀

生命关怀旨在通过揭示生命的自组织性、生命的不可逆性、生命存在的矛盾性,使学生关注自身的身体健康,珍惜并延长生命的"真实"时间、正确认识死亡,体验向死而生的自由,辩证地看待人生,从而使学生认识生命、尊重生命、珍惜生命、热爱生命,形成生命意识。

---

① 马克思《1844年经济学哲学手稿》,人民出版社1985年版,第78-79页。

1. 生命关怀与生命教育

这里提出的生命关怀与我国当前的生命教育不同,二者虽有一定联系,但也有很大区别。生命关怀期望学生能对人生的载体——生命形成正确认识,是形成健康人生的认知前提。

目前,对于生命教育有很多种不同的理解。西方人首先提出"生命教育"这个概念。20世纪60年代,美国社会中的吸毒、自杀、他杀等危害生命的现象大量存在。针对这一现象,美国研究者希望通过生命教育唤起人们对生命的热爱和珍惜,消解对生命的漠视和放纵。1968年,美国学者杰·唐纳·华特士在加州创建了"阿南达村"学校,开始倡导和践行生命教育。后来,澳洲成立了"生命教育中心",主要致力于药物滥用、暴力和艾滋病防治等。这种教育很快波及世界许多国家和地区,成为一种新的教育思潮,并出现了多种形式,诸如死亡教育、寒冷教育、孤独教育等。[1] 深入到学校的生命教育,也关注反吸毒、预防艾滋病、远离犯罪和贫穷等话题。我国学者王文科主编的《生命教育概论》(广东高等教育出版社,2008)所探讨的内容就与此相似,关爱生命、健康道德、成长自我、防御疾病、性爱安全、抵制诱惑、远离毒品、铲除暴力、拒绝自毁、防范危险等是他所关注的问题。

在这样的背景下,面对国内学校学生的自杀事件,我国港台地区也掀起了生命教育的热潮。台湾地区引入了"死亡教育",但把它改称为生命教育,并在学校教育中逐步推广实施,现已形成了相当的规模,取得了不错的成果。虽然港台地区进行生命教育的直接原因是由于学生的自杀等意外事件,但在实施过程中并不只关注于自杀防治等主题,而是以匡正社会风气、提升全民生活品质与社会价值重建为目标,已远远超出美国、澳大利亚等地所关注的范畴。

我国内地的生命教育也是源于校园暴力、学生自杀、伤害生命等案例,但更多强调的是学生的精神生命、精神世界、生命智慧等的培养。如叶澜教授提出的、大家所熟知的"把个体精神生命发展的主动权还给学生"、"让课堂焕发生命活力"。刘济良教授认为,生命教育是教育价值取向的转变,教育需要培育、完善、涵养和润泽学生的生命,"在尊重学生生命的基础上,去完善生命,并引导学生通过提升生命的意义而实现现实生命的超越,在感悟生存意义、讲述生命故事、丰富生命体验的基础上来走向生命的辉煌、灿烂

---

[1] 张涤非《论生命意识教育》,河南大学2004级硕士学位论文,第22页。

和神圣"①。刘志军教授在其《生命的律动——生命教育实践探索》(中国社会科学出版社,2004)中,开篇就讲到,生命教育是一种关注人的生命自由的价值体现。

从以上的简单梳理可以看出,生命教育有广义与狭义之分。我国台湾有的学者认为,广义的生命教育是一种全人培养的教育,从肯定、珍惜个人自我生命价值,到他人、社会乃至自然、宇宙的价值,并涉及生死尊严、信仰问题的探讨,包括生死达观教育、人生哲学教育、情绪辅导教育、创造思考教育、多元智慧教育、终身学习教育、生活伦理教育、两性教育、公民道德教育、社会公益教育、环境教育等多个方面。狭义的生命教育是一种人生观的教育,教育学生认识生命、尊重生命、热爱生命,进而珍惜生命。这样看来,"生命关怀"属于狭义意义上的生命教育。同时,由于学界理解的人生观强调人生态度、人生价值、人生目的等要素,因此笔者不同意我国台湾学者把它说成"人生观"教育,而是表达一种"生命观",即对生命各个层面的认识,包括人生观在内。

2. 生命体的自组织性与身体健康教育

从生物学的角度看,生命体需要具备两个条件,一是能新陈代谢,二是生生不息能自我繁衍,二者都需要核酸和蛋白质的参与。因而,有人说,人就是核酸和蛋白质的合成,是一堆碳水化合物。从生理解剖学角度来看,人的生命是一个非常复杂且高度精密的有机整体,其最简单、最基本的结构和功能单位是细胞;细胞和细胞间质结合在一起,形成人体器官;多个器官有机结合在一起构成人体的各个系统。人的生命依靠各大系统的协调组织。运动系统、循环系统、呼吸系统、消化系统、泌尿系统、生殖系统、内分泌系统、神经系统八大系统各司其职,分工协作,使人的整个生命系统不断与外界自然进行物质、能量和信息的交换活动,以保证人的生命系统本身的生存平衡和发展活力。在此意义上,健康就是指物质、生物的范围,与疾病相对。当身体受到病原体侵害之后,局部细胞遭到损害,器官、组织的形态结构、生化代谢被破坏,人就会产生疾病;体内多种生化指标保持正常,人就健康。

身体是一切之根本,我们应当关注载生命之车的身体,发展儿童的健全体魄,保证儿童的身体健康。儿童的身体健康是其精神生命发展的前提,教育要认识到健康与儿童自主精神之发展、综合素质之发展间的内在关联。而我们的教育却常常忽视这一点,其大体有两种表现形式:一是,出于一种

---

① 刘济良《生命的沉思——生命教育理念解读》,中国社会科学出版社 2004 年版,第 8 页。

良好的动机。许多成人对儿童自己的事情越俎代庖,却没有意识到这种行为对儿童的生存能力、生命活力的负面影响,可谓"用心良苦"地抑制儿童发展、限制儿童健康成长。二是,无意识的直接伤害。成人忽视了身体与学习的相关性,总是试图打造自己理想中的儿童,却遗忘了儿童可以承受的负荷。正如黄白兰所说的:"我们的孩子像被驱赶的羊群一样,早晨被家长从家中赶到学校,晚上被老师从学校赶回家中,然后锁起来等待明天。"[1]对儿童身体健康的毫不关注,还可能造成其大脑发展总体性负担过重或者脑机能发展不均衡,甚至造成大脑发展的障碍。[2] 中国青少年研究中心孙云晓认为:"知识教育的提前入侵,使早期教育变成了早期摧残!"[3]同时,巨大压力还可能造成儿童的"童年恐慌"。童年恐慌就是儿童因面临巨大压力不能理解和承受而产生的一种较强烈、较持久的焦虑心态。这种恐慌不仅会严重扭曲儿童的学习动机和人格发展,还会使童年过早消失,让孩子感觉"末日来临"。其实,课业负担问题、厌学问题、行为逆反问题、网瘾问题、各种各样的他杀、自杀事件等,又怎能说与此完全无关呢?

因此,教育必须重视学生的身体健康教育。我们首先想到的就是体育。广义的体育包括身体锻炼的教育和卫生保健的教育,前者侧重学生机体的培育,后者侧重学生机体的保护。二者互相结合、互相促进,密不可分。学校必须同时做好这两方面的工作。同时,教育必须倡导健康的生活方式。1992年,世界卫生组织在《维多利亚宣言》中提出了健康的四大基石:合理膳食、适量运动、戒烟限酒、心理平衡。这反映出一种健康的生活理念,前三种就是身心健康的基础——生活方式的健康,因而,要教育学生不做损害生命的事情,保持健康的生活方式。身体健康不仅仅是体育的问题,更是我们头脑中的观念问题。有了健康的理念,即使细节也会引起重视,比如在教学中就会特别注意教学卫生,要求学生在坐、立、阅读、书写和其他学习活动中保持正确的姿势,保护学生的视力,防止课业负担过重,使学生有规律、有节奏地学习与生活,保持旺盛的精力,发展健康的体魄。

3.生命的不可逆性与珍惜生命教育、死亡教育

时间是生命的存在方式,也是生命限定的标志。我们总是将人的存在

---

[1] 黄白兰《盲点——中国教育危机报告》,中国城市出版社1998年版,第113页。
[2] 侯春在、杨启亮《关注身体健康:张扬生命活力的一个基础问题》,《当代教育科学》,2007(23)。
[3] 郭韶明《成功标签制造童年恐慌》,《中国青年报》2006年1月15日,http://296.cyol.com/content/2006-01/15/。

分为过去、现在、将来,或分成童年、青年、成年、老年等不同阶段,在此意义上,人属于时间。时间之流无情地向前奔腾,一去不返,时间的流逝性与不可逆性导致了人的生命的不可逆性。同时,随着时间的流逝,人总会走到生命的尽头,也就是死亡,人死不能复生,也体现了生命的不可逆性。因而,我们要珍惜时间,并延长有质量的生命时间;要懂得尊重一切生命;要正确认识死亡,体验向死而生的自由。

(1)尊重生命的教育。每个生命都是独特的,每个生命都是唯一的,这都因为生命是不可重复、不可逆反的。生命对于一切生物来说都只有一次,失去便不可复得。这需要我们尊重生命的存在,而不可忽视生命,甚至伤害生命。尊重生命不仅要尊重自己的生命,也要尊重他人的生命,尊重一切有生命的生命。

许多的校园暴力、自杀、杀人等案例以及那些以死证明生命价值的事件,触目惊心!这是对生命的淡漠,对生命的忽视。尊重自身的生命,就要珍惜生命、健康生活、追求生命质量等,这些内容在生命关怀的论述中从不同的角度都有所体现,这里就不再赘述。尊重他人的生命,是一个值得注意的问题。杭州骇人听闻的富家子弟飙车撞死浙大毕业生事件,在社会上引起了强烈的反响。民众不仅悲伤于鲜活生命的逝去,更愤慨于"富家子弟"罔顾他人生命的行为,撞人之后的恶劣态度。但这位富家子弟竟然还是"文明的"大学生,于是,人们纷纷问罪教育,尊重生命的教育如此迫切!此类案例是不尊重他人生命的极端反映——导致生命的死亡。实际上,不尊重他人生命还有其他比较缓和的隐性形式。比如,我们的很多老师,是否真正尊重了学生的生命呢?面对自杀事件,我们不能只是从旁观者的角度无关痛痒地教育学生要珍惜生命。其实,几乎所有选择死亡的人都知道生命只有一次,除非这个人精神失常。作为成人,我们需要深刻反省自身的行为,你考虑到学生的意愿了吗?你让学生感觉到生活的希望了吗?你把学生当成像你一样的人看待了吗?很多学生的自杀案例,其实是成人对他们不尊重的积累和爆发。孩子稚嫩的肩膀无法扛起那"不堪承受之重"!只有教育者达到了对生命的体认,才能尊重学生。不论教育者还是学生,都要确立生命至高无上的地位,解除对人的生命价值的遮蔽,彰显和照亮每一个生命的价值,尊重乃至敬畏生命。

对于生物生命的尊重也值得我们重视,历史的教训已经摆在眼前,我们需要一个和谐的生存环境、一个平衡的生态系统。只有达到与自然的和谐共生,才有人类的可持续发展。

"只有体会到对一切生命负有无限责任的伦理才是有思想根据的。只有当人认为所有生命和一切生物的生命神圣的时候,他才是伦理的。"①

(2)延长生命的"真实"时间。就我们平时对时间的理解来讲,时间是确定的,时间限定了生命,人之生命的完结带来时间的断裂。那么,人生在世就当惜时,人生醒悟从惜时起。人生的平庸常常是因为懒惰,时间给我们提供了机遇和事业,而我们却因惰性不能及时地抓住时机。人生宛如一支点燃的蜡烛,若不珍惜它的发光时间将会瞬间把它化为乌有。因而,人要想品尝人生的滋味,而不蒙受平庸、空虚和愧疚的苦恼,就得珍惜时间,珍惜生命。教育也常常是从这个角度规劝学生要珍惜时间,勤奋学习,珍惜当下生活。

法国哲学家柏格森重新确立了时间观,认为时间存在着"真实时间"与"虚假时间"之分,与此相对应,将人的存在分为"深层自我"与"表层自我"。他认为,时间是一股连续不断的流,它没有开端,也没有结点,绵延就是它的特性,体验就是它的唯一方式。时间就是绵延,就是不断生成,不断创造,这就是他所说的"真实时间"。与此时间观相对应,人的存在表现为"深层自我",即人的存在就是永恒的流变,用他的话来讲,"对有意识的存在者来说,存在就是变易;变易就是成熟;成熟就是无限的自我创造"②。柏格森提倡时间是过去、现在、未来的环环相扣、生生不息、连续发展的过程。他认为,将绵延的时间之流分割为一个又一个的瞬间,或者承认时间轮回、交替等都是对时间的错误解释,他称之为"虚假时间"。与此相应的人是"虚幻自我"、"表层自我"。人在那被分割为一个一个的具体的"虚假"时间里,不停地从一个地点变换到另一个地点,从一个角色转换到另一个角色,从一种状态变化到另一种状态,人生就是这些片段,像电影般放映而过。

在这种对时间与人的存在特性的认识下,珍惜时间就有了更深层的涵义。时间的绵延性使人的生命时间——"深层自我"的时间有了不确定性。由此,人珍惜时间就是除了珍惜自然时间外,还必须追求真实的生命时间,因为人生拥有的自然时间并不等于人的生命时间。因此,教育应当让学生以一种主动的方式生存。只有主动的生存方式,发挥其主观能动性,增强自我意识,个体才能将"虚假时间"转化成自身的"真实时间"。这样,在有限的

---

① 贺来《生存哲学:中国语境及其使命》,《哲学动态》,2001(1)。
② 〔法〕柏格森《创造进化论》,王珍丽等译,转引自:叶启绩、林滨、程金生《20世纪西方人生哲学》,人民出版社2007年版,第36页。

人生时间里,不断生成"真实时间",在"真实时间"的无限生成中,确证学生生命的存在,体现学生自身的成长,提高学生生命的质量。

(3)死亡的本己性与向死而生的死亡教育。对于生死问题,我国古代哲学就已有讨论,但笔者认为,对于死亡,人们还是常常回避,并主要存在两种认识上的偏差。一是,把死亡搁置或排除在人生之外。孔子对季路的那句回答"未知生,焉知死"其实包含着辩证的生死思想,即死是生的反面,知道生才能知道死,知道怎样生也就知道怎样死了。圣人之言,异常深刻。但笔者认为,这里还是对死有些回避,为什么不说"未知死,焉知生"呢?没有人经历过自己的死亡,因而总把死亡从人生之事中排除。海德格尔认为,人们从他人之死的经验中可能获得自己必有一死的知识,却常以他人"已经"而我"尚未"的思维逻辑,把死亡的确定性推迟到不确定的未来,这样人就可以暂时躲避死亡。别人谁也不能替自己去死,唯有把自己的死带入自身的存在结构当中,人才可能真正有价值地生活。二是,对死亡的勇气,不等于对死亡的深刻认识。儒家的精神当中有"生不可不惜,不可苟惜"、"处险而安"者是鄙夫,"处险而险"者是君子。这教育人们不能贪生怕死、苟且偷生,在危机面前不能只求自保、不挺身而出。这是合理的,但这种传统思想的过度倡导是很危险的。尤其是对于青少年来说,他们不能正确体会生命,只是模仿武侠的义气。当今很多的自杀案例都说明,儿童在遇到难以解决的事情时,常常以这种悲壮的义气之死来确证自身的存在。在自杀者当中,不少学生要以死来证明老师的错误、家长的错误。这是应当防范的。而且,在危机面前我们一定要教育孩子注意策略,这是非常必要的。

海德格尔指出,由于死亡人人无可避免、无可替代,因而是"此在"的最本己的东西。人们总是按大家所认同的一种生活方式去生存,而不去做出自己的自由选择,这样就推卸了压力和责任,"常人"就此"沉沦"。要把"常人"唤醒,就只有通过死亡之锤的敲打。[①] 因而,人们只有认识到死亡的本己性,才能真正认识到生的意义。这对教育很有启发意义。

通过死认识生,为学生的积极性、主动性、能动性、存生价值、存在意义的唤醒提供了另外一个很好的视角。对于人为什么要活着、怎样生存才有意义,为什么要体现自身价值等人生观问题的教育,我们大多采取说教的方式。这种正面的说教有时会于事无补,还常常让人反感,遇到逆反心理较强的学生,反而会走向反面。当今,由于教育的种种弊端,造成学生对教育的

---

① 叶启绩、林滨、程金牛《20世纪西方人生哲学》,人民出版社2007年版,第135页。

信心不足,由此产生对自身的信心不足,对社会、对生活的厌倦,得过且过,随波逐流,思想麻木,缺乏责任心等种种现象,制约了学生的发展。这就像海德格尔眼中"沉沦"的"常人"。

死亡教育让学生正确对待死亡,体验生的价值。柏拉图曾说过,哲学就是学会死亡。死亡的意义不在于认识到它的必然性,而在于它能震动人的心智,使人的认识、思维有所醒悟,不再出让自己的自由和选择,不再推卸责任和压力,而是下定决心要成为别具一格的自己。这样,获得了"向死的自由"的个体,才能在生命的展开过程中发挥自己的主体性,选择想要的生活,并为此而努力,方能达至"诗意地"生存。①

4. 生命的矛盾性与对待人生方法的教育

人的生命是矛盾性的存在。不论从生命的哪一个维度,矛盾都无法避免。作为自然的物质生命,生命体本身就是输入与输出、索取和奉献、疾病与健康、生存与死亡的矛盾体;作为精神的生命,人既是不断开放、不断生成的,又受社会发展水平、文化制度的制约;既存在崇高的理性,又具有冲动与激情。我们这种对生命维度的划分,本身就是生命矛盾性的体现。生命的矛盾性导致人生就是矛盾性的展现。人之存在的自然性与社会性、物质性与精神性、实然性与应然性,在人生的旅途中就是生活中的公与私、义与利、得与失,崇高与卑微、成功与失败、快乐与忧伤……不可穷尽,只要存在就是矛盾。

矛盾无时不有、无处不在。人生就是一个不断解决矛盾,求得平衡,又出现新的矛盾,再求得新的平衡的连续不断的发展过程,从而推动人生前进的历程。可以说,没有矛盾人生就失去了意义。矛盾的循环往复造成了人生的调整与变革,我们不仅要将变革看成是人生的小插曲,而且要知道它就是生活本身。人不能总是对一定程度上的稳定、可靠充满留恋,而必须以积极的心态迎接各种变革,不论它是积极的还是消极的。人生充满了冒险性,成功具有概率性,我们要具有灵活的适应能力。因而,我们应当认识矛盾,正确对待矛盾,以辩证的思维看待人生的矛盾,正确对待人生中必然要经历的各种磨难、痛苦、失意、压力、挫折,只有处理好这些矛盾,才能把握自己的生命、调控自己的人生,达到各种矛盾的统一。

以上从生命存在的本性出发,论述教育对学生的人生关怀,以形成对生命的体认。用社会学家李银河的一小段话来表达笔者的用意。"生命是一

---

① 叶启绩、林滨、程金生《20世纪西方人生哲学》,人民出版社 2007 年版,第 136 页。

个奇迹。在热力学第二定律中,它是一个减熵的现象。能生而为人本身就是一个太多偶然因素构成的奇迹,从这个意义上说,每个人都是宇宙的幸运儿。我们太应珍惜这几乎不可能的奇迹,珍爱生命、善待生命,它的存在应是狂欢、应是快乐、应是难以压抑的歌唱。"①

(三)现实关怀

人以自己的潜能、知识、能力、德行等本质力量创造社会价值,并以自我价值来维持自我生存、自我发展和自我实现。个体的人生价值是自我价值与社会价值的统一。因而,教育既需要尊重个人的自由、独立和个性差异,尊重个体完善、发展的内在需求,发掘人的潜能,又需要在促进个体社会化的同时培养其社会责任,尤其是改造社会的责任,处理好个体与社会的关系。教育既需要注重个性培养又要注重个体的社会化,唯此,人在现实生活中才能更好地实现自身的人生价值。

1. 教育对学生现实人生关怀之过与不足

(1)过分追求知识人的塑造。"塑造知识人是一个根深蒂固的教育信条。""为了知识,人们忘却了自己,忘却了生活,甚至牺牲了自己和自己的生活……于是就产生了这样的结果:知识得到之时,也是人自身、人的生活被异化之时。这是教育的悲哀!"②当然,教育背负着文化传递的重任,它不可能与知识毫无关涉,我们无法否定知识在教育中的作用,教育是以知识(尤其是间接知识)为媒介而促进学生发展的,因而,传授知识乃是教育非常重要的责任之一,学生对知识的掌握和获得永远都是教育的目的之一。但教育的过程绝不只是单一的知识和行为标准这种狭义的文化传递过程,对知识的掌握也不仅仅是对现有知识的接纳与占有,而应该注意学生在知识的掌握过程中是否伴随着思维模式的积极改善及思维能力的有效发展,并且考察学生是否能将这种得到发展或改善的思维方式迁移到诸如道德认知、理性判断等能力的发展之中。这种发展的最终意义在于,学生除了实现其个人生存意义上的成功,还应该能够体现出其作为社会存在的价值。在当今的教育改革中,尽管各种新的教育思想层出不穷,但我国教育实质上沿袭的仍是知识掌握的单一向度。

王帅博士在其博士论文《知识与幸福》中对此有着精辟的表述:知识研究历来重视知识的普遍属性和公共属性,而不重视知识的个体属性,把知识

---

① http://blog.sina.com.cn/liyinhe。
② 鲁洁《一个值得反思的教育信条:塑造知识人》,《教育研究》,2004(6)。

仅仅说成是公共的,而不是个人的。这样,在知识的"本体"视野中,知识"去个体化"了,知识就是真理,对知识就应顶礼膜拜、俯首帖耳、唯命是从,对知识的客观性,个体不能有半点质疑,更不能渗入自身的主观意义和情感,只因这些意义和情感缺乏实证依据和检验证据。如此,知识往往成为纯粹的、外在于个体的、共同的……知识就是力量,客观真理是最有价值的知识,是个体终生奋斗的目标,为此个体甚至需要为"真理"而"献身"。类此种种的口号式话语,催促着、煽动着个体去追逐、去渴求。在这种无情的煽情中,个体常常忙于"攫取"、"占有"知识,知识外在于个体的情感世界和生命意义,知识控制了个体。① 教育实践也常常不关心知识之于个体存在的意义,丧失了对知识终极信仰的反思和审视,缺乏对个体知识学习的生活关怀,盲目地追求知识的工具价值和功利价值,将"知识改变命运"写上学校的围墙,加以曲解,一切求知都围绕"改变命运"的目标展开,致使个体的存在成为了一种功利的、机械的、欲望的存在。在这样的求知中,个体损毁了身体,扭曲了心灵,失去了信仰,放弃了对人生意义的反思和问询,个体逐渐成为一个灵魂无所归依、失去终极关怀、"居于虚无之乡"的可怜的求知者。② 在他看来,由于教育对知识的错误解读,导致了对生命的扭曲,甚至可能给个体带来不幸,并从三个方面归纳了我们教育当中错误的知识观:一是,功利主义和唯"材"思维中的知识;二是,"符合"观念和备考教学中的知识;三是,应试评价和"威权"机制中的知识。③ 应该说,这种认识还是比较全面而深刻的。因而,知识的教学不是对儿童的训练和控制,不是对其生命的压抑,应引导学生在接受知识的基础上创造知识,激发其求知的热情和创造精神;教育不应仅仅以知识人的塑造为目的,还应考虑学生的情感、态度、价值观的形成,为其人生的可持续发展奠定基础。

(2)个性与社会性的双重缺失。上述知识人塑造的过程,必然会带来教育的缺失,现实当中一些学生个性的丧失与社会意识的缺乏也是事实。诚然,培养学生的独立个性早已被写入教育学教材,现代教育改革也极力倡导。教育要"使受教育者的个性自由发展,增强受教育者的主体意识,形成

---

① 王帅《知识与幸福——关涉个体幸福的知识教育建构》,华中师范大学博士论文2009年,第2页。
② 王帅《知识与幸福——关涉个体幸福的知识教育建构》,华中师范大学博士论文2009年,第3页。
③ 王帅《知识与幸福——关涉个体幸福的知识教育建构》,华中师范大学博士论文2009年,第90-91页。

受教育者的开拓精神、创造才能,提高受教育者的个人价值"①。然而,这种对个性的追求淹没在了传统教育理念当中。个性培养变成让儿童受教育的时间不断提前,从胎教到学前教育,到参加各种各样的培优班,而动机与目的却是"不要让孩子输在起跑线上";大学生活就是参加各式各样的培训,获取琳琅满目的资格证书,希望自己与众不同,但花费这么多的时间和金钱去追求的却是以后更好的工作机会、工作条件、更舒适的生活……

就社会性而言,学生中常常出现社会生活能力缺乏的现象。目前,无论在家庭还是学校都存在着"唯智"的教育倾向,"只要把学习搞好了,其他什么都不用管"是家长的口头禅,分数又是学校老师评价学生的硬性标准。这无形当中形成了学生的价值导向,致使一些学生只顾埋头学习。单调的学习生活,养成了一些学生从小到大的直接目标就是升学,至于以后要干什么。为什么干,并不十分明确,从而使他们不注重与人交往以形成良好的人际关系,缺乏心理调适能力;实践动手能力不强、社会适应能力差;漠视伦理道德、人情淡漠;社会责任感不强,常把社会责任当成是外在的、他人的、与己无关的东西;更缺少对现实生活的认识、体验和对未来生活的憧憬,极少去关注人生的价值和生活的意义。

2. 关注学生人生发展的独特性

世界上的每一个人都是独特的、唯一的。人的遗传素质具有差异性,这种差异性表现在体态、感官及神经活动类型等生理因素上。这种差异性决定了人先天具有的独特性及在后天发展中的优势结构。同时,人是社会关系的总和,人的现实本质是在社会中不断生成的。处于不断生成中的人必定是独特的,因而才有"人心不同,各如其面"的说法。马克思也非常强调个人生命在自身的活动中表现出来的独特性。每个人都会表现出不同的爱好、不同的特长、不同的思维方式、不同的生活体验、不同的人生选择,逐渐形成不同的行为方式、不同的生存方式,更会有不同的信仰、不同的追求。因而,个体生命的独特性是他自己存在的理由和根据。奥地利著名心理学家、意义治疗学派的创立者弗兰克尔指出:"每一个人都是独特的,惟一的,是他人不可取代的。……人的独特性和惟一性作为一种内部限制也是人的生命意义的一种补充。如果所有的人都是完满的,那么每个个体都可能由另一个人所取代。正是由于每一个人是不完善的,又都是不可替换和不可弥补的,所以,每个人都有生动的个性。人不可能尽善尽美,它的偏差构成

---

① 王道俊、王汉澜《教育学》,人民教育出版社2006年版,第114页。

了他的惟一性。"①

首先,关注学生人生的独特性就要尊重、欣赏、发扬人的这种独特性。在教育过程中,应当尊重学生的独特性,并正确认识这种独特、差异性。人之自我的独特性通常是以自身的不完美和偏差以及与他人的差异性表现出来的,但我们绝对不能把这种不完美或偏差看做是其不足及缺陷,所有这些不仅是人之为人的必然,而且对于人的生命存在具有非常重要的意义。因而,世界上没有至上至美的人,不要以学生之间某个方面的差异而将学生分为三六九等、可教与不可教、天生聪慧或愚笨等。这种独特与差异统一于个体整体生命中。对于教育来说,它是我们从事教育活动的客观基础和前提,不是划分人高低贵贱的依据。承认差异性,也就是承认每一具体个人存在的合理性。教育是要在差异的基础上促使每一个学生获得应有的发展,而不是要消除差异,所以,教育应公平、公正、平等地对待每一个学生的差异。教师应学会用欣赏的眼光看待每一个学生,同时要使学生认识自己的独特价值,鼓励学生发展属于自己的特色,使自己接近真实的自我;人怎样选择就怎样生活,人生也就怎样,因而要合理引导学生按自己的意愿进行选择,使每一个人"成为他自己,'变成他自己'"②。

其次,关注学生的独特性还体现在珍惜学生生命中每个阶段的独特价值。在处理学生发展的现实与未来关系上,因采取辩证统一的方式,而不能将二者割裂。"一个人在一阶段的生活和在另一阶段的生活,是同样真实、同样积极的,这两个阶段的生活,内容同样丰富、地位同样重要。"③现实教育常为了学生的美好未来,而让他们先苦后甜。卢梭曾呼吁道:"在人生的秩序中,童年有它的地位,应当把成人看作成人,把孩子看作孩子。"④我们总是只顾为将来做准备而忽视孩子现在生活的内在价值,并以外在于儿童的成年人的现实生活方式作为固定标准。其实,应该换个角度,将学生的未成熟状态看做是一种积极的、向前生长的力量,儿童现在的生活不是为了填补未成年人与成年人之间的空缺,他们同样有自己的生活空间和生活内容。如果一味地按照成人已定的、静止的标准要求儿童,就可能扼杀他们未来生

---

① 刘翔平《寻找生命的意义——弗兰克尔的意义治疗学说》,湖北教育出版社 2001 年版,第 52 页。
② 联合国教科文组织国际教育发展委员会《学会生存——教育世界的今天和明天》,教育科学出版社 2003 年版,第 14 页。
③〔美〕约翰·杜威《民主主义与教育》,王承绪译,人民教育出版社 1990 年版,第 56 页。
④〔法〕卢梭《爱弥儿》,李平沤译,人民教育出版社 1985 年版,第 67 页。

活的多种可能性。在儿童的现实与未来的关系上,杜威认为:"如果教育是生长,这种教育必须循序渐进地实现现在的可能性,从而使个人更适合于应付后来的要求。……生长是不断地通向未来。……应该把全副精力一心用于使现在的经验尽量丰富,尽量有意义,这是绝对重要的。于是,随着现在于不知不觉中进入未来,未来也就被照顾到了。"①虽然未来不是在不知不觉中就能照顾到的,但他表达了现实与未来的连续性。在教育中,我们同样不能忽视儿童未来的发展,必须立足现实,面向未来。现实的教育不能以其规定性而束缚、限制人发展的可能性,而是要以现实去滋养未来、壮大未来,不断地将可能性转化为现实性。

再次,要防止学生的独特性脱离社会环境。人的独特性只有在社会中生成才有意义。人的独特性既是个人独立的自主性、能动性和创造性,同时又是自身类特性、社会特性的个别存在形式。教育中独具个性的自我,只能是在每个人所处的群体中显现出来的彼此不同的自我,而不可能是离群索居的自我。在社会中生存的个体必须约束自己的天性而使自己社会化,但最终还是要打破社会性,走向新的个性,在个性与社会性矛盾的不断交互中,推动个体生命的发展。因而,教育对人独特性的关注不仅仅是对其独立性、自主性等的弘扬,还必须置个体于一定的群体中,在与他人的互动中完善自我的个性。社会性不是销蚀人的独特性的腐化剂,而是培植独特性的土壤。教育就应在这样的前提下发展人的社会性与独特性。

3. 关注学生的社会性

联合国教科文组织提出了教育的"四大支柱"——学会认知、学会做事、学会共同生活、学会生存。② 学会做事、学会共同生活、学会生存,实际上就是对人的社会关怀。这里使用的社会性,意在使学生掌握谋生的本领,创造社会财富;处理好人际关系,实现交往生存;尽社会之义务,培养人生责任;拥有积极的人生态度,以健康的心态适应社会等,总之,是使学生成为一个社会的人,一个对社会适应良好的人。

第一,生存能力的培养。我们首先需要澄清的是,追求功利主义的教育不一定能培养学生的生存能力。提高分数—上好学校—找好工作—过好生活的思维模式,只是在当前还不完善的社会、人事制度体系下形成的学历主

---

① 〔美〕约翰·杜威《民主主义与教育》,王承绪译,人民教育出版社1990年版,第60页。
② 联合国教科文组织国际21世纪教育委员会《教育——财富蕴藏其中》,教育科学出版社2003年版,第75-88页。

义思想,社会认可的高学历并不一定代表着学生能力的真正形成。人既是世俗的物的存在,又是高贵的精神存在,物质生活和精神生活是完整的人生存的两个层面。没有物质生活就没有人的生存,更谈不上人的发展;物质生活又必须有精神生活的引领。因而,我们不能只一味寻求人的精神生活的满足,也不能只埋头于世俗生活的忙碌,教育既要帮助学生学会谋生的本领,又要提升学生的精神世界。

教育拒绝那种四体不勤、五谷不分而寄生又想着"治人"的人。教育要从社会生活需要出发,传授关于社会生产和生活的基础知识、基本技能,使学生有"何以为生"的本领。关于这一点,马克思曾提出教育与生产劳动相结合的思想,在这内涵丰富的思想中包含着一条,即教育要使儿童和少年了解生产各个过程的基本原理,同时使他们获得运用各种生产的最简单的工具的技能;"要用那种把不同社会职能当做互相交替的活动方式的全面发展的个人,来代替只是承担一种社会局部职能的局部个人"[①];并认为生产劳动同智育和体育的结合,是造就全面发展的人之唯一途径。当然,马克思在这里主要指的是综合技术教育这种形式,但他并没有对未来的生存教育做出僵死的划定。我们应当取其思想精华,寻求现代生存教育的更多形式。日本教育家小原国芳提出的全人教育包括"真、善、美、圣、健、富",这里关于"富"的教育,就是要求教育教给学生致富的本领,做一个能自食其力、独立自主的人。

第二,交往生存的观照。马克思认为,交往对人的生存价值是很明显的,人只有建立"普遍交往","狭隘地域性的个人"才能转变为"世界历史性"的个人。人只有在与他人联系的前提下,向他人展示自己的需要,以此在满足他人需要的活动中获取自己的需要,以弥补自身的不足与欠缺。对于任何时代、任何文化背景中的人来讲,与人交往的需要都是普遍性的和社会性的需要。反之,个人一旦脱离他人、群体和社会,无论是心理方式还是行为方式均会受到极大影响,甚至危及其生存。人不是处在某种幻想的、与世隔绝的、离群索居的、孤立封闭的人,而是处在社会交往关系中的人。其实,马克思的"交往"就含有当代所讲的"主体间性"之意,即人与人之间平等、双赢的"我—你"关系。马丁·布伯认为,"我—你"的人生是一种生命在场的人生,而"我—它"的人生则是一种生命不在场的人生。在"我—它"的世界中,"它"是我认识、经验的对象,是一个非生命的存在,是一种控制与被控制的

[①] 《马克思恩格斯全集》(第二十三卷),人民出版社1972年版,第533-535页。

单向作用关系。而在"我—你"的人生中,则是一种平等的相遇关系。"'我'与'你'相遇,'我'步入'你'的直接关系里。"①这种关系超越了单一主体性的唯我困境,是人与人之间的交互作用、相互影响、平等合作、共同进步。

教育是一种特殊的交往实践活动。正如雅斯贝尔斯所言:"教育是人与人精神相契合,文化得以传递的活动,而人与人之间的交往是双方(我与你)的对话和敞亮……所谓教育,不过是人对人的主体间灵肉交流的活动。"②在教育过程中,我们需要走出主客二分的人际关系模式的藩篱,走向主体间的交往与对话,改变师生间教育与被教育、控制与被控制的关系,走向更为民主、平等的对话关系,从而使教育中的人走入主体间性的视域。在这里,教师与学生、教师与教师、学生与学生之间共同享有某种一致、某种和谐,双方共同达到理解与沟通;通过知识的交流、情感的沟通,在平等的"对话"中,形成一种双向建构的共同成长。

第三,人生责任的培养。责任指"分内应做的事"、"应尽的义务"。社会责任感就是指个体作为享有独立人格的社会成员对其应做的分内之事、应尽的义务的态度、心向。其实,社会责任感与上述的交往生存说到底都是人际关系的处理问题。只不过交往生存注重个体与他人间的互动,关心个体的日常生活;而社会责任感则更偏重个体与社会关系的正向建构,更关注人的社会公共生活。当然,社会责任感也包括对自我、他人的责任,而且责任感带有更自愿、更主动的成分。

当今的一些学生缺乏社会意识、社会责任感,表现为情感冷漠,身边小事只要与己无关,便不闻不问,更不用提关心国家大事、社会发展了,对他人、对集体、对国家缺少主人翁意识与社会责任感。当然,考试前疯狂背诵时事政治是另外一种境界了! 不过,这与我们的教育对学生责任感的培养也有很大关系。刘铁芳教授认为,教育过程中对责任感的培养存在问题:一是,目标、内容偏社会取向,未能充分尊重、体现学生独立人格和个性发展的要求。责任要求过于理想化、成人化,脱离儿童生活实际。二是,在方法上,重灌输,把责任感教育等同于一般的文化知识教育,注重条条框框,死记硬背。这样,在学生应当承担与可能承担的责任中,不尊重儿童生活实际,不

---

① 〔德〕马丁·布伯《我与你》,陈维纲译,生活·读书·新知三联书店1986年版,第26页。
② 〔德〕卡尔·雅斯贝尔斯《什么是教育》,邹进译,生活·读书·新知三联书店1991年版,第23页。

注意时代的变化,以一种大而空的高标准要求学生。① 责任的遥不可及,可能造成两种后果:要么是学生主体性被压抑、心灵受伤害,要么是只当耳旁风,毫无责任感。这些导致原本应以实践性为依归的责任感的培养流于形式,显得空洞无力;更使学生本应承担、也完全可能承担的基础性责任被忽视,造成"大事做不了,小事不想做"的社会责任感真空状态。

"人类发展的目的在于使人日臻完善;使他的人格丰富多彩,表达方式复杂多样;使他作为一个人,作为一个家庭和社会的成员,作为一个公民和生产者、技术发明者和有创造性的理想家,来承担各种不同的责任。"②社会责任感的培养已成为一项令世界关注的基本教育目标。在教育过程中,我们不能将思想政治教育当做政治宣传或意识形态的灌输,而应是学生对权利的性质及其构成、对制度的力量进行广泛而自由的思考,唤起他们的政治意识和发展民主的美德,使学生了解他们所处的社会、世界的结构,以履行生活中的义务。③ 当然,只教人理解是不够的。如果一个人通过积极参加社会结构的功能活动进行学习,并于必要时在改造这些社会结构的斗争中承担个人责任,他就会充分地实现其在社会各个方面的潜能。因而,学校应该让学生对一些社会、政治事件进行广泛的讨论和争辩。总是害怕学生对社会、政治有看法,很可能最终导致年轻一代没有"声音",而在一个迷茫不清的宇宙里盲目前进,这对社会长远的发展恐怕是有百害而无一利的! 学校也应该创造机会使学生参加大量的社会活动,以尽学校的最大责任,这同时也是学生谋求自身幸福,掌握日常管理社会的方法,了解控制事物的权利,走向自己决定自己命运的先决条件。就像《学会生存》中所说的:"政治工作和民政工作的目的——同滥用或独断地、狭隘地利用教育中的政治因素或意识形态上的因素相反——是任何趋向民主社会的教育事业的一个基础组成部分。"④最后,在存在多元文化与价值的当今社会,教育应指引学生追求"公共性"的文化价值理念,"公共生活"是人类以一种"公天下"的态度和方式生存,在实践中以"公共理性"理解、掌握、评价、认同、对待对象世界

---

① 刘铁芳《学生社会责任感的建构与培养》,《教育研究与实验》,2001(2)。
② 联合国教科文组织国际教育发展委员会《学会生存——教育世界的今天和明天》,教育科学出版社 2003 年版,呈送报告,第 2 页。
③ 联合国教科文组织国际教育发展委员会《学会生存——教育世界的今天和明天》,教育科学出版社 2003 年版,第 189 页。
④ 联合国教科文组织国际教育发展委员会《学会生存——教育世界的今天和明天》,教育科学出版社 2003 年版,第 190 页。

和自己。①

总之,教育要开阔学生的视野,给学生自由思考、批判的空间,提供主动参与的机会,使个体在实际生活中对自己的行为、承诺、过失等有责任意识,对家庭、班级、学校、社区有责任意识,对与自己不发生直接交往的他者有责任意识,乃至对社会、民族、国家甚至整个人类有责任意识。此时,学生就真正成了社会的一分子、世界的一分子,结束了作为个别的存在,将个体之外的生存融入自身的生存、融入自身的命运之中。

第四,积极人生态度的养成。人生态度就是人应该怎样活着,是个体在社会化过程中逐渐养成的个体对自身生存和发展的主观心理。人生态度是人生观的重要内容和直接表现,正确的人生态度是人生存和发展至关重要的内在因素。② 实事求是、积极进取是科学的人生态度的重要原则性内容和内在精神,因此,人生态度就包含理智方面和情绪方面。理智方面是人对其人生目标和实现目标的条件之看法,理智判断的正确与否,对人生态度的形成具有决定性的影响;情绪对人生态度的影响则更直接,往往比理智更活跃、更有力,但也因此而没有理智的作用更稳定、更持久。若没有理智的判断,单纯的情绪就是盲目的。因而,积极的人生态度应当是冷静思考,正确判断,保持清醒的头脑和稳定的情绪。同样的一件客观事情,人生态度的不同会导致认知和评价的差异,甚至产生行为、结果的差异。

《渔夫辞》中屈原和渔夫的不同人生态度对我们很有启发。屈原游于江潭,行吟泽畔,颜色憔悴,形容枯槁,叹道:"举世皆浊我独清,众人皆醉我独醒",渔夫规劝他,不必"深思高举,自令放为",而应以积极的态度看问题,"圣人不凝滞于物而能与世推移",并建议他积极改变现实:"举世皆浊,何不掘其泥而扬其波;众人皆醉,何不哺其糟而饮其醨"。但最后屈原还是宁可投江葬于鱼腹,不蒙世俗之尘埃;而渔夫却以"沧浪之水清兮,可以濯我缨;沧浪之水浊兮,可以濯我足"的乐观继续生活。③ 无论人生多么艰辛,都不能失去拯救自己的乐观态度,面对困难要寻找积极力量,解决问题,而不能陷入被动、消沉自卑、自暴自弃。

由此,教育培养学生科学的人生态度就是应有之义。学生的人生态度是其生存能力、交往能力、社会责任等方面的内在影响因素。尤其对像汶川

---

① 钟明华、李萍《马克思主义人学视域中的现代人生问题》,人民出版社 2006 年版,第 77 页。
② 钟明华、李萍《马克思主义人学视域中的现代人生问题》,人民出版社 2006 年版,第 59 页。
③ 宋希仁《人生哲学导论》,山西教育出版社 2005 年版,第 168-169 页。

大地震这样的重大事件中遭受人生重大变故的孩子,教育更应该关注他们人生态度的培养。

首先,要培养学生实事求是的精神。教育应引导学生认识到人是能动存在与被动存在的统一,人的生存与发展是有客观条件的。人作为自然的存在物,其生存与发展的直接根源是自然。人在自然所允许的范围内不断增长自己的能力,完善自身的存在;人的社会实践也是在特定条件下进行的,受很多条件的影响和制约。同时,人的真实存在状态、个体人生的突变、自我超越的实现是一个积累和跃迁的过程,这个过程又包含着多种关系。人的实践活动要想顺利进行,就应该遵循特定的规律,重视条件的影响作用。因而,人必须实事求是,尊重规律,勤于思考,透过现象认识事物的本质,以理性的行动对待学习、工作和生活。如果从"本本"出发、从经验出发、从主观出发,都可能使学生遭受挫折或失败。

其次,要培养学生的积极情绪。积极情绪能使人更好地享受生活的乐趣,这种乐趣反过来又会增进人的积极情绪。研究表明,乐观积极的情绪与良好的学业成绩、体育成绩、日常生活、公众成就等密切相关。20世纪末,积极心理学在美国产生了。它主要强调对心理生活中积极因素的研究,包括积极的情感体验、积极的人格特征和人格品质、积极的社会制度系统等各方面的研究。积极概念的提出不再是一种偶然的机遇,而是一种深思熟虑的社会有意设计,并最终把积极的观念促成为社会的共识。[1] 如今,这种思想及研究已超出美国,得到大多数人的认可,成为世界的共同趋势。从中可见积极情绪对人生、社会的必要性。

积极并不是传统意义上的那种整天拍手称好的喝彩,更不是那种充满希望的良好祝愿,甚或是一种自我欺骗,而应是寻找并研究社会或社会成员中存在的积极力量,并在社会实践中对这些积极力量进行扩大和培育。在这一过程中,人类要有意识地为社会成员寻找或创造一种良好的社会环境,使每一个成员的积极力量能在这种环境中得到充分表现和发挥,并进而培养全体社会成员个体层面和集体层面的积极品质。[2] 这就启发我们的教育,培养积极情绪并不是对学生毫不吝啬的赞赏,不是无原则的纵容,而要采取适当、有效的策略。

教师要引导学生对自己的情绪进行认知、调控。丹麦心理学家 Bar-On

---

[1] 任俊《积极心理学》,上海教育出版社2006年版,序言第21页。
[2] 任俊《积极心理学》,上海教育出版社2006年版,第10页。

提出情绪智力的概念。Bar-On 认为,情绪智力是一种个性特征,主要包括五个方面:自身、人际、适应性、压力管理、情绪,每个领域又都包括一系列的具体技能,共同组成了情绪和社会智力。在目前的情绪智力研究中,还有一种观点认为情绪智力是一种能力。美国新罕布什尔州大学的 Mayer 教授、Salovey 及 Caruso 认为,情绪智力是一种处理有关个人和他人情感信息的能力。他们建立了情绪智力的能力模型,含有四个分支,即情绪知觉、情绪整合、情绪理解和情绪管理。[1] 其实,个性特征当中也包括很多能力。这两种看法有其相通之处。不论认为情绪智力是个性特征还是能力特征,都表明了情绪不仅是身心的自然反应,还可以感知、理解、整合并进行管理,更需要有自觉感知、理解、整合、管理的意识。虽然有测验表明情绪知觉、情绪整合、情绪理解和情绪管理发展好的人不一定意味着这种能力可以按部就班地被使用,但我们认为,这对情绪的调适还是有很大实际帮助的。当学生遇到挫折、困难时,教师要采用有效的应对策略。如采用积极方式重新评价,引导学生正确归因,把失败、不幸归因于外部的、特殊的和暂时的因素,把成功归因于内在的、自身能力等因素,使学生不断调整自我状态,以便尽可能地去实现目标;还可以帮助学生学会寻求支持,比如与人沟通、向长者求教等,及时、恰当地释放消极情绪;还可利用活动或爱好转移注意力。这些都不失为调理、控制消极情绪的有效方法。当然,教育还要有意识地为学生寻找或创造一种良好的班级、生活环境,使每一个学生的积极力量能在这种环境中得到充分表现和发挥,并利用集体的力量影响个体,进而在个体与集体的相互作用下,培养全体学生个体层面和集体层面的积极品质。由刻意培养到潜移默化,长期如此,学生就会逐渐产生积极、乐观的情绪,形成对人、对事积极乐观的能力,并慢慢融入自身的个性。

(四)精神关怀

精神关怀,主要是根据人的自然、社会、精神的三重存在形态而言,如果从人生哲学的角度讲,就是人生意义的层面。意义追寻是人的本性,也体现了教育的内在价值。因此,对学生的精神关怀旨在通过教育激发人的精神潜能,体验并追求人生意义,提升人生境界。

1. 寻求人生意义是人的内在超越性

人本身具有超越性,超越有限,追求无限,人的生成就是人的不断超越。

---

[1] 〔美〕Alan Carr《积极心理学——关于人类幸福和力量的科学》,郑雪等译,中国轻工业出版社 2008 年版,第 98-103 页。

因为人生来就是一种有缺陷的生物,"正是由于要通过较高的能力来弥补现存的缺陷这种必要性,人成了'不断求新的生物',成了虽不完美,但因此而能不断使自己完美起来的生物"①。人能够意识到自我,并能反思自我。当人们意识到自己的有限性和当下人生的不完美时,能够支配自己的活动,使人生从不完美走向完美,从有限走向无限。正因为如此,人才能不断地、最大限度地自我发展、自我完善、自我实现。这种超越表现在两个层面上:一是外在超越,一是内在超越。前者是人对现实环境的改造,表现为人创造出更多的东西来彰显自身的存在,不断扩大自己的生存空间,实现自身的价值;后者指人在意识、精神范围内去实现超越,这种超越体现了人的理想性、自由性,可以使人在一定程度上超越现实,指向多种可能性与无限性。内在超越是人对自我的超越,是人最根本的超越。对人生意义的追寻就属于内在超越。内在超越与外在超越的区别其实就是人生价值与人生意义的区别。谈到这里,就有必要说明人生价值与人生意义的区别,以更清楚地理解现实关怀与精神关怀的不同之处。

我们平时总讲人的价值,感觉价值跟意义没什么区别。其实,它们有联系,也有差别。人的价值包括人的自我价值和社会价值。自我价值强调社会对个人的尊重和满足,表现为人通过自身的属性(潜能、知识、能力、品德等)来满足自我需求;社会价值是指个人对社会的责任和贡献,通过自己的属性来满足社会、他人的需求。自我价值与社会价值就构成了人的价值,也是广义上的人生价值。狭义的人生价值主要强调人的社会价值,即对社会的付出。这种认识弱化了人追求价值、创造价值、实现价值的能动主体地位。因此,在对学生现实关怀的论述中,同时关注了人的独特性与社会性。人生价值的评判标准不是完全从个体出发,其在绝大多数情况下都是由历史和社会所提供的。人与人之间可以依照某些公认的社会标准进行价值的比较。人的现实生活都是遵循价值法则的,也就是说,都是受某些价值目标指引的,旨在追求某些价值之物,如财产、权力、名誉、爱情、审美、友谊、健康等。不理解人所持有的价值原则或价值目标,就不能理解人的行为;不理解自我所持有的价值原则或目标,也就不能理解自我的行为。人生的意义就是对人生价值的合理性进行反思与体验。反思是途径,价值合理性是对象,精神体验是结果。如果人们在对自己所坚持或追求的某一种价值目标合理性地反思后产生了肯定性的体验,那么这一价值目标的意义就向她/他呈

---

① 〔德〕博尔诺夫《教育人类学》,李其龙等译,华东师范大学出版社 1999 年版,第 37 页。

现,她/他就会产生"有意义"的体验;如果产生的是否定性的体验,即这一价值目标的合理性丧失,那么她/他就会感到"无意义",同时伴随着"荒谬"、"可笑"、"不可理喻"等心理感觉和体验。①

追求意义就是追问人为什么存在,是从存在根基上的发问。追问意义才能使人摆脱表面浮华和物质欢娱,从而追问精神的实在。德国哲学家鲁道夫·奥伊肯特别强调人的精神生活的重要性。他认为:"人是一种思考和反省的存在。因此,他必定追求一个包罗万象的整体。倘若他不能找到它,生活对于他便成为一片荒凉的空地。他也许会从快乐的全景图及其变化的景致和迅速的转换中一度获得欢娱,但是,最终他将成为厌倦和餍足的牺牲品。"②人如失去了这种"终极关怀",也就失去了存在的最终依据。追寻人生的意义,是对人类本身生存局限性的主观弥补和超越。

奥地利心理学家和精神病理学家、维也纳第三心理治疗学派创始人弗兰克尔,以自身在"二战"期间纳粹集中营中的亲身体验,创建了自己的学说——意义治疗学。他强调"人存在的意义"和"人对此存在意义的追寻",认为人有寻求生命存在意义的欲望,即求意义的意志,它是人生命中原始的力量,而非由本能驱策力造成的"继发性的合理化作用"。这个意义是唯一的、独特的。当人在实践中发现并获得这种意义时,人求意义的意志便得到满足。一个人求意义的意志受挫即"存在的挫折",会导致"心灵性神经症"。这并非由驱策力与本能间的冲突引起,而是由不同的价值冲突引起,患者有一种"存在性失望"。意义治疗的任务在于帮助患者寻找生命中的意义。弗兰克尔认为,除非个体认识到生命有一种意义,否则就没有什么能帮助人在最坏的环境中生存下去。③ 马斯洛的人的需要层次理论中,发展需要作为一种成长性的高级需要,也涉及对人生意义的追求。一个人如果不能理解生活的意义,即使过着富足安稳的生活,他也会因为生命的无根基而感到难以忍受的空虚和焦虑;如果一个人获得了生活的意义,即使面对生活中的苦难和命运的多舛,他也不会丧失生存的勇气。人为了获得自身的完善,总是在追求人生的意义。追求意义产生期望,使人成为"有希望的人"、"有需要的人",从而整合历史、现实与将来。

2. 寻求意义是教育的内在价值体现

---

① 石中英《自杀问题的教育哲学省思》,《北京师范大学学报》(社会科学版),2008(2)。
② 〔德〕鲁道夫·奥伊肯《生活的意义与价值》,万以译,上海译文出版社2005年版,第38页。
③ 林崇德、杨治良、黄希庭《心理学大辞典》(上),上海教育出版社2003年版,第981页。

"我们生活在一个弥漫着无意义感的时代里。在我们这样的时代里,必须仰赖教育。不仅为增进知识,而且要纯化良心,使得人人皆有足够的聪明,以便能够辨明暗藏在每一个个别情景中的要求。"①人在意义中生活,意义追求是人生之根本,不断启发人的生活意义把人生引向意义追求,则理当成为教育的根本关怀。教育对人的关注,核心应是对生活意义的关注。②当今教育在功利的驱使下,常常忽视这一问题,以至于"在现实生活中,往往不乏这样的情况:一个人接受教育并掌握了相当的知识……成为一个合格的劳动力、甚至是相当熟练的专门人才,但他同时又可能是一个兴趣爱好不广泛、精神生活贫乏的人……在这部分人的发展中,知识是获得了,能力也提高了,但人性中最核心的部分,即人格、道德和美感却丧失了"③。"教育对学生的生活进行意义的引导,这是因为教育真正关心的是学生的精神世界和精神生活,关心学生成为什么样的人,他为什么生活、如何生活;他如何塑造自己的未来;他如何与他人发生精神、情感和行动上的交往。诚然,在现代生活中,每个人都面临着实际的物质层次的生活问题,为此他必须工作,必须选择职业和专业,必须进行劳动,必须参与社会事务,因此他必须具有实用生存的知识和技能,教育包含着生活的各个方面。但是与此相比,生活的意义要重要得多,生活的意义牵涉到他生活的目的与价值,牵涉到他生活的希望和理想,生活的意义总是引导人超越已达到的境界,使人不断地步入新的可能性,享受美的陶冶,精神的历险,真正体验生活的美感与价值。因此,真正的教育乃是人生教育。"④"教育的目的不是告知后人存在什么或必会存在什么,而是晓谕他们如何让精神充盈人生,如何与'你'相遇。"⑤

3. 激发学生的精神潜能

教育可以通过激发学生的精神潜能,增强对人生的感受能力,体验并追求人生意义,提升人生境界。

关于人的潜能的研究在美国、前苏联等国家很受重视。早在 20 世纪初,美国心理学家威廉·詹姆斯曾提出假设:一个正常的健康人只运用了其能力的百分之十。后来又有学者估计,一个人所发挥出来的能力,只占他全

---

① 〔奥〕弗兰克《活出意义来》,赵可式等译,生活·读书·知新三联书店 1991 年版,第 18 页。
② 刘铁芳《现代教育的反思》,《教育理论与实践》,1998(6)。
③ 王坤庆《关于知识教育价值观的探讨》,《华中师范大学学报》(哲社版),1994(6)。
④ 金生鈜《理解与教育——走向哲学解释学的教育哲学导论》,教育科学出版社 1997 年版,第 73 页。
⑤ 〔德〕马丁·布伯《我与你》,陈维纲译,生活·读书·新知三联书店 1986 年版,第 60 页。

部能力的百分之四。何谓人类潜在能力？美国学者奥托认为："简单地说，它的含义是，一般健康人只在运用着他的潜能的极小一部分。"①他认为人类潜在能力的表现有很多种，如进行训练能够理解种种非言语的暗示的能力、能不断感觉到阈下意识的能力（如直觉）、超感知觉、心灵感应（脑电波传感）、创造力、脑力活动等。人类的潜力还有另一种表现，就是精神潜力。他认为这种潜力人人都有，如果这种潜力被发掘，人就可以得到更加深刻的思想交流和思想一致的调整。另外还有"摩西老母效应"，是指人到垂暮之年，忽然发现自己有这样或那样的能力，如果提早发掘则人生会更有意义。最后他还提到"短路理论"，就是说如果我们不去唤醒我们的潜在能力，这些能力就会转化成自我毁灭的渠道。②以上是奥托对人们潜能研究成果的总结，可能人类的潜能还不止这些。本书所指的潜能更多的是他所提到的精神潜能，是人人都具备的。

如果人的潜能得到发挥，那么人就会有一种满足和欣喜结合在一起的丰富情感，感受到生活的美好。"你可曾记得在你生活中有这样一天：你工作得特别轻快，你的创造性得到了空前的发挥，你的工作卓有成效。你这天感到很幸福，心理有一支歌在欢快地跳荡……"③如果我们比平时更多地运用了自己的潜力，估计都有过这样的经历，这种愉悦的体验会让我们对人生有更好的感受、更深刻的体验。笔者认为，这就是人生意义的简单表达。马斯洛的那种欣喜若狂、如痴如醉、欢乐至极的带有神秘性的"高峰体验"，还有庄子所追求的"天地与我并生，万物与我齐一"的境界，则是一种完美的精神愉悦，实然与应然已经自然而然地融为一体了。也许，一个人的潜能挖掘和发挥得怎样，人生便会呈现出怎样的面貌。

人类的潜能表现如此之多，并且足以让我们体验到更多的生活意义。但实验发现，人们很难自动挖掘自己的潜能，以上种种潜能需要被发掘或训练。因此，教育就必须注重学生潜能的开发。正如弗洛姆所言，"不能发展人的任何潜能，反而让人不是人"④。联合国教科文组织国际教育发展委员

---

① Herbert A. Otto, Arkoff, a. (ed.), Psychology and personal growth, 1980, pp. 337-344, 见〔美〕马斯洛等《人的潜能和价值》，林方译，华夏出版社1987年版，第385页。

② Herbert A. Otto, Arkoff, a. (ed.), Psychology and personal growth, 1980, pp. 337-344, 见〔美〕马斯洛等《人的潜能和价值》，林方译，华夏出版社1987年版，第385-391页。

③ Herbert A. Otto, Arkoff, a. (ed.), Psychology and personal growth, 1980, pp. 337-344, 见〔美〕马斯洛等《人的潜能和价值》，林方译，华夏出版社1987年版，第391页。

④ 吴光远、李慧《弗洛姆——有爱才有幸福》，新世界出版社2006年版，第163页。

会明确提出,21世纪不仅要求人人都有较强的自主能力和判断能力,而且还有一个十分迫切的需要,即"要让像财富一样埋藏在每个人灵魂深处的所有才能都发挥出来"[①]。如果教育注重发挥人的潜能,而不只是让学生死记硬背一些现成的知识,就能帮助学生增进创造力,增强解决问题的能力;就能让学生用更深刻的思想与人交流;就能使学生摆脱现实功利的羁绊,唤醒学生的超越意识,追求精神上的超越发展和终极关怀;进而更具体验人生意义的能力,反思批判的能力,像苏格拉底那样反省人生,过值得过的生活。那就是另一番人生境界了!

与我们的学校教育相比,职业生涯规划倒是对人很有启发。笔者通过Google网站搜索到自我优化网站,发现一本《自我优化》的书很注重人的潜能的发挥,并将发挥人的潜能分为三个步骤:即行为工程、自我造就、自我发挥。其口号是:超越学习、超越成功、最充分地发挥人的内在作用和主体性作用;自己动手,造就一个强势的自我,开创一个理想的世界;谁若是能掌握和运用开发出生命能量的智慧,谁就能创造生命的辉煌。这是值得我们借鉴和学习的。

期望教育发挥人的精神潜能,并不是要求学生人人都能达到马斯洛的那种高峰体验,而是期望激发每个学生"自我实现"的愿望,激发其对人的存在意义的本体意识,并力求通过不断努力,去追求、体验人生的意义,达到其自身所能达到的理想高度。

以上从宏观层面通过生命关怀、现实关怀、精神关怀来探讨教育对学生的人生观照。在论述生命关怀、现实关怀、精神关怀三个方面时各有侧重,但它们之间是一个相互联系的统一整体,不可割裂,更不可偏废,教育只有同时关注这三个方面,才是理想的教育,才有可能实现学生的健康人生。

三、改革学校生活

学校生活是学生健康人生的重要组成部分,因而,实现教育对学生人生的观照,就务必关注其学校生活,改善学生在校的生存状况。课堂是学生在校生活的主要场所,课堂生活是学校生活的核心组成部分,课堂生活模式的转换是改革学校生活的关键所在。

---

① 《教育——财富蕴藏其中》,联合国教科文组织总部中文科译,教育科学出版社2003年版,第10页。

（一）学校教育是人生的一段旅程

要改变学校生活模式，就要树立学校教育就是生活、教育活动就是一种人生实践的理念。人在世界中生活，只要他的生命一诞生，他就与世界发生关联，就开始了生活，开始了人生。人生的历程涵盖了生命的诞生、生长、成熟、延续、死亡等过程。生活就是人生的实践过程，就是人与世界的交往过程。在这个交往实践中，个体形成了他与外部世界的关系，获得了自身生存所需要的知识、技能、各种生活能力，并创造价值，形成了人际关系和内在精神。个体的生存、发展是与他的生活过程相统一的。在生活过程中，人不断地获得生活经验，并随着生活增长、更新这种经验。而生活经验的获得、更新、增长就是广义的教育，生活是一个持续不断的过程，教育也就伴随着人生的历程。专门的学校教育只是人生历程的一部分，是人生的一个特殊阶段，个体接受教育就是他自身的一种生活方式。通过专门的学校教育，人更有目的、更便捷地从不成熟走向成熟，从没有经验到经验的丰富，从生命的自然状态走向生命的精神状态，人的生活视野也走出狭隘逐渐扩大。这一过程本身就是人生的不断展开。在人生的这一阶段，个体的生活主要表现为接受教育和进行学习，受教育和学习的目的就是为了获得人生的经验，获得个性的完善，形成人生的发展与成长。既然受教育本身就是他们的生活、生长，那么这段旅程就理应有生活的完整性，理应有生活的多样性，理应有生活主体的主动参与，从而使学生在这一过程中获得知识、技能，获得社会性经验，获得精神世界的发展。

然而，现实的学校生活并非如此。关于学生的学校生活状况，本研究在第四章分析教育导致学生人生危机的原因中有所提及，这里主要聚焦于学生的课堂生活，着重探访实现由传统知识型课堂模式向发展型课堂模式的转变。知识型课堂在我国仍然普遍存在，主要表现为：课堂上分工明确，教师的主要任务是传授知识，学生的主要任务是接受知识；传授的知识主要是规范化的书本知识，远离学生的人生经验；教师按照预定好的方式进行知识传递、技能训练。在这种模式的课堂里，学生的主体性被忽视，个性遭压抑，课堂的生命活力被扼杀，训练变成了课堂中的主要行为。"这种训练以无视学生复杂的心理活动为代价，把学生头脑当做'黑箱'来支配。靠着这种训练，学生的行为倒是可以达到标准一致、区别无二，可以在做各式各样的练习题时达到一种'自动化'的水平，但与此同时，学生思维的灵活性渐渐在降低，对外在事物的敏感性渐渐在淡化，捕捉问题的能力渐渐在弱化，创新也离他们越来越远。"①这种训练使师生忙于追逐与升学、考试密切相关的功利性目标,教学与生活严重疏离。"儿童不是为自己而活着,仿佛是为教材而活着,不是为现实而活着,也不是为理想生活而活着。课堂教学脱离现实生活和社会实际,缺乏对完满的可能生活的构建。"②这种僵化、呆板的课堂模式,只满足于现成知识的掌握,缺乏对未知世界的探索;脱离学生的生活经验,忽略了对学生生存智慧的培养、对学生内在精神世界的提升;教学方式简单化、模式化,缺乏灵活适应性,缺少师生间的交往与沟通。总之,知识型课堂模式没有真正把学生作为一种生命体进行关照,限制了学生的生存与发展,这种模式必须改变。

(二)实现课堂生活模式的转换

1. 给予学生课堂生活的主动权

学生有没有主动权是其能否获得健康发展的前提和基础。现在的课堂常常遮蔽学生的主体地位,无法充分发挥其主动性。大多数教师都明白让学生独立学习的重要性,但实际过程中他们又总是牢牢控制课堂的决策权。就像美国课程专家古得莱得所说的那样,"许多教师害怕对这种环境失去控制。他们不给学生过多的'空间',很可能是害怕他们喧宾夺主。学生们无疑已经看到了教师发出的信号。正像一名高中生简洁地表述道:'我们是笼中鸟,门开着,但是外面有只猫'"③。这样,教师只是遵循教学规范管理好课堂,学生只是依附于教师的意愿而学习,教室变成了一个受到种种限制又以种种方式限制人的环境。《学会生存》一书中明确指出:"教育的目的在于使人成为他自己,'变成他自己'。"④教育要使人变成他自己,就必须发挥人的主观能动性,使其获得主动发展。儿童和少年正处于生命中学习最集中的时期,他们有着多方面的发展需要,充满着生命活力和无限发展的可能。这段时期的教育所产生的价值,已远远超出了学生该阶段的发展目标,这段时期的教育影响将会扩展到终身。因此,教师需要懂得这一时期对于生命的独特价值,懂得珍爱生命,懂得生命的整体性,引导学生主动参与到教育活动中,开发生命的潜力。

---

① 郑金洲《重构课堂》,《华东师范大学学报》(教育科学版),2001(3)。
② 郭元祥《论课堂生活的重建》,《教育研究与实验》,2000(1)。
③ 〔美〕约翰.I.古得莱得《一个称作学校的地方》,苏智欣、胡玲等译,华东师范大学出版社2007年版,第124页。
④ 联合国教科文组织国际教育发展委员会《学会生存——教育世界的今天和明天》,华东师范大学比较教育研究所译,教育科学出版社2003年版,第14页。

学生的这种主动权可以通过两个方面来实现。第一,改变"文本"对学生的控制。传统课堂将书本知识奉为真理,教材就是权威,学生只能在书本、教材中寻找问题的标准答案,对知识没有自己理解和想象的权利。要改变知识对学生的控制,就要重新认识学生与"文本"的关系。学生与"文本"之间不是生硬的主客体关系,而是一种意义关系,是一种"我"与"你"的对话关系。"文本"是一种语言,它就像一个"你"一样,不是一个客观对象,而更像对话中的另一个人;它不是对你思想的指令,而只是一种历史的视角。通过对话,实现学生与文本的视界融合,并不断形成新的视界,达到对一个问题的相互理解、知识共享。第二,改变教师与学生间的对立关系。教师不再是整个课堂的中心以自己预定的模式掌控课堂。师生双方共同参与,活动中,师生之间、学生与学生之间有多种形式和多种方向的互动方式。在互动的过程中,师生的主动性都得以发挥,可能发现新的问题、生成新的目标、达到超出预期的效果。"教师的职责现在已越来越少地传授知识,而是越来越多地激励思考;除了他的正式职能以外,他将越来越成为一位顾问,一位交换意见的参加者,一位帮助发现矛盾而不是拿出真理的人。他必须集中更多的时间和精力去从事那些有效果的和有创造性的活动:互相影响、讨论、激励、了解、鼓舞。"[①]

在实际教学过程中,有很多教学模式可为我们提供借鉴,诸如问题教学模式、活动教学模式、发现学习模式、探究训练模式等,都可能激发学生学习的积极性、主动性,确立学生的主体地位。只有学生的主体地位在课堂中得到确认,他才会努力去寻求与自身发展相关联的各种意义活动,才会对自身的发展作出主动的思考、批判,才可能具有主动把握自己人生和命运的能力。这种主体地位的确认,是人的生命得到尊重、自主意识被唤醒的表现。而人正是在自由、自觉、自为的活动中,逐渐发现自己、认识自己、完善自己的。

2. 通过课堂生活形成学生的社会经验、人生智慧

课堂生活要形成学生的社会经验、人生智慧,至少要做出两方面的努力。其一,课堂生活要与学生的人生经验相联系;其二,要实现教学的发展价值。

第一,课堂生活与学生的人生经验相联系。教育最基本的功能就是通

[①] 联合国教科文组织国际教育发展委员会《学会生存——教育世界的今天和明天》,华东师范大学比较教育研究所译,教育科学出版社 2003 年版,第 108 页。

过传递人类形成的共同经验,以达到个体自身的发展。个体在教育中通过理解人类历史上关于生活、关于世界、关于人类自身的经验,从而理解自身作为人类一员与世界的内在联系,理解自己的生活,同时增长、丰富和更新自己的经验。教育过程就是不断更新和丰富生活经验,不断地把生活经验转化到新的生活中形成新的经验的过程。在这一过程中,每个人在经验和个性上达到了人类文明的高度。① 但是我们常常把学生看做是凭借能力而获得知识而不是获得人生经验的人,常常把教育看做是如何教给学生知识或如何发展学生智力的过程,而不是获取人生经验的过程,这样就造成了知识与经验的分离、教育与生活的分离、学习和人生的分离。然而,教育如何才能使个体更好地理解人类的共同经验,并形成自己的人生经验呢?这就需要教育与个体的生活经验相联系。个体的经验是教育、接受教育、学习和理解的基础,没有个体的人生经验,任何教育、知识、方法都找不到与人的联结点。教育如果失去了与个体经验的联结,就对个体的人生没有任何意义。② 因而,在课堂生活中,不论是课程的内容,还是传授内容的教学过程,都不能脱离儿童的生活经验,否则就割断了两个联系,即"一是抽象的书本知识与人的生活世界的丰富、复杂联系;二是抽象的书本知识与人发现问题、解决问题、形成知识过程的丰富、复杂联系"③。脱离学生个体的人生经验,学生和教师在教学中遭遇的知识就只是固化的真理,只是一堆"死"的、缺乏"人气"的符号型的结论。它们作为教学的基本内容,却带来了育人资源的原始贫乏,教育也就无法发挥自己的效能。

第二,注重课堂生活的发展价值。有学者认为,教学过程应该达到四种结果。第一,通过某些知识的传授,使人获得某些有用的技能;第二,通过某些知识的传授,使人获得学科性知识体系,并形成某些具有基本力量的心智能力;第三,通过对知识的理解,使人获得关于世界、社会与人的意义框架;第四,通过对知识的运用,使人能获得某种生活方式的信念并据此而生活。④ 诚然,教学内容中蕴涵着丰富的知识价值,教学过程中充满着生命意义,富有道德、审美意蕴;学生可以在获取知识的同时获得精神的提升,教师

---

① 金生鈜《理解与教育——走向哲学解释学的教育哲学导论》,教育科学出版社1997年版,第70页。
② 金生鈜《理解与教育——走向哲学解释学的教育哲学导论》,教育科学出版社1997年版,第71页。
③ 叶澜《重建课堂教学价值观》,《教育研究》,2002(5)。
④ 周浩波《教育哲学》,人民教育出版社2000年版,第135页。

可以在传授知识的过程实现自身的人生价值,课堂生活应该是一个价值世界。然而,现实的课堂中,师生往往只注重知识的传授与学习,而失去了教学的发展价值。郭元祥教授曾提出了一个让人深思的问题,"教材不过是为儿童提供的沟通现实生活和可能生活的'案例',课堂教学的终极目的不是习得'案例'本身,而应习得'案例'之后的某些更有价值的东西。案例之后应该是什么?"[①]"完美的教学一定能让学生感受到人性之美、人伦之美、人道之美;感受到理性之美、科学之美、智慧之美;感受到人类心灵的博大与深邃;感受到人类所创造的文化的灿烂与辉煌;能够唤起学生对于生活的热爱与柔情;唤起学生对未来生活的热烈憧憬和乐观、光明、正直的期待;能够以新的眼光审视生活、洞察人性物理。"[②]

总之,通过课堂生活,教师应该把学生带入一个宽广的生活世界,使学生努力学会不断从不同方面丰富自己的经验世界,努力学会实现个人的经验世界与社会共有的"精神文化世界"的沟通和富有创造性的转换;逐渐完成个人精神世界对社会共有精神财富富有个性化和创生性的占有;充分发挥人类创造的文化、科学对学生主动、健康发展的教育价值。[③]

3. 课堂生活模式的转换在交往实践中实现

课堂生活模式的转换必须通过改变以往的教学形态才能实现。在传统的教学过程中,师生与知识以及教师与学生之间是一种单向的主客体关系。从师生与知识的关系上看,教师教知识,学生学知识,知识被看成是静态的、孤立的、可传输的,师生只能达到对知识的占有。从师生关系上看,教师与学生之间处于"我与他"的不平等关系中,没有公平的交流与沟通。这样,教学的使命也就是让学生占有或者更多地占有知识与技能。这种教学形态不利于实现学生的充分发展。

教育活动作为一种培养人的社会实践活动,本质上是一种建立在人类生产实践活动基础之上的人与人之间的特殊交往实践活动。教育交往实践是指在一定的教育活动情境中,教育主体与教育主体之间以共同客体(主要是课程和教材)为中介,借助于言语或者非言语符号系统而实现的一种以建构学生完满的精神世界为目标的主体际交往实践活动。也就是说,教育交往实践是一种人与人之间的全面的心灵对话过程,是一种教育主体之间的

---

① 郭元祥《论课堂生活的重建》,《教育研究与实验》,2000(1)。
② 肖川《教育的理想与信念》,岳麓书社 2002 年版,第 142 页。
③ 叶澜《重建课堂教学价值观》,《教育研究》,2002(5)。

相互作用、相互交流、相互沟通和相互理解的过程。① 在此基础上，课堂教学的过程就可以理解为是师生、生生以及师生和教学文本之间的交往互动过程，在这个过程当中，实现人的生成、发展。因此，我们可以认为，教学就是师生的交往实践活动。

交往教学是一种比较理想的教学形态，也只有在交往的意义上理解课堂教学，课堂生活模式的转换才能得以最终实现。在交往关系中，"对话"成了基本的生存方式；教师和学生之间相互尊重、相互信任，双方之间相互倾听和言说，彼此敞开自己的精神世界，获得精神的交流与意义的分享；师生之间共享知识、共享经验、共享智慧、共享人生的意义与价值等；师生与知识之间通过对话，形成了现实与历史之间、现代文化与传统文化之间的视界融合，不同文化之间多了些理解与宽容，从而使一种更有生命力的文化得以生成。这种交往彰显了对不同生命的人文关怀，既促进个体个性的张扬，也使个体与他人之间作为和谐共生的共同体而存在。在"对话"中，教师与学生、师生与知识之间不再是认识与被认识、灌输与被灌输、征服与被征服的关系，而是一种平等、民主、充满爱心的双向交流关系。通过交往实践，人的本质力量相互作用，一方面将交往内化为主体的存在方式，形成个性化特色；另一方面通过交往又不断整合出共同体、共性规范，从而促进一体化结构的存在。

在交往的意义上，课堂变成了人与人相遇的特别场所，人与人之间丰富多彩的交往被凸显出来，教学活动的生命性、生动性得到真正体现，从而，人得到自由发展，人的意义得以展开和实现。

当然，学校生活的改革是一项艰巨而又复杂的工程，它还需要改革学校管理模式、创建丰富多彩的校园文化等多方面的共同配合，课堂生活改革只是其中的核心组成部分。课堂生活最能从本质上反映出学生在学校的生活状况，因此，笔者主要以课堂生活模式的转换来研究学校生活改革。

---

① 张天宝《教育交往实践：内涵、特征及其基本规定性》，《教育研究与实验》，2006(5)。

结　语

　　社会人生的危机,使人们寄希望于教育,而教育在社会的"大染缸"里也被"染"上了危机,这又造成了学生人生的危机,这是一种连锁反应、恶性循环。因此,本研究从教育与人生这一主题出发,尝试通过理想的教育实现学生的健康人生。

　　人们总是怀着美好的愿望去探索,尝试解决各种教育问题。然而,由于外界的变幻,教育的问题总是层出不穷,要想做出一劳永逸的终结性解答必然是徒劳的。

　　柏格森认为,时间的每一瞬间都发生着飞跃与质变,我们永远也把握不住在下一个瞬间它会向哪个方向跃进,它会发生什么样的变化,因而任何理性、知性都无法认识时间的真实存在,只有将自身与时间的存在状态融为一体,用自觉去体验才能感受到时间的脉搏。人的存在也是如此,可以预测的东西肯定是已经被包含在某些已知的经验或知识中了。我们所预测的未来只是对已知的推论,并没有增添任何新的内容,也就不是一个创造的过程,自然也无法成为人的真实存在状态的描述。况且,人生的道路是走出来的,并没有一个预先的"蓝图"或"方向",对于人生的生成与创造,我们所知的仅仅是它生成着、发展着。

　　然而,教育问题的永存性和人生的难以把握性,并不是我们无所作为的理由,一部教育发展史就是人类不断解构并建构教育的历史。这就是教育的精神,更是教育者的精神!

参考文献

[1] 马克思恩格斯选集. 北京:人民出版社,1972~1995.
[2] 〔德〕马克思. 1844年经济学哲学手稿. 北京:人民出版社,1985.
[3] 〔德〕恩斯特·卡西尔. 人论. 甘阳译. 上海:上海译文出版社,1985.
[4] 〔美〕马斯洛等. 人的潜能和价值. 林方译. 北京:华夏出版社,1987.
[5] 〔美〕马斯洛. 人性能达的境界. 林方译. 昆明:云南人民出版社,1987.
[6] 〔德〕鲁道夫·奥伊肯. 新人生哲学要义. 张源,贾安伦译. 北京:中国城市出版社,2002.
[7] 〔德〕鲁道夫·奥伊肯著. 生活的意义与价值. 万以译. 上海:上海译文出版社,2005.
[8] 〔德〕兰德曼. 哲学人类学. 张乐天译. 上海:上海译文出版社,1988.
[9] 〔英〕亚当·斯密. 道德情操论. 蒋自强等译. 北京:商务印书馆,1997.
[10] 〔奥〕弗兰克. 活出意义来. 赵可式等译. 北京:生活·读书·新知三联书店,1991.
[11] 〔美〕本尼迪克特. 文化模式. 王炜等译. 北京:生活·读书·新知三联书店,1988.
[12] 〔丹〕尼尔斯·托马森. 不幸与幸福. 京不特译. 北京:华夏出版社,2004.
[13] 〔英〕伯特兰·罗素. 走向幸福. 陈德民,罗汉译. 北京:人民出版社,1998.
[14] 〔美〕詹姆斯·O·卢格. 人生发展心理学. 陈德民等译. 上海:学林出版社,1996.
[15] 〔英〕弗兰西斯·培根. 人生论. 何新译. 北京:中国友谊出版公司,2003.
[16] 〔挪〕伊耶. 西方哲学史:从古希腊到二十世纪. 童世骏等译. 上海:上海译文出版社,2004.
[17] 〔美〕梯利. 西方哲学史(增补修订版). 葛力译. 北京:商务印书馆,1995.
[18] 〔英〕伯特兰·罗素. 教育与美好生活. 杨汉麟译. 石家庄:河北人民出

版社,1999.

[19]〔美〕杜维明. 人性与自我修养. 胡军,于民雄译. 北京:中国和平出版社,1988.

[20]〔德〕伊曼努尔·康德. 论教育学. 赵鹏,何兆武译. 上海:上海世纪出版集团,2005.

[21]〔德〕博尔诺夫. 教育人类学. 李其龙等译. 上海:华东师范大学出版社,1999.

[22]〔德〕雅斯贝尔斯. 什么是教育. 邹进译. 北京:生活·读书·新知三联书店,1991.

[23]〔捷〕夸美纽斯. 大教学论. 傅任敢译. 北京:教育科学出版社,1999.

[24]〔英〕约翰·洛克. 教育漫话. 傅任敢译. 北京:人民教育出版社,1985.

[25]〔美〕拉尔夫·泰勒. 课程与教学的基本原理. 施良方译. 北京:人民教育出版社,1994.

[26]〔苏〕苏霍姆林斯基. 给教师的建议. 杜殿坤编译. 北京:教育科学出版社,1984.

[27]〔法〕卢梭. 爱弥儿:论教育. 李平沤译. 北京:商务印书馆,1978.

[28]〔美〕约翰·杜威. 民主主义与教育. 王承绪译. 北京:人民教育出版社,1990.

[29]〔伊朗〕S·拉塞克,〔罗马尼亚〕G·维迪努. 从现在到2000年:教育内容发展的全球展望. 马胜利译. 北京:教育科学出版社,1996.

[30]联合国教科文组织国际21世纪教育委员会. 教育——财富蕴藏其中. 北京:教育科学出版社,2003.

[31]联合国教科文组织国际教育发展委员会. 学会生存——教育世界的今天和明天. 华东师范大学比较教育研究所译. 北京:教育科学出版社,2003.

[32]〔英〕汤因比,〔日〕迟田大作. 展望二十一世纪——汤因比与迟田大作对话录. 荀春生等译. 北京:国际文化出版公司,1985.

[33]〔美〕约翰·I·古得莱得. 一个称作学校的地方. 苏智欣、胡玲等译. 上海:华东师范大学出版社,2007.

[34]〔法〕福柯. 规训与惩罚. 刘北成、杨远婴译. 北京:生活·读书·新知三联书店,1995.

[35]〔美〕Raymond M. Nakamura. 健康课堂管理:激发、交流和纪律. 王建平等译. 北京:中国轻工业出版社,2002.

[36]〔德〕马丁·布伯. 我与你. 陈维纲译. 北京:生活·读书·新知三联书店,1986.
[37]〔美〕Alan Carr. 积极心理学——关于人类幸福和力量的科学. 郑雪等译. 北京:中国轻工业出版社,2008.
[38]〔日〕高良武久. 森田心理疗法实践:顺应自然的人生学. 康成俊,商斌译. 北京:人民卫生出版社,2006.
[39]〔美〕阿尔伯特·爱因斯坦. 爱因斯坦晚年文集. 方在庆译. 海口:海南出版社,2000.
[40]〔英〕托·艾略特. 艾略特诗学文集. 王恩衷译. 北京:国际文化出版公司,1989.
[41]〔瑞士〕卡斯特. 怒气与攻击. 章国锋译. 北京:生活·读书·新知三联书店,2003.
[42]〔古希腊〕亚里士多德. 政治学. 颜一,秦典华译. 北京:中国人民大学出版社,2003.
[43]〔英〕赫·斯宾塞. 教育论——智育、德育和体育. 胡毅译. 北京:人民教育出版社,1962.
[44]邬昆如. 人生哲学. 北京:中国人民大学出版社,2005.
[45]王殿卿. 人生哲理. 北京:北京师范学院出版社,1991.
[46]郝萃英. 人生哲理:人生学通论. 北京:航空工业出版社,1993.
[47]湖北省教育考试院高等教育自学考试办公室. 人生哲理导论. 武汉:华中师范大学出版社,2001.
[48]紫竹. 中国传统人生哲学纵横谈. 济南:齐鲁书社,1992.
[49]乔长路. 中国人生哲学:先秦诸子的价值观念和处事美德. 北京:中国人民大学出版社,1990.
[50]张国钧. 先利与后义:中国人的义利观. 昆明:云南人民出版社,1999.
[51]柴毅龙. 尊道与贵德:中国人的价值观. 昆明:云南人民出版社,1999.
[52]陈鹏. 执有与空无:中国人的境界观. 昆明:云南人民出版社,1999.
[53]程恭让. 知命与乐天:中国人的命运观. 昆明:云南人民出版社,1999.
[54]崔永东. 内圣与外王:中国人的人格观. 昆明:云南人民出版社,1999.
[55]李振纲. 中国人的人格观:知足与常乐. 昆明:云南人民出版社,1999.
[56]冯友兰. 人生哲学. 桂林:广西师范大学出版社,2005.
[57]陈根法,汪堂家. 人生哲学. 上海:复旦大学出版社,2004.
[58]宋希仁. 人生哲学导论. 太原:山西教育出版社,2005.

[59] 钱穆. 人生十论. 桂林:广西师范大学出版社,2004.
[60] 曹锦清. 现代西方人生哲学. 上海:学林出版社,1988.
[61] 叶启绩,林滨,程金生. 20 世纪西方人生哲学. 北京:人民出版社,2007.
[62] 钟明华,李萍. 马克思主义人学视域中的现代人生问题. 北京:人民出版社,2006.
[63] 武天林. 实践生成论人学. 北京:中国社会科学出版社,2005.
[64] 武天林. 马克思主义人学导论. 北京:中国社会科学出版社,2006.
[65] 张曙光. 生存哲学——走向本真的存在. 昆明:云南人民出版社,2001.
[66] 韩庆祥,邹诗鹏. 人学:人的问题的当代阐释. 昆明:云南人民出版社,2001.
[67] 祁志祥. 中国人学史. 上海:上海大学出版社,2002.
[68] 赵敦华. 西方人学观念史. 北京:北京出版社,2005.
[69] 张步仁,马杏苗. 马克思主义人学研究. 哈尔滨:黑龙江人民出版社,2005.
[70] 康渝生. 马克思主义哲学的人学致思理路. 北京:社会科学文献出版社,2004.
[71] 陈刚. 西方精神史——时代精神的历史演进及其与社会实践的互动(下卷). 南京:江苏人民出版社,2000.
[72] 刘放桐. 现代西方哲学. 北京:人民出版社,1981.
[73] 杜丽燕. 人性的曙光——希腊人道主义探源. 北京:华夏出版社,2005.
[74] 亚里士多德全集(第 8 卷). 北京:中国人民大学出版社,1994.
[75] 冯俊科. 西方幸福论. 长春:吉林人民出版社,1992.
[76] 何光泸. 信仰二十讲. 北京:中国青年出版社,2008.
[77] 魏金声. 现代西方人学思潮的震荡. 北京:中国人民大学出版社,1996.
[78] 欧阳谦. 20 世纪西方人学思想导论. 北京:中国人民大学出版社,2002.
[79] 袁贵仁. 人的哲学. 北京:中国工人出版社,1988.
[80] 魏义霞. 中国近代哲学的宏观透视. 哈尔滨:黑龙江教育出版社,1994.
[81] 贺麟. 文化与人生. 北京:商务印书馆,2005.
[82] 高清海. 哲学的憧憬——形而上学的批判. 长春:吉林大学出版社,1995.
[83] 高清海. 人的"类生命"与"类哲学"走向未来的当代哲学精神. 哈尔滨:

黑龙江人民出版社,1992.
[84] 高清海. 人就是人. 沈阳:辽宁人民出版社,2001.
[85] 李文阁,王金宝. 生命冲动——重读柏格森. 成都:四川人民出版社, 1998.
[86] 车玉玲. 总体性与人的存在. 哈尔滨:黑龙江人民出版社,2005.
[87] 许全兴. 中国现代哲学史. 北京:北京大学出版社,1992.
[88] 张岱年. 中国哲学大纲. 北京:中国社会科学出版社,1982.
[89] 李振纲. 中国古代哲学史论. 北京:中国社会科学出版社,2004.
[90] 吾敬东. 中国哲学思想:儒道释. 上海:华东师范大学出版社,1998.
[91] 杨岚,张维真. 中国当代人文精神的构建. 北京:人民出版社,2002.
[92] 许启贤. 传统文化与现代化. 北京:中国人民大学出版社,1987.
[93] 赵定宪. 四书读本——《论语》《孟子》《大学》《中庸》. 上海:上海人民出版社,2008.
[94] 孙安邦,马银华译注. 荀子·劝学篇. 太原:山西古籍出版社,2003.
[95] 梁启超. 新民说. 郑州:中州古籍出版社,1998.
[96] 顾明远. 民族文化传统与教育现代化. 北京:北京师范大学出版社, 1998.
[97] 王炳照,阎国华. 中国教育思想通史(第五、八卷). 长沙:湖南教育出版社,1994.
[98] 王炳照,田正平. 中国教育思想通史(第六卷). 长沙:湖南教育出版社, 1994.
[99] 王炳照,董宝良. 中国教育思想通史(第七卷). 长沙:湖南教育出版社, 1994.
[100] 孙培青,李国钧. 中国教育思想史(第一、二、三卷). 上海:华东师范大学出版社,1995.
[101] 单中惠. 西方教育思想史. 太原:山西人民出版社,2001.
[102] 宋恩荣. 梁漱溟教育文集. 南京:江苏教育出版社,1987.
[103] 朱永新. 朱永新教育文集(卷三,卷六). 北京:人民教育出版社,2004.
[104] 中央教育科学研究所. 杨贤江教育文集. 北京:教育科学出版社, 1982.
[105] 中华职业教育社. 黄炎培教育文选. 上海:上海教育出版社,1985.
[106] 杨贤江. 杨贤江全集(第3卷). 郑州:河南教育出版社,1995.
[107] 余家菊. 教育与人生. 南京:正中书局,1946.

[108] 庄泽宣. 教育与人生. 北京:中华书局,1946.
[109] 程达. 人生教育论. 沈阳:辽宁教育出版社,1989.
[110] 范寿康. 教育哲学大纲. 北京:商务印书馆,1982.
[111] 周浩波. 教育哲学. 北京:人民教育出版社,1999.
[112] 陈友松. 当代西方教育哲学. 北京:教育科学出版社,1998.
[113] 桑新民. 呼唤新世纪的教育哲学——人类自身生产探秘. 北京:教育科学出版社,1993.
[114] 王坤庆. 教育哲学——一种哲学价值论视角的研究. 武汉:华中师范大学出版社,2006.
[115] 夏正江. 教育理论哲学基础的反思:关于"人"的问题. 上海:上海教育出版社,2001.
[116] 扈中平. 教育目的论. 武汉:湖北教育出版社,2004.
[117] 叶澜. 教育概论. 北京:人民教育出版社,2001.
[118] 冯增俊. 教育人类学. 南京:江苏教育出版社,2004.
[119] 石鸥. 教学病理学基础. 济南:山东人民出版社,2006.
[120] 石中英. 教育哲学. 北京:北京师范大学出版社,2008.
[121] 石中英. 知识转型与教育改革. 北京:教育科学出版社,2002.
[122] 黄济,王策三. 现代教育论. 北京:人民教育出版社,2005.
[123] 金生鈜. 理解与教育——走向哲学解释学的教育哲学导论. 北京:教育科学出版社,1997.
[124] 邹进. 现代德国文化教育学. 太原:山西教育出版社,1992.
[125] 高伟. 生存论教育哲学. 北京:教育科学出版社,2006.
[126] 李小鲁. 教育作为人的生存方式. 广州:广东教育出版社,2007.
[127] 王啸. 教育人学——当代教育学的人学路向. 南京:江苏教育出版社,2003.
[128] 孙孔懿. 教育失误论. 南京:江苏教育出版社,1997.
[129] 郭元祥. 生活与教育:回归生活世界的基础教育论纲. 武汉:华中师范大学出版社,2002.
[130] 陶志琼. 新旧之间:教育哲学的嬗变. 重庆:重庆出版社,2003.
[131] 杨东平. 教育:我们有话要说. 北京:中国社会科学出版社,1999.
[132] 素质教育调研组. 共同关注——素质教育系统调研. 北京:教育科学出版社,2006.
[133] 范捷平. 德国教育思想概论. 上海:上海译文出版社,2003.

[134] 瞿葆奎. 教育基本理论之研究(1978—1995). 福州:福建教育出版社,1998.

[135] 刘次林. 幸福教育论. 北京:人民教育出版社,2003.

[136] 刘济良. 生命的沉思——生命教育理念解读. 北京:中国社会科学出版社,2004.

[137] 黄白兰. 盲点——中国教育危机报告. 北京:中国城市出版社,1998.

[138] 王道俊,王汉澜. 教育学. 北京:人民教育出版社,2006.

[139] 刘翔平. 寻找生命的意义——弗兰克尔的意义治疗学说. 武汉:湖北教育出版社,2001.

[140] 刘晓伟. 情感教育——塑造更完整的人生. 上海:华东师范大学出版社,2007.

[141] 孙云晓. 教育的核心是培养健康人格. 南京:江苏教育出版社,2007.

[142] 邹宇华. 死亡教育论. 广州:广东人民出版社,2008.

[143] 高楠. 生存论美学. 沈阳:辽宁大学出版社,2001.

[144] 吴光远,李慧. 弗洛姆——有爱才有幸福. 北京:新世界出版社,2006.

[145] 岳伟. 批判与重构——人的形象重塑及其教育意义探索. 武汉:华中师范大学出版社,2009.

[146] 于伟. 现代性与教育. 北京:北京师范大学出版社,2006.

[147] 刘志军. 生命的律动:生命教育实践探索. 北京:中国社会科学出版,2004.

[148] 冯建军. 生命与教育. 北京:教育科学出版社,2001.

[149] 刘铁芳. 现代教育的生命关怀. 上海:华东师范大学出版社,2007.

[150] 刘铁芳. 走向生活的教育哲学. 长沙:湖南师范大学出版社,2005.

[151] 李家成. 关怀生命:当代中国学校教育价值取向探. 北京:教育科学出版社,2006.

[152] 王文科. 生命教育概论. 广州:广东高等教育出版社,2008.

[153] 肖川. 教育的理想与信念. 长沙:岳麓书社,2002.

[154] 林崇德,杨治良,黄希庭. 心理学大辞典. 上海:上海教育出版社,2003.

[155] 全国十二所重点师范大学联合编写. 心理学基础. 北京:教育科学出版社,2007.

[156] 任俊. 积极心理学. 上海:上海教育出版社,2006.

[157] 商友敬. 过去的教师. 北京:教育科学出版社,2007.

后　记

　　本书是在我的博士论文的基础上修改而成的。

　　教育对一个人的发展到底起多大作用？在可能的限度内，教育该如何更好地引领学生的人生？这是我常常思考的问题，这是一个大问题，更是一个难以驾驭的问题，现在想来做这样的选题真是初生牛犊不怕虎。但面对教育的种种缺失，面对学生凸显的人生危机，我还是做了些尝试。本研究探寻了教育的人生哲学根基，试图在合理的人生哲学视野下构建健康人生教育的理念，从而使教育活动引领学生的健康人生，进而达成教育、人生、社会之间的良性循环。这是一种美好的教育理想，但同时也是教育的底线。本研究在较为宏观的方面做了一些探讨，但还有很多不足之处，以后还将会坚持以此为主题再做些纵深的研究。

　　此书得以出版，不是我一个人努力的结果，在这里我要衷心地感谢我的老师、我的同学、我的家人以及所有帮助过我的人。

　　感谢恩师王坤庆教授多年的指导与关怀。先生的睿智、成就令我仰慕，严谨、宽容令我敬佩，精彩、生动的课堂令我回味，坐"冷板凳"的奋斗史催我奋进。在恩师多年的培育和熏陶下，我对哲学生发了兴趣，体味到读哲学的乐趣。老师对论文的精心指导使我的思考痛苦而不孤独。在论文立意、构架遇到困难之时，老师醍醐灌顶的点化使我茅塞顿开；开题报告中细至注释代码的批注令我异常感动；论文的反复修改让我再次体会到他的严谨……王老师既是我学术的导师，也是我人生的导师，我时常感谢上天恩赐的这份机缘。

　　感谢师母罗丽霞女士。在我心目中，她勇于追求事业，懂得享受生活，思想高贵，待人平和。我从她那里学了很多生活经验、得到很多宽慰、受到很多启发。

　　感谢郭文安教授。他对学术的严谨、对教育事业的执著，令我敬佩不已。他的课堂让我体会到了什么是真正的因材施教；对我的鞭策和鼓励，使我认清了自己的水平、增加了学习的动力；开题报告上密密麻麻的批注，给了我很大的启发；论文成型后提出的很多修改意见，使论文进一步完善。这一切，我都将珍藏。

感谢石中英教授、高德胜教授、涂艳国教授、杜时忠教授、郭元祥教授、陈佑青教授、董泽芳教授、李晓燕教授等对本研究提出的宝贵意见和建议。感谢华师所有教诲和关心我的老师们,他们渊博的学识,增加了我的知识储备,提升了我的认知水平,滋养了我的学术生命。

感谢诸多未曾谋面的学术前辈。想有自己的观点,必须先知道大量的观点,他们的学术思想、学术论文及著作,拓宽了我的思路、开阔了我的视野。

感谢我的同学们,共同学习、讨论,相互支持、鼓励,为论文的写作扫清了很多障碍。

感谢我的家人,感谢他们对我所做选择的支持与鼓励。漫长的求学路上,他们是我最坚强的后盾!

最后,感谢济南大学和济南大学高等教育研究院的鼎力资助,感谢中国海洋大学出版社编辑们的热心帮助。

陈荣

2013年3月